LE JOUR OÙ LE CIEL NOUS EST TOMBÉ SUR LA TÊTE

DU MÊME AUTEUR

J6M.com : faut-il avoir peur
de la nouvelle économie ?
Hachette Littératures, 2000

Mon vrai journal
Balland, 2002

JEAN-MARIE
MESSIER

LE JOUR OÙ LE CIEL NOUS EST TOMBÉ SUR LA TÊTE

ÉDITIONS DU SEUIL
27, rue Jacob, Paris VIe

ISBN : 978-2-02-099492-7

www.editionsduseuil.fr

À mes parents chéris, Janine et Pierre.
Ils m'ont appris l'enthousiasme, le courage
… et l'envie d'écrire !

INTRODUCTION

« Poussez-vous de là ! »

> « L'expérience est le nom que chacun donne à ses erreurs. »
>
> OSCAR WILDE

Chacun d'entre nous, un jour ou l'autre, s'est exclamé : « Pousse-toi de là, pousse-toi de là que je m'y mette… » Expression ordinaire mais un peu moins ordinaire lorsque ce « Poussez-vous de là ! » est imprimé au dos d'un tee-shirt. Encore moins ordinaire lorsque, sur le devant de ce même tee-shirt, figure le cours de Bourse d'une banque : Lehman Brothers. Et tout à fait extraordinaire lorsque le tee-shirt est porté par Richard Fuld, patron de Lehman Brothers, et qu'il le renouvelle régulièrement pour y montrer l'évolution et l'envolée de son cours de Bourse.

Arrogance ? Sans aucun doute. À l'image d'un certain capitalisme financier depuis vingt ans. Excès de confiance ? Sans aucun doute aussi. Le cours de Lehman Brothers, il est vrai, est passé de 5 $ en 1993, début de la présidence de Fuld, à 86 $ en 2007. Durant la même période, l'homme au tee-shirt a empoché, personnellement, plus de 500 millions de dollars. Un faiseur d'argent, mais à quel prix ? Lehman Brothers, prestigieuse banque d'investissement américaine, est l'un de ces établissements financiers dont la spécialité est de prêter, d'investir et de jouer sur les marchés. Une banque et un patron agressifs, ni pires ni meilleurs, au demeurant, que les autres. Jusqu'au 15 septembre 2008, le jour où le ciel nous est tombé sur la tête.

Ce lundi-là, Lehman Brothers est acculée à la faillite. Le gouvernement américain aurait pu la sauver mais il reste les bras croisés : Lehman est en faillite parce qu'on la laisse tomber en faillite. Anodin dans un pays où l'État n'a pas pour habitude de se mêler du marché. Non.

La faillite de Lehman Brothers est le petit grain de sable qui fait dérailler le train lancé à grande vitesse, le domino qui tombe en début de chaîne et entraîne tous les autres, un par un. Ce n'est qu'un flocon de neige au sommet de la montagne financière mondiale mais il commence à dévaler la pente, grossit, agrège les autres et finit en avalanche en balayant tout sur son passage.

Un cataclysme dont on mesure, aujourd'hui, les conséquences. Toutes les Bourses de la planète ont perdu la moitié de leur valeur en un an et plus de 30 % depuis le 15 septembre. 20 trillions de dollars sont partis en fumée depuis la faillite de Lehman Brothers. 20 mille milliards de dollars, un 2 suivi de 13 zéros : 20 000 000 000 000 $!

Dans les remous provoqués par la faillite de Lehman Brothers, vingt banques américaines ont sombré et trente autres, non américaines, ont été rachetées. Pour venir au secours des banques, les États ont dû débourser 3 000 milliards de dollars auxquels il faut ajouter les 500 milliards dépensés pour rentrer dans leur capital. Les États au secours des banques du monde, qui aurait pu imaginer cela dans un monde libéral, certain d'avoir imposé son ordre depuis la fin de l'empire soviétique et la chute du mur de Berlin ?

Au-delà de ces chiffres inouïs, il y a aussi – surtout – de terribles dégâts humains puisque s'avance, désormais, la récession sans doute la plus grave depuis la crise de 1929 et les années trente. Peut-être 20 millions d'emplois détruits dans le monde. Effrayant. Révoltant.

La faillite de Lehman Brothers, c'est cela. Une crise que nous vivons, en fait, depuis plus d'un an maintenant et que nul n'a su jusque-là endiguer. Va-t-elle, d'ailleurs s'arrêter ? À cette angoissante question, personne n'est, aujourd'hui, vraiment capable d'apporter une réponse.

Au départ, il y a les « subprimes » dont on nous rebat les oreilles à l'été 2007. Pour le plus grand nombre, notamment en Europe, il est alors difficile de comprendre de quoi il s'agit. Ce produit financier un peu fou, explique-t-on, a permis à des millions d'Américains d'acheter leur maison avec des prêts qui leur ont coûté de plus en plus cher, jusqu'au jour où ils n'ont plus pu rembourser et ont été acculés à la faillite, c'est-à-dire à la vente au moindre prix de leur bien, et à l'expulsion. Les subprimes ont jeté des centaines de milliers d'habitants à la rue outre-Atlantique. Perçue, au départ, comme simplement américaine, cette crise s'est formidablement accélérée depuis le 15 septembre dernier. Elle est à présent mondiale et touche tous les pays. Elle ignore les frontières, frappe toutes les banques, toutes les entreprises, tous les épargnants. Elle atteint chacun d'entre nous. Chaque jour apporte son lot de mauvaises nouvelles, de plus en plus dramatiques.

Ils croyaient que les arbres montaient au ciel

Mais comment a-t-on pu plonger dans pareille tourmente ? L'incompréhension est telle que c'est au capitalisme lui-même qu'on a envie de dire « Pousse-toi de là ! ». Les certitudes d'hier sont mises à l'épreuve, voire piétinées, et grandit le besoin de défendre un autre système, plus sûr, dans lequel nous pourrions avoir confiance. Certes, personne ne souhaite revenir aux matelas sous lesquels nos grands-parents cachaient leurs économies, mais l'angoisse envahit tout le monde. Avec des questions qui se bousculent. Notre épargne est-elle en danger ? Et si oui, que faire ?

L'effondrement actuel est d'autant plus effrayant que le capitalisme financier après avoir « pété les plombs » et provoqué un tsunami de ruines ressemble à un canard sans tête. Il cavale encore mais ne sait plus où il va.

Le capitalisme financier ne peut s'en prendre qu'à lui-même. Pas de choc extérieur, pas de coupable sur lequel se défausser. L'implosion est venue de l'intérieur. La belle machine a un terrible défaut. Tellement grave, tellement important qu'à l'évidence elle recèle quelque chose de mauvais, de faux. Il va falloir repenser le tout. Mais, pour l'heure, il n'y a plus de pilote dans le système. Et plus de règles. Plus d'éthique, notamment, aux yeux du commun des mortels. Des patrons de banques aux traders, nous avons assisté à une explosion de bonus et de salaires. La danse autour du veau d'or en prenant des risques toujours plus grands. Le capitalisme financier croyait avoir trouvé la martingale gagnante : « Pile, je gagne. Face, vous perdez. » Il croyait que les arbres montaient au ciel !

Les entreprises cotées valaient quelques trillions de dollars, mais les produits dérivés, plus ou moins spéculatifs, sur lesquels ces apprentis sorciers pariaient, représentaient 1 000 trillions de dollars ! Avec un euro d'action, les joueurs s'offraient plusieurs dizaines d'euros de produits ultrasophistiqués, construits avec des supermodèles mathématiques, censés diminuer le risque d'investir et de prêter. Prêter toujours plus pour gagner toujours plus et… sans fin. Ce sont ces dérivés « magiques » qui nous explosent à la figure l'un après l'autre. Des produits tellement complexes que, finalement, les banquiers eux-mêmes ne pouvaient plus en évaluer les risques. Qui les détenait et pour combien, plus personne n'en savait rien. La finance mondiale est devenue un labyrinthe dans lequel tout le monde s'est égaré. Et, aujourd'hui, aucun acteur du système n'en connaît la sortie. La machine créée est devenue incontrôlable et les financiers sont incapables de faire leur métier : suivre et gérer le risque. Voilà l'épicentre de cette crise. Si les banquiers eux-mêmes n'y comprennent plus rien, il est impossible pour chacun d'entre nous de s'y retrouver. Encore plus difficile de savoir ce que cette crise, inattendue et exceptionnelle par son ampleur, va changer dans nos vies, dans nos entreprises, dans notre épargne, dans nos économies, dans les équilibres du monde, dans la vie de nos enfants.

Octobre 2008. Je suis, ce soir-là, au Palais des sports à Paris pour assister au spectacle de Gad Elmaleh. J'adore Gad Elmaleh. Je suis l'un de ses fans. Il est tellement bon, tellement drôle, tellement vrai. Début du spectacle. Gad entre en scène. Il attaque directement : « Merci d'être venus ce soir malgré la crise. Oui, vous savez la crise. Tout le monde en parle. Tout le monde est préoccupé. Et, pourtant, personne n'y comprend rien. Aucun de vous n'y comprend rien. Moi, je n'y comprends rien. » Suivent dix minutes hilarantes au cours desquelles Gad Elmaleh mime la conversation au café du Commerce entre deux consommateurs : « – Oui, c'est grave. – Oui, c'est grave mais ça descend encore plus aux États-Unis ! – Oui, tu as bien raison… » Oui, tout le monde en parle, à l'infini, sans rien y comprendre, simplement pour essayer de refréner l'angoisse. C'est de cette frustration et de cette inquiétude, traduites de façon si humoristique par Gad Elmaleh, qu'est venue l'idée de ce livre. Personne ne peut prétendre avoir l'expérience d'une telle crise, aussi grave, aussi mondiale. Tout le monde et même nos dirigeants se sentent perdus devant l'ampleur du désastre, un désastre qui grandit malgré toutes les mesures prises. Alors pour ce voyage à l'intérieur de la crise… et de sa sortie… nous allons suivre ensemble les meilleurs guides : l'expérience bien sûr, mais surtout le bon sens. C'est les pieds sur terre que nous sortirons de la crise. En expliquer concrètement les conséquences pour chacun d'entre nous, aider à comprendre, mais aussi rechercher les conditions dans lesquelles on peut repartir, revenir au bon sens qui a tellement fait défaut, retrouver une ambition, une ambition saine, et une éthique, pour la France, pour l'Europe, pour le monde.

Il y a six ans à peine, il y a six ans déjà

Depuis six ans, je me suis peu exprimé. Six ans, c'est long. Six ans, c'est suffisant aussi pour que la poussière commence à retomber. Mon départ de Vivendi Universal a été entouré à l'époque de drames, de rumeurs, d'inquiétudes et d'un véritable lynchage personnel par les médias. Dur, très dur.

Autour de Vivendi Universal, il y avait, alors, un grand débat : la convergence, cette vision que j'avais placée au cœur de la stratégie de l'entreprise, était-elle crédible ? On me traitait de fou. Six années plus tard, la convergence est devenue une évidence et une banalité. Elle éclaire les formidables transformations de notre vie quotidienne, dans nos entreprises, dans nos économies : avec Internet, le haut débit, avec l'explosion des technologies sans fil, toute l'information, toutes les informations sont disponibles en permanence, partout et en temps réel. La convergence, c'est regarder la télévision sur son téléphone portable. C'est, également, participer à un chat communautaire depuis son ordinateur, son mobile ou son écran de télé. Combien de fois, ces dernières années, ai-je lu ce titre : « Et si Messier avait raison ? » Cette vision de la convergence est, désormais, une réalité. Nous en bénéficions tous les jours, même si elle a aussi ses revers. « La convergence est-elle incontrôlable ? Quand on voit ces traders qui se croient dans un jeu vidéo et accumulent des pertes irréelles qui finissent par toucher l'épargne, la vie, l'emploi. » « Cette convergence ne nous mène-t-elle pas aussi vers un monde de fous autistes ? »

Ai-je eu tort d'avoir raison ? En tout cas, la convergence est devenue une réalité. Le débat est clos. Mais, à la tête de Vivendi Universal, je nourrissais déjà des inquiétudes sur l'évolution de notre capitalisme. Dans *Mon vrai journal*, le livre que j'ai écrit en quittant VU pour raconter les événements que j'avais vécus, j'ai intitulé un chapitre « Le capitalisme menacé d'implosion ». Il faut bien dire que ma voix, avec celle de quelques autres, est restée, à l'époque, une voix dans le désert.

Que pouvait-on déjà pressentir en 2002 ? « Le XXIe siècle, celui de l'Internet, du tout va vite partout, ai-je écrit, n'aura pas attendu aussi longtemps pour connaître une crise majeure. Les marchés sont devenus fous. Drôle de tableau. Un capitalisme sans rival mais rongé de l'intérieur comme de l'extérieur. Des marchés financiers tout-puissants mais devenus incontrôlables. Le capitalisme semble menacé d'implosion... Quelles mesures doit-on prendre pour restaurer la confiance et rendre sa raison au capitalisme mondial ? Nous sommes entrés dans une période d'incertitude absolue, qui nous amène à réagir au jour le jour, en oubliant toute vision de long terme. »

Ou encore : « Les "assassins" du capitalisme appartiennent aujourd'hui à son propre camp. L'indélicatesse de certains dirigeants, l'irresponsabilité des agences de notation, la multiplication des conflits d'intérêts au sein du secteur financier, la force des hedge funds sont autant de risques majeurs, d'"assassins en puissance". Et certaines de leurs armes sont de "destruction massive" par le volume de leurs moyens largement déconnecté de l'activité réelle. Attention danger ! Jamais les risques n'ont été aussi grands. » Suivaient quelques propositions pour faire face à cela et éviter cette implosion.

Vision sur la convergence. Inquiétudes sur le capitalisme. Voix dans le désert il y a six ans. Réalité aujourd'hui. Car, dans la crise actuelle, les craintes d'hier se concrétisent et dépassent tout ce que l'on pouvait redouter ou imaginer. Le capitalisme a d'abord implosé doucement puis de plus en plus en vite, avalanche qui s'accélère dans la pente et dévaste tout sur son passage. Cette crise touche, en effet, ce que nous avons de plus important : notre emploi en brisant la croissance, notre épargne et donc notre retraite. Et la fameuse convergence n'a rien fait pour arranger les choses. Chacun de nous en tire des bénéfices concrets dans sa vie quotidienne, mais la diffusion par Internet d'une information permanente en temps réel accélère les phénomènes et rend leur contrôle plus difficile. Internet répand l'information mais diffuse aussi la peur. Les peurs. Provoquant des phénomènes de panique.

Fort de l'expérience accumulée, faite de hauts et de bas, de succès et d'échecs, j'ai envie avec ce livre d'analyser le monde dans lequel nous sommes, mais aussi d'offrir une vision simple, et si possible claire, de ce que l'avenir peut nous réserver. Je ne me présente pas en donneur de leçons. Surtout pas donneur de leçons. Juste prêt à partager expérience, réflexions et suggestions. Cette vision est à mon image, pleine d'optimisme. Optimiste, je l'ai toujours été, y compris dans l'épreuve. Optimiste, je le reste. Optimiste, mais réaliste. Je suis convaincu que l'on peut s'en sortir. Mais il va nous falloir sacrément changer.

L'histoire de VU et le coup d'arrêt brutal à son développement en 2002, que j'ai vécus en « acteur », sont riches aussi d'enseignements pour la situation actuelle. Cette crise a d'abord été la conséquence d'un certain nombre d'événements concomitants qui ont frappé le monde. Les événements du 11 septembre 2001 et la crise de confiance, voire de peur, qu'ils ont créée. Ensuite, la faillite brutale aux États-Unis de la société Enron et les doutes que cette descente aux enfers a fait naître sur la transparence et la véracité des comptes des entreprises à travers le monde. L'éclatement, enfin, de la bulle Internet et la chute vertigineuse de toutes les valeurs liées à la technologie, aux médias et aux télécoms entre 2000 et 2002. Cette explosion de la bulle Internet, j'y reviendrai plus loin, contenait déjà le germe de l'implosion du capitalisme : des acteurs uniquement motivés par la spéculation et oublieux de la valeur des entreprises. Pour un spéculateur, finalement, peu importe la valorisation d'une entreprise. Ce qui compte c'est de jouer sur le cours d'une action pour pouvoir spéculer et engranger des profits sur le dos des actionnaires et de l'entreprise. Combien de victimes, déjà à l'époque, frappées par cette indifférence à l'entreprise et cet appât irraisonné du gain ? Le comportement des agences de notation censées être des agents d'alerte est également en cause : elles passent à côté des vraies difficultés et, une fois la crise ouverte, elles en accélèrent le déroulement en changeant en permanence les règles du jeu. Combien de victimes leur défaillance a-t-elle provoquées ?

Ces événements se sont, pour VU, combinés dans un ensemble improbable, à un moment de fragilité dans la construction de ce groupe : la transformation était engagée mais pas encore achevée. La fusée a été frappée en plein vol à ce moment crucial où le deuxième étage se sépare du premier. Tout n'est pas lié à ces circonstances, mais la crise actuelle prouve que ce qui est arrivé à VU (et à combien d'autres entreprises dans les médias et les télécommunications !) est aussi la conséquence des premiers errements de ce capitalisme financier.

C'est également, il faut le dire, le résultat de luttes d'intérêts, de batailles d'ambitions, de jalousies. Batailles Français contre Français, comme trop souvent ! Gaulois nous sommes, gaulois nous restons, même lorsque notre attitude est contraire à nos intérêts bien compris.

Mais le coup de frein qu'a connu VU vient aussi de mes erreurs. Avec le recul du temps, j'en reconnais principalement trois.

La première, ce fut le « trop de communication ». Dans cet excès de communication, j'ai certainement souvent confondu fierté et arrogance. Oui, j'étais fier de l'ambition de VU, fier de ce que nous construisions. Mais mon enthousiasme naturel a fait que cette fierté est apparue comme de l'arrogance. Une arrogance qui n'est pas mienne. Mais la perception compte souvent plus que la réalité. Au cours de ces six dernières années, j'ai beaucoup appris et j'ai compris, notamment, que l'on peut être fier sans être arrogant. Que la fierté peut se conjuguer avec l'humilité.

Deuxième erreur : la vision de la convergence que j'ai développée à la tête de VU est arrivée sans doute trop tôt et avec trop de force. Les technologies que je voulais utiliser, aujourd'hui banales, ne se sont développées que progressivement et plus tard que ce que les industriels annonçaient. Le haut débit, pour tirer le meilleur parti de la convergence – par exemple pour ne pas avoir à attendre des heures quand on télécharge une vidéo ou un film –, ne s'est développé qu'au fil des ans. En 2002, il n'était pas encore généralisé. Il fallait une technologie qui rende des services commodes et simples ; nous n'en disposions pas encore. Cela a certainement été la cause de bien des difficultés de Vivendi Universal.

Troisième erreur : j'ai cru avoir du temps. On imagine toujours avoir du temps devant soi. Quand une crise naît et se développe – comme nous le constatons encore aujourd'hui –, le temps soudain s'accélère formidablement. Et le temps dont vous pensiez disposer soudain vous échappe et vous file entre les doigts. Jusqu'à ce qu'il soit déjà trop tard. Combien de patrons ou de politiques doivent ressentir, aujourd'hui, la même chose face à la crise ?

Mais, au-delà de ces explications et de ces erreurs, il reste l'ambition que représentait Vivendi Universal, une ambition française. De VU, il reste cette vision de la convergence devenue réalité. Il reste aussi ce goût de l'entreprise qui débouche sur de véritables réussites comme Éditis dans l'édition, comme Cégétel dans la téléphonie, avec aujourd'hui plus de dix mille salariés alors que nous sommes partis de zéro. Et si le cours de VU a, en 2008, plutôt mieux traversé la crise que beaucoup d'autres, peut-être le doit-il aussi à la stratégie suivie. Peu dépendant de la publicité, équilibré dans ces cycles. Il tire les bénéfices de la convergence. Heureusement que, contrairement aux désirs de certains, Canal + n'a pas été bradée à 1 € au profit de Lagardère ou Maroc Telecom, vendue à vil prix… Ce que je retiens de la crise de VU : avoir permis à un groupe français de devenir un leader mondial dans les métiers de la convergence. Des erreurs, j'en ai commises, et je viens d'en rappeler quelques-unes, mais j'ai toujours agi avec enthousiasme, pour construire, pour développer, pour entreprendre. Jamais par intérêt personnel. Jamais pour « piquer dans la caisse ». Je n'ai jamais touché, rappelons-le, un euro de parachute doré. Cela aussi me rend légitime pour reprendre la parole.

Après le trou vient le rebond

Mon envie d'intervenir dans le débat public aujourd'hui vient, également, de mon rebond, de la force dont il a fallu faire preuve pour traverser cette période terrible qui a suivi mon départ de VU. Partager les leçons de l'échec, de l'expérience, mais aussi de la capacité à rebondir, reconstruire, c'est aussi un message d'optimisme. Notre monde va en avoir besoin ! Le rebond, c'est la capacité, après l'angoisse et la peur, de trouver en soi le courage de redémarrer. Du jour au lendemain, un agenda chargé, plein à craquer, rempli de réunions, de contacts, de voyages, d'honneurs, de travail, d'amis, de faux amis, réduit à néant. Juste le vide ! Plus de coups de téléphone, plus d'amis, ou, en tout cas, beaucoup moins. Seuls, à ce moment-là, les vrais restent et ils sont peu nombreux.

Alors, oui, ma vie a changé. Le premier danger, après le départ, c'est cette période où se dévoilent tous les courageux de la terre, ceux qui n'ont que la force de frapper celui qui est à terre. « Courage » largement distribué. Le vrai courage, lui, est beaucoup plus rare.

Après le départ, il y a aussi la peur, l'angoisse du lendemain. Qu'est-ce qui va se passer ? Qu'est-ce que je vais faire ? Est-ce que je serai simplement capable de faire quelque chose ? Est-ce que je pourrai repartir ? Cette peur, cette fatigue, cette lassitude après l'échec, la perte de son emploi, un événement tragique, une dépression, une maladie, ou la perte d'un être cher, que beaucoup ont subis ou vivent, je les connais maintenant moi aussi. J'ai appris à comprendre ces épreuves et à les respecter chez les autres. Je connais le prix d'une main tendue au pire moment, d'un sourire échangé, d'un ami qui vous bouscule pour repartir, d'un peu d'humanité dans les moments qui en sont dépourvus.

Le rebond, c'est la capacité de regarder ses enfants en face, de leur dire qu'il y a une vie après l'échec, de leur donner un espoir pour le futur. La force même de les fixer, yeux dans les yeux, au petit déjeuner le matin, de leur dire « papa va travailler », « papa va faire quelque chose », « papa se bat et papa reconstruit ». Le rebond, c'est d'abord l'exemple que l'on veut donner à ses propres enfants car ils sont la vie de demain. Le rebond, ce sont aussi les coups de pied au cul que l'on se donne jour après jour pour s'obliger à se relever, et même pour se lever tout court. Le rebond, c'est l'énergie qu'on va chercher au fond de soi, seul, pour repartir et retrouver cette chose si importante qui s'appelle l'envie, l'envie de vivre, d'aller vers les autres, de réussir, d'aider… L'envie, mot capital. Mais si se relever ne dépend que de soi et de ses propres forces, c'est bon de croiser sur sa route quelques personnes qui, au pire moment, vous tendent la main et vous aident à vous battre.

Pour moi ce fut, par exemple, côté américain, Herbert Allen, souvent considéré comme le pape des médias, celui qui connaît tous les moguls et les tycoons de la planète, de Bill Gates à Rupert Murdoch en passant par Barry Diller ou Steve Jobs. Herbert Allen les réunit, chaque année, pendant une semaine en plein cœur de l'été, dans une station des montagnes du Colorado, pour faire du raft, vivre et se parler. C'est aussi dans le bureau d'Herbert Allen qu'en cette fin de 2002 je me suis assis. Je l'informe que je vais créer ma propre société et il me convainc de l'appeler de mon nom en me disant : « Messier c'est votre plus bel actif, personne ne comprendrait que vous ne l'utilisiez pas. Si vous n'appelez pas votre société de votre nom, c'est que vous n'avez encore rien compris à ce pays. » Ce pays, les États-Unis, le pays de la deuxième chance, où lorsque vous connaissez un échec, on est prêt à vous accorder le bénéfice du doute pour une réussite suivante parce qu'on pense que, grâce à votre échec, vous serez plus fort. Et, tout en me donnant un sacré coup de main, il ajoutera : « La seule chose que je vous demande, Jean-Marie, c'est de vous souvenir que j'ai été le premier, dans ce pays, à vous dire que vous réussiriez à nouveau. » Lorsqu'on est au fond du trou, on sort d'un tel entretien avec un moral énorme, et une envie de dévorer à nouveau la terre entière !

C'est vrai, depuis six ans, j'ai retrouvé l'envie de développer, l'envie de travailler, de réfléchir, de donner, parce que j'ai beaucoup reçu, l'envie de conseiller, de me battre pour gagner. La seule revanche, c'est le succès.

Repartir de zéro, c'est accepter d'être petit là où on a été très grand. C'est accepter les angoisses du quotidien, la couverture des frais généraux, les interrogations pour savoir si l'on existera encore demain ou après-demain.

Repartir de zéro, c'est aller voir les ennemis d'hier, pour être convaincu soi-même que l'on a abandonné toute rancune et toute amertume. Car la moindre trace d'amertume ou de rancune vous empêche d'avancer. Aller voir les ennemis d'hier ou ceux qui vous ont trahi pour travailler éventuellement avec eux. Parce que travailler, c'est vivre. Parce que travailler avec quelqu'un qui vous a, à un moment, laissé tomber, c'est aussi se démontrer, lui démontrer, démontrer aux autres, que l'on a une valeur ajoutée qui peut être utile.

Repartir de zéro, rebondir, c'est aussi une formidable réserve d'expérience et de lucidité.

Cette crise dramatique, on en fait quoi ?

Depuis plus de vingt ans, ma vie se partage entre les États-Unis et la France. Cela permet sans doute de mieux analyser ce qui se passe de part et d'autre de l'Atlantique. Cette expérience est un atout pour répondre à la grande interrogation actuelle : comment se produit la contamination d'un certain nombre de crises et comment en trouver les voies de sortie ?

La vie m'a offert la chance de travailler aux côtés de l'État au moment des privatisations des années quatre-vingt, dans le secteur financier chez Lazard, en entreprise industrielle avec la formidable expérience de VU, groupe mondial, et aujourd'hui au sein de ma propre PME, Messier et Associés. Ce capital d'expériences m'offre aussi une légitimité.

Je voudrais, aussi, à travers la passion qui m'anime pour

expliquer, me mettre au service de tous. Ce que je souhaite à présent c'est tenter de dire, d'une manière vivante et simple, comment la crise que le capitalisme traverse, la plus grave qu'il ait jamais connue et qui peut le faire disparaître, peut être jugulée et dépassée. Je ne souhaite le faire ni en économiste ni en défaitiste, mais en tant qu'acteur. Acteur de l'intérieur et de l'extérieur, engagé pour une vision optimiste de l'avenir.

En paraphrasant Winston Churchill, je serais tenté de dire : « Le capitalisme est le pire des systèmes à l'exception de tous les autres. » C'est vrai, mais comment ce système, moins pire que tous les autres, seul triomphant sur la planète depuis 1989, en est-il arrivé à s'autodétruire ? Quels sont les assassins qu'il a portés en son sein ? Où sont les fous ? Est-ce que ce sont les fameux hedge funds, les agences de notation, les banques, certains patrons, certains politiques, certaines institutions ? Sommes-nous les victimes de l'arrogance sans limites d'une armée de financiers ? De la jeunesse et de l'inexpérience des traders et des analystes ? De l'appât du gain qui s'est emparé de la plupart des responsables à tous les échelons du secteur financier ? Du toujours plus de risques pour toujours plus d'argent ? Et si le fou c'était le marché lui-même, ces partisans d'un libéralisme aussi peu régulé et aussi peu contraint que possible ? Comment (re)construire un capitalisme éthique dont chacun puisse comprendre et accepter les valeurs ? Il faut, *hic et nunc*, des réponses à ces questions.

Il y a urgence car cette crise se propage à une vitesse stupéfiante. Pourquoi si vite ? Internet, qui diffuse tout, partout et tout de suite, est un incontestable accélérateur de difficultés, un véhicule puissant des paniques et des peurs. Il faut examiner le rôle de la convergence dans cette accélération et se demander si elle ne rend pas la maîtrise de cette crise financière plus compliquée. Nul ne sait, en fait, d'où elle vient. Quelle forme elle prend pour se propager. Il n'y a rien de plus terrible que d'être victime sans comprendre. Pour demain, chacun de nous a besoin de savoir, savoir pour ne pas, ne plus être victime, menacé dans son épargne, son emploi, sa retraite. Comment mieux organiser l'information de chacun pour mieux prévenir les risques ? Quelles réformes radicales entreprendre pour permettre cette connaissance ? Aujourd'hui, s'il y a un risque pour ma santé, on me prévient. S'il y a un risque pour ma nourriture, on me prévient. Demain, s'il y a un risque pour mon épargne, pour tout ce qui touche à mon argent, je veux aussi être prévenu.

Mais la vraie richesse ne peut venir, cependant, de la régression ou de l'arrêt du progrès. De ce point de vue, il n'y a pas de retour en arrière possible. La vraie richesse restera fondée, demain comme hier, sur les qualités individuelles, le sens de l'entreprise, la capacité à prendre des risques. Cette culture de l'entrepreneur, seule source de richesse, comment la remettre au cœur du développement du monde ?

Enfin quelle vision peut-on avoir des changements que cette crise dramatique va entraîner sur la planète? Changements dans les rapports de forces entre l'Europe, les États-Unis, les pays émergents ? L'empire américain va-t-il s'effondrer ? L'Europe va-t-elle survivre et quel sera son visage ? Que sera l'organisation du monde demain ? Comment tout cela se traduira-t-il dans notre vie et dans celle de nos enfants ?

Il va nous falloir inventer la vision d'un monde nouveau. C'est aussi l'ambition de ce livre. J'en suis convaincu, cette crise va nécessiter des changements radicaux, profonds, qui vont bouleverser un certain nombre de règles majeures de nos économies. Nous n'entrons pas seulement dans un siècle nouveau, une Histoire nouvelle se crée. Elle nous impose d'imaginer des équilibres qui nous assureront, pour un temps, une stabilité réelle avant de générer eux-mêmes leurs propres dérapages ou leurs propres perversions.

Mais, pour l'instant, cette crise du début du XXIe siècle montre que nous avons les moyens de faire sauter la planète. Ces moyens démesurés ne se résument pas à l'arme nucléaire ou aux armes de dissuasion ; nous disposons dans les domaines financier et économique de moyens qui sont, eux aussi, disproportionnés par rapport à la réalité. Par sa taille, le monde virtuel de la finance peut détruire nos économies. Les armes de destruction massive ne sont hélas plus réservées aux seuls militaires. Mais avant de décider ce qu'il faut faire pour les anéantir, il s'agit de comprendre. Alors au boulot, avec envie et optimisme.

Tout, donc, a commencé ce jour-là, le jour où le ciel nous est tombé sur la tête…

CHAPITRE 1

Les arbres ne montent pas jusqu'au ciel

« Un capitalisme sans banqueroute est comme un christianisme sans enfer. »
FRANK BORMAN (astronaute américain)

« Pourquoi moi ? »

« Fuck! And this fucking guy who does not even call me back! »

Traduction de ce propos imaginaire qu'aurait pu prononcer le « gorille » Richard Fuld, patron de Lehman Brothers, le dimanche 14 septembre 2008, alors que les dirigeants de Bank of America, qui peuvent lui offrir sa dernière planche de salut en rachetant sa banque, ne répondent même pas à ses appels téléphoniques : « Putain ! Et cet enfoiré qui ne me rappelle même pas ! » Une phrase vulgaire mais après tout compréhensible pour ce qui s'annonce comme la plus grosse faillite bancaire de toute l'histoire financière des États-Unis : plus de 600 milliards de dollars d'actifs et sans doute un trou supérieur à 200 milliards de dollars lorsque tous ces actifs seront vendus à prix bradés par les liquidateurs de Lehman Brothers dans les deux prochaines années. Parce que le gouvernement américain reste, lui aussi, les bras croisés devant cette déconfiture, le *Lehman Lifer* (« Celui qui ne vit que pour Lehman ») est en train de perdre définitivement la partie.

Cette passivité de l'administration Bush fait, en effet, tomber le domino que Fuld tient entre les mains (« sa » firme, « son » entreprise, Lehman Brothers) et déclenche une crise puis une déroute du capitalisme sans précédent. Car tous les dominos financiers et bancaires vont tomber les uns après les autres et les uns sur les autres. Mais, le 15 septembre 2008, personne n'imagine encore ce tragique enchaînement, personne ne se rend encore compte que le ciel vient de tomber sur la tête du capitalisme !

Retour quelques heures avant ce lundi noir. Dimanche 14 septembre. Pour Richard Fuld, la tension monte. Tout dans son corps, dans son esprit, lutte contre l'inévitable. Cette faillite qui s'avance n'est pas possible, vraiment pas possible. Il ne veut toujours pas croire que cela peut arriver. Il est impensable que les cent cinquante-huit ans d'histoire de Lehman Brothers s'achèvent dans le déshonneur avec un dépôt de bilan. Il ne va pas terminer, lui, ses quarante et un ans de carrière – ce n'est pas rien ! – dans le déshonneur. Il ne va pas clore ses quinze années de présidence par cette humiliation suprême. Le spectre de la faillite est inconcevable pour cet homme qui a raflé toutes les récompenses de l'excellence en matière bancaire au cours des dernières années. Richard Fuld, l'arrogant, à la certitude carnassière, pense qu'il va s'en tirer une fois encore. Il en est certain, il sortira vainqueur de cette épreuve. Devant lui, défilent des collaborateurs qui lui proposent les idées, les contacts, les nouvelles de la dernière chance. Une agitation non-stop ! Face à eux, Richard Fuld, que tous appellent Dick, n'a pas le choix : il doit faire face.

Entre deux réunions, mécaniquement, il commence tout de même à appeler les amis les plus proches, les membres de la famille. Il leur dit déjà la peur de la défaite. Parler pour se soulager du poids de ce qu'il pressent, au fil des heures, comme inéluctable. Mais, en ce dimanche après-midi, l'excitation l'emporte encore sur l'abattement. L'angoisse pour les autres et leur devenir est plus forte que la peur pour soi.

Leitmotiv : « Ce n'est pas possible, vraiment pas possible. » Richard Fuld pense encore à ce dîner de la dernière chance, deux jours plus tôt, le vendredi soir à Washington, avec Henry Paulson, le secrétaire au Trésor des États-Unis. Au cours de ce repas, ont été dessinées les solutions, ou plutôt La Solution : ces fonds de l'État américain qui, pendant le week-end, aideront les acheteurs potentiels de Lehman Brothers, notamment Bank of America et Barclays, à prendre leur décision. Venir au secours de Lehman, c'est racheter à bon compte et à bon risque les actifs développés depuis un siècle et demi. À la fin du dîner, Dick adresse à l'un de ses collaborateurs un e-mail optimiste :

« Viens de terminer le dîner avec Paulson. »

Il tire aussi quelques conclusions de cette rencontre :

« 1. Nous avons une grande réputation auprès du Trésor.

2. Ils adorent notre levée de capital.

3. Ils apprécient réellement notre travail.

4. Ils veulent tuer les mauvais hedge funds et réguler lourdement tout le reste.

5. Ils veulent que tout le G7 suive leurs standards en matière de politique monétaire, de politique de capital, de levier et de liquidités.

6. Henry Paulson est très inquiet à propos de Merrill Lynch.

Tout bien pesé, le dîner valait la peine. »

C'est, pourtant, ce même Henry Paulson qui dira n'avoir jamais envisagé d'utiliser l'argent du contribuable pour sauver Lehman Brothers. C'est encore Henry Paulson qui, deux jours plus tard, aidera Bank of America à voler au secours de Merrill Lynch, concurrent de Lehman, et accordera à Merrill ce qu'il a refusé à Lehman. Terrible erreur d'appréciation de Dick liée à la tension du moment ? Duplicité du secrétaire américain au Trésor ? Incapacité à voir l'inimaginable ? Deux jours plus tard Lehman est en faillite.

Il est maintenant minuit, Fuld est seul dans son bureau, la tête rejetée en arrière sur son fauteuil. Il réfléchit, prend du recul, quinze minutes, seul, pas plus. Il sait qu'il n'a plus le choix. « J'y vais. » À minuit dix, zéro heure dix, ce 15 septembre 2008, il déclare sa banque en *chapter eleven*, c'est-à-dire en faillite. Les cent cinquante-huit années d'histoire de Lehman Brothers sont soudain effacées. La marque est, désormais, condamnée à disparaître avec l'essentiel de ses 25 000 emplois. Le naufrage, Dick le sait, créera de terribles difficultés pour ses clients et ses créanciers, et bien évidemment pour ses employés. Il en nommait des milliers par leur prénom ! Reste que, cette fois, l'aventure Lehman Brothers est bel et bien finie.

Mais cette décision a, en fait, une portée planétaire : elle va précipiter la crise, paniquer les professionnels, contraindre les États à des mesures exceptionnelles, faire payer tout le monde, partout sur la planète. La réaction en chaîne est foudroyante. Le 15 septembre, l'action Lehman Brothers perd 94 % de sa valeur, autrement dit, toute sa valeur. En fin de journée, le titre ne vaut plus que 21 cents. Le Dow Jones, l'indice du marché américain, chute, de son côté, de 500 points dans la journée, la pire des journées depuis celle gravée dans toutes les mémoires, le 11 septembre 2001. Ni Fuld ni Paulson n'ont imaginé la suite : la contagion se répand comme une foudroyante épidémie. Toutes les Bourses, à l'échelle mondiale, décrochent et connaissent leur journée noire de la décennie, voire de plusieurs décennies. En quelques heures, le mal devient endémique.

Et on passe de la crise américaine des subprimes à une dramatique crise du capitalisme financier mondial.

Dans les jours qui suivent, le maelström, dans lequel tout peut se perdre, enfle. Dick doit prendre des dispositions dans tous les domaines : négocier, s'enquérir des activités à recéder, décider du destin de ses salariés, déposer la procédure de faillite devant les juges, répondre à toutes les questions des autorités américaines… Pas une seconde pour penser. Que de l'action qui le tient éveillé 24 heures sur 24 et lui permet de rester debout. Mais le silence, le doute, puis la curée des médias vont très vite succéder au tourbillon. Au fond de lui, Richard Fuld est hanté par cette question : « Pourquoi moi ? Pourquoi suis-je le seul que l'État américain a décidé de laisser tomber, quelles qu'en puissent être les conséquences ? »

L'irrésistible ascension de Dick

Légitimement, Dick Fuld peut se poser cette question. Jusqu'alors, il n'a connu que le succès, il est même l'incarnation de l'homme à succès. D'un naturel vorace, il est peu en proie au doute et a tout pour lui. Leader, il est plutôt du genre Rambo. Mais, après tout, discipline, charisme et sens de l'équipe mènent loin dans la société américaine. Brillant, il aime le risque. Lucide, il est prompt à tuer ou à écarter ceux qui se mettent en travers de son chemin. « Poussez-vous de là ! » est sa seule règle.

Âpre au gain, il l'est sans aucun doute. Il est même la caricature du capitaliste financier, tourné d'abord vers lui-même, c'est-à-dire vers sa rémunération, son enrichissement personnel, mais aussi l'enrichissement de ses dirigeants. Avec l'effondrement du titre Lehman, on ne sait plus très bien combien il a gagné depuis le début des années 2000 : 350 millions de dollars ? 500 millions de dollars ? Peu importe au fond, car ces chiffres n'ont plus de sens. Plus de sens pour le commun des mortels, plus de sens face à la faillite de Lehman Brothers, au désarroi de ses 25 000 employés, à la peur panique qui s'empare de tout le capitalisme.

Et, pourtant, Dick Fuld a longtemps fait un boulot formidable chez Lehman Brothers. Même pendant les périodes de crise ! En 1993, l'entreprise réalise un peu plus de 5 milliards de dollars de chiffre d'affaires et perd 100 millions. En 1994, la première année de Dick en tant que président, elle en gagne 75. En 2007, au terme de treize ans de course contre la montre, de course à la croissance et au développement, le chiffre d'affaires a quadruplé pour atteindre près de 20 milliards de dollars. Les résultats, eux, ont explosé pour atteindre 4,2 milliards de dollars. Mieux encore que LVMH. Une performance exceptionnelle qui vaut à Fuld l'adulation de ses employés et le respect du monde financier et patronal qui lui décerne récompense sur récompense. En 2005, Lehman est déclarée meilleure banque d'investissement d'Euromoney. En 2006, *Barron's* lui attribue le prix de la meilleure performance des cinq cents plus grosses firmes mondiales. En 2007, le magazine *Fortune* en fait le numéro 1 des sociétés financières les plus admirées. Nous ne sommes, pourtant, que quelques mois avant la chute. De quoi frémir et tirer cette petite leçon, bien utile dans un monde médiatique qui fait et défait les réputations à toute vitesse : « Méfiez-vous des récompenses ! »

Pour autant, celles de Lehman et de Fuld, pendant longtemps, n'ont pas été usurpées. *Lehman Lifer*, Dick est aussi un *Lehman Fighter*, un combattant, un guerrier qui a traversé avec succès plusieurs guerres à la tête d'une entreprise qui vient de loin. Lehman est née en 1850, quelque part en Alabama, grâce à trois frères : Henry, Emmanuel et Mayer Lehman. À partir d'une petite boutique de commerce, ils vont profiter du développement américain pour diversifier leurs activités et se lancer dans la finance. Leur approche est d'abord tournée vers les obligations plutôt que vers une activité traditionnelle de banque. Dès le XIXe et le début du XXe siècle, l'entreprise des Lehman s'impose comme la pionnière des financements innovants, en proposant, notamment, les premiers placements privés de capitaux.

Saut dans l'espace et dans le temps. Nous sommes au début des années 1980. Une lutte d'influence terrible oppose les banquiers commerciaux traditionnels et les banquiers d'investissement, tournés vers les marchés obligataires. Dans cette bataille féroce, au cours de laquelle se manifeste déjà, par exemple, une tension entre Lehman, banque d'origine juive, et J.P.Morgan, banque d'origine protestante, le sort de Lehman se scelle. Lehman ne pourra pas rester indépendante. En 1984, la banque est vendue à Shearson, une filiale du grand groupe American Express. C'est alors que Dick Fuld entre en scène et se fait remarquer. Il démontre son talent en favorisant l'intégration des deux sociétés et défend parfaitement les intérêts de l'actionnaire American Express. Premier combat, première victoire. Aussi, lorsqu'en 1993-1994, American Express décide de sortir de ses activités de banque et de courtier, et de mettre en Bourse Lehman, Dick Fuld est naturellement désigné comme CEO (*Chief Executive Officer*), patron opérationnel, directeur général, de la nouvelle compagnie indépendante. Après vingt-huit années passées dans la maison, ce titre couronne son immense réussite.

Durant les treize années de sa présidence, Lehman Brothers se montrera agressive, innovante dans les produits, dans les méthodes de placement, mais aussi audacieuse dans la prise et le niveau de risques assumés. À ce jeu-là, et à ce rythme-là, on se fait, évidemment, beaucoup d'ennemis. Et ces derniers vont maintenant s'abattre sur lui. Dick Fuld va connaître le lynchage médiatique, être caricaturé en ennemi public numéro 1 sur les couvertures de magazines, provoquer des manifestations dès qu'il sort dans un lieu public, sans parler de la multiplicité de procès des actionnaires et des créanciers pendant des années, des dizaines d'années peut-être. Il va vivre en reclus, la peur vissée au ventre. Mais d'une certaine façon, il n'est déjà plus là, il incarne déjà le passé, l'avant-« faillite de Lehman Brothers ». Que s'est-il passé ? Nul doute que certains de ses ennemis étaient autour de la table le 14 septembre, jour où l'État américain prendra la décision de lâcher Lehman Brothers à un moment capital de son destin. Règlement de comptes fatidique pour la planète ? En tout cas, cette erreur grossière, dramatique pour le monde entier, est également le fruit très amer d'une évolution préoccupante de la société au cours des dernières années.

De la course à l'or à la montée des risques

La montée des risques a été, de fait, inexorable. Elle a pris des formes multiples.

Saga d'une explosion inéluctable. En 1997-1998, Lehman joue gros sur la dette russe et danse au bord du gouffre quand se déclenche une crise de cette dette. Fuld aura beaucoup de mal à calmer ses investisseurs durant cette période. Il se promet alors de diversifier Lehman pour limiter les conséquences des orages financiers. De 1998 à 2007, cette diversification se fait tous azimuts. En 2007, Lehman est active dans une transaction sur cinq de M&A (fusion et acquisition) dans le monde ! C'est le plus grand trader de titres à Londres et au niveau européen. La banque a considérablement étendu son activité de management d'actifs. Dans le domaine des produits dérivés, elle est aussi devenue extrêmement concurrentielle. En 2004, Dick a décidé, d'ailleurs, de rejoindre la nouvelle course à l'or dans le marché immobilier. C'est ainsi qu'il achète, en 2004, une société californienne : BNC Mortgage. Spécialisé dans les prêts subprimes, cet établissement ne respecte guère les différents ratios de prudence dans les crédits accordés aux emprunteurs. Sans surprise, en Californie, c'est lui qui souffrira le plus de la crise des subprimes.

Mais Lehman pense avoir sa recette gagnante, tenir sa martingale : elle transforme tous ces prêts en obligations dans des CDS (*Credit Default Swaps*) revendus ensuite dans le monde entier à d'autres institutions, de plus en plus loin de leur base californienne, de plus en plus loin de leur vocation immobilière première. Tout, cependant, semble alors marcher. Porté par ses succès, Fuld achète Aurora Loan Services, une société spécialisée qui octroie des prêts sans même avoir l'intégralité du dossier nécessaire pour les débloquer. Dans la première moitié de 2007, cet établissement générait 3 milliards de dollars de prêts chaque mois. L'idée était la suivante : peu importe la qualité de l'emprunteur puisque l'immobilier monte. Si l'emprunteur n'arrive plus à rembourser son prêt, il sera toujours temps de vendre son bien et de dégager une plus-value à ce moment-là. C'est l'éternelle croyance, symbole d'arrogance, dans tous les pays et dans tous les domaines, selon laquelle les arbres, lorsque vous les faites pousser, peuvent monter jusqu'au ciel. Eh bien non, les arbres ne montent pas jusqu'au ciel et Dick Fuld, comme d'autres, va s'en apercevoir très vite et le payer beaucoup plus cher que d'autres.

Cette montée des risques s'accompagne, en effet, d'une caractéristique comptable dans les banques d'investissement qui peut paraître très technique, mais qui est néanmoins capitale : elles doivent, en permanence, valoriser leurs actifs dans leurs comptes en fonction de leur valeur de marché. Lorsque les marchés montent, les profits, évidemment, flambent. Mais les pertes peuvent devenir colossales, et faire fondre le capital de ces banques, et créer de terribles difficultés, lorsque les marchés baissent. En quelque sorte, une banque d'investissement doit, suivant la théorie du *marked-to-market*, valoriser en permanence ses actifs en fonction de la valeur que le plus faible de ses compétiteurs lui donnerait en étant obligé de les vendre à la va-vite. Cela constitue, pour elles, un désavantage et, en période de crise, accroît leurs pertes et leurs problèmes.

Les financiers et Cendrillon

Lorsqu'il voit la crise des subprimes se profiler, le marché immobilier se détériorer, les marchés financiers dégringoler, le crédit se resserrer, Dick Fuld ne reste pas inactif. Il se démène même et obtient certains résultats évidents : il réduit ses actifs de près de 200 milliards de dollars, il diminue son exposition sur tout ce qui est prêts immobiliers de presque 40 %, et, à la fin du troisième trimestre 2008, le montant des prêts et des engagements qu'il a ne représente plus que 10,5 fois son capital. À ce moment-là, c'est l'un des meilleurs ratios de Wall Street.

Cependant, tous ces mouvements, pour réels qu'ils soient, n'en sont pas moins tardifs. On sent chez Lehman, comme dans d'autres banques, institutions financières ou hedge funds, cette hésitation permanente entre : faut-il prendre des pertes ? Faut-il arrêter ? Faut-il continuer la course aux profits comme les autres ? Warren Buffet, le célèbre gourou financier américain, aime à raconter l'histoire suivante inspirée de Cendrillon : « Les financiers savent que, s'ils restent trop longtemps au bal masqué, ils seront transformés comme Cendrillon en citrouilles ou, pire encore, en rats. En même temps, ils ne veulent pas perdre une seule minute de la fête. Ils ont tous l'intention de quitter le bal une seconde avant minuit. Le problème, mais il est de taille, c'est qu'ils dansent dans une salle dont l'horloge n'a pas d'aiguilles... »

Cette anecdote illustre bien la tension, la pression excessive que les marchés mettent, trimestre après trimestre, sur les performances de chaque banque, de chaque institution financière, de chaque entreprise, en exigeant toujours plus, et toujours plus que les concurrents. Entre 1993 et 2007, le cours de l'action Lehman a connu une croissance de 25 % par an… alors que l'économie ne grossit que de 2 à 3 % par an. Qui pourrait croire qu'une telle performance est soutenable indéfiniment ? Qui pourrait croire que les arbres montent au ciel ? Qui pourrait croire qu'il est sain de pousser la pression à ce degré-là ? Qui pourrait croire que de telles performances ne se font pas au prix de risques sensibles au début, énormes ensuite, inconsidérés enfin ?

Dans ses réactions tardives, Lehman cherchera aussi à vendre des actifs, notamment l'une de ses divisions les plus rentables, qui fait de la gestion d'actifs. Elle cherchera aussi à trouver des prétendants pour venir la soutenir dans son capital, devenir son actionnaire de référence ou de contrôle. De Warren Buffet à General Electric, en passant par des fonds du Moyen-Orient, Bank of America, Barclays ou, pendant des mois, Korea Development Bank (KDB), la liste est longue de ceux qui ont dansé autour du scalp de Lehman. Sans jamais, pourtant, se lancer dans l'aventure.

Le président de KDB, Min Euoo Sung, dira, le 2 septembre 2008, que la discussion est difficile à cause de désaccords sur le prix. À la fin du mois d'août, le cours de Lehman est autour de 14 $. On ne refait pas un banquier d'affaires : vous le mettez dans une négociation, il cherche à en tirer le maximum. Sans doute, à ce moment-là, Lehman aurait dû faire un discount important sur le titre et ne plus en parler. Nature humaine quand tu nous tiens…

Le 9 septembre, à l'annonce de l'échec des discussions

avec KDB, le titre perd 45 % de sa valeur. Le 10 septembre, Lehman fait une conférence téléphonique avec tous les analystes et tous les investisseurs. Si incroyable que cela puisse paraître, à un analyste de Deutsche Bank demandant si Lehman envisage de lever 4 milliards de capital, son directeur financier, Ian Lowitt, répond : « Nous ne pensons pas que nous avons besoin de lever un tel montant supplémentaire. » Et il ajoute : « Notre position en capital en ce moment est forte. » Erreur de jugement ? Aveuglement de celui qui est pris au milieu du tourbillon et n'a plus de recul ni de lucidité ? Volonté de ne pas révéler la difficulté réelle de la situation, afin de ne pas affoler encore plus le marché ? Bien difficile à dire. Combien de négociations échouent, surtout en période de crise, parce qu'on se croit encore dans un rapport de force ordinaire, que l'on imagine encore pouvoir convaincre, alors que l'on est déjà une proie ! Combien de négociations capotent parce qu'on laisse passer ce moment subtil, qui ne s'enseigne dans aucun manuel, de la cristallisation d'une négociation entre des hommes ou des institutions ! À un instant donné, un accord est possible. L'instant suivant, en apparence, rien n'a changé, et pourtant plus rien n'est possible. Sans doute, tout cela a-t-il joué dans l'échec de cette discussion entre KDB et Lehman Brothers.

Le lendemain de cet échec, le 11 septembre, J.P.Morgan vient « à la rescousse », mais plus exactement sonne l'hallali en demandant à Lehman, pour poursuivre ses activités avec eux, d'apporter 5 milliards de dollars d'actifs supplémentaires en garantie de leurs échanges quotidiens. À cet instant de la vie de l'entreprise, compte tenu des difficultés, des rumeurs et des spéculations, J.P.Morgan ne fait pas une simple demande, il décoche un uppercut qui conduit directement au KO.

L'enchaînement du drame et le lynchage des marchés

Et nous revoilà le 12 septembre, première de ces quatre journées dramatiques qui vont changer le visage du capitalisme. Du dîner autour d'Henry Paulson – en passant par ce week-end affolant des 13 et 14 septembre et la nuit décisive du 14 au 15 –, à la déclaration de faillite de Lehman le 15 au petit matin, en cent heures se cristallise le naufrage du capitalisme financier. Tous les projets échafaudés pour sauver Lehman s'effondrent. L'échec des négociations de dernière heure avec les Anglais de Barclays ou les Américains de Bank of America a la même origine que la faillite des tractations avec les Chinois de CIC, les Coréens de KDB ou les Moyen-Orientaux. Sauf que ce n'est plus Fuld qui se montre trop gourmand. Il n'en a plus les moyens. C'est le Trésor américain et la Réserve fédérale qui l'achèvent en refusant toute aide aux acheteurs qui se présentent. John Varley, le CEO de Barclays, et Kenneth Lewis, le CEO de Bank of America, ne sont pas payés pour sortir le capitalisme financier de la crise mais pour servir les intérêts de leur banque. L'un et l'autre refusent de reprendre à leur compte les risques de Lehman Brothers et sollicitent l'aide de l'État américain. En vain. Ils quittent donc la table de négociation de la façon la plus humiliante pour Lehman, car, huit jours plus tard, Barclays y reviendra pour en racheter à bas prix les activités américaines. Et Bank of America, dès le dimanche 14, négocie le rachat de l'un de ses principaux concurrents, Merrill Lynch, également en difficulté, et cesse instantanément de répondre aux appels au secours de Fuld. L'enchaînement du drame et le lynchage des marchés sont d'une cruelle simplicité.

Lehman est allée au tapis, victime de techniques qu'elle utilisait pourtant beaucoup : les ventes à découvert. Cette pratique,

que l'on appelle aux États-Unis *naked short selling* (vente à découvert « nue »), consiste pour un investisseur à vendre, par exemple, en début de journée, des titres qu'il n'a pas dans son portefeuille. Mais il pense que ces titres vont baisser dans la journée à cause d'une mauvaise nouvelle ou tout simplement d'une rumeur qu'il contribue parfois lui-même à lancer. Si le titre démarre à la baisse parce que ses défenses sont faibles ou qu'il y a peu d'investisseurs à l'achat, l'investisseur déverse alors des tombereaux de titres dans ces ventes à découvert, titres qu'il rachètera en toute fin de journée alors qu'ils ont considérablement chuté, d'autres investisseurs s'étant affolés dans l'intervalle et ayant vendu à leur tour. Le vendeur à découvert aura ainsi fait du profit sur la journée. Mais il sera bien le seul. Cette manipulation peut conduire le cours de l'entreprise attaquée à un niveau qui n'a rien à voir avec sa vraie valeur. Le spéculateur, cependant, n'en a cure : il joue sur l'écart des cours d'une entreprise, pas sur sa valeur réelle. Son arme, c'est la rumeur, pas la vérité. Son profit, c'est l'écart, pas la valeur.

Ces ventes à découvert « nues », qui n'ont d'autre objectif que le profit immédiat, sont, en quelque sorte, une invitation à la manipulation. Comment justifier que l'on puisse vendre quelque chose que l'on ne possède pas et que l'on sera peut-être incapable de délivrer le moment venu à l'acheteur, dans le seul objectif de faire un profit spéculatif ? Ces ventes à découvert et l'abandon de l'État américain ont tué Lehman, victime de méthodes spéculatives folles et d'une erreur de jugement d'Henry Paulson, lui-même ancien banquier. Combien d'autres sociétés ont-elles été blessées à mort, hier comme aujourd'hui, par ces ventes à découvert ? Le souvenir de l'effondrement de Vivendi Universal en 2002 est très présent à ma mémoire. Pourquoi les autorités de régulation n'agissent-elles pas de manière décisive face à de telles manipulations ?

Il faut bien reconnaître que, dans ce domaine, les banquiers font parfois preuve de schizophrénie et que ces stratégies de spéculation conduisent à des résultats absurdes. Dick Fuld peut dire, à juste titre, que sa société a été tuée, en partie, par les ventes à découvert. Mais, ironie de l'histoire, certaines de ses équipes et certains des hedge funds contrôlés par Lehman avaient comme spécialité ces ventes à découvert. Le 15 septembre 2008, le chasseur est devenu la proie !

Cette schizophrénie a frappé, également, une autre grande banque d'investissement : Morgan Stanley. À partir de rumeurs, à un moment où cette banque connaissait un passage délicat, certains de ses propres traders ont vendu à découvert des titres de leur firme pour augmenter leur bonus de fin d'année, faisant du coup plonger le cours à leur seul profit personnel. Quand la schizophrénie galope à ce point-là, la situation est grave et la modification des règles du jeu devient impérative.

Le marché est censé être rationnel, il a toujours raison. Mais, dans ces périodes de crise et de spéculation sans limites, le sauve-qui-peut crée la perte, l'irrationnel décide. Les marchés, alors, n'ont plus raison parce qu'ils ont perdu la raison et leur comportement s'apparente plus à du lynchage organisé qu'à du commerce.

Lehman ne pouvait s'en sortir car, à l'effet boomerang des ventes à découvert, s'est ajouté le refus de la Réserve fédérale et du secrétaire d'État au Trésor de lui offrir un parachute. L'action, dont Dick Fuld était si fier, montée à 86 $ en 2007, est descendue à 3,65 $ le 12 septembre, soit une perte de valeur de 95 % en un an. Mais elle va perdre à nouveau 95 % de sa valeur le jour même de l'annonce de la faillite, le 15 septembre, pour finir à 21 cents. Consensus le samedi, lâchage le dimanche, lynchage le lundi, et pour finir tsunami. Qui aurait pu être évité si l'État américain était intervenu. Alors, pourquoi l'avoir déclenché ?

Pourquoi un tel lâchage ?

Il y a bien eu deux poids, deux mesures de la part des autorités fédérales américaines dans la faillite de Lehman. Avant d'avoir à traiter la situation de Lehman Brothers, elles ont sauvé Bear Stearns en la faisant racheter par J.P.Morgan moyennant une aide 29 milliards de dollars. Le secrétaire d'État au Trésor, dit-on, n'aurait pas eu le pouvoir de prendre cette décision pour Lehman. Mais pourquoi l'a-t-il eu pour Bear Stearns auparavant ? Et, dès lors que la crise a pris de l'ampleur, l'État américain n'a-t-il pas justement démontré sa capacité, dans l'intérêt du pays, à prendre des mesures exceptionnelles et à les faire ratifier ensuite ?

La situation de Lehman, affirment certains, était trop risquée, et dépenser de l'argent public pour la résoudre aurait donc été imprudent. Si tel était le sentiment parmi les acteurs de cette curée, force est de constater que l'argent public mis sur la table pour essayer tant bien que mal, et plutôt mal que bien à ce jour, de limiter les conséquences de la faillite de Lehman a été d'un montant incommensurablement plus élevé que celui qui aurait été nécessaire pour sauver Lehman Brothers.

Autre faux prétexte. Il fallait, dit-on, faire un exemple, délivrer un avertissement fort aux autres banques. Le raisonnement est le suivant : si tout le monde est sûr d'être sauvé, tout le monde est déresponsabilisé et, donc, incité à prendre des risques inconsidérés. Qu'importe les risques puisqu'il y aura toujours le joker de l'État pour sauver les meubles ! Mais, si une telle leçon était une bonne solution, pourquoi n'y avoir eu recours qu'une seule fois, aux dépens de Lehman ? On peut même dire, *a contrario*, que le seul lâchage de Lehman ayant abouti à une catastrophe absolue, tout le monde dorénavant sera sauvé. L'effet attendu a fait long feu : chacun sait à présent qu'il n'y aura pas de deuxième Lehman, tous les États le disent, s'y engagent et y procèdent. À commencer par les Américains qui, deux mois après, sauvent Citigroup en y injectant 45 milliards de dollars et en garantissant plus de 300 milliards de dollars de ses actifs risqués ! Où est l'exemplarité recherchée ? Il faut donc imaginer que l'affaire Lehman est singulière. Derrière les apparences, se niche forcément une autre vérité.

Quelles sont les vraies raisons qui ont conduit à cet abandon en rase campagne ? Sans doute l'image déplorable de Lehman et de son équipe, son agressivité et le nombre d'ennemis que ses équipes s'étaient faits à gauche et à droite ont joué en sa défaveur ce week-end-là. Lorsque l'on est très provocateur et querelleur, on a beaucoup d'amis tant que tout va bien, cependant on n'en a plus lorsque les choses tournent mal. Mais ce n'est pas tout. Lors de ce week-end meurtrier pour le capitalisme financier, il y a eu aussi une énorme erreur d'appréciation.

« Pourquoi avons-nous été les seuls ? »

C'est un fait, les autorités de marché, les autorités gouvernementales et étatiques, notamment américaines, qui étaient aux premières loges à la mi-septembre, ont totalement sous-estimé le risque systémique créé par la faillite de Lehman Brothers. Aucune d'entre elles n'a vu ou compris que la faillite de Lehman n'était pas simplement la faillite d'une banque, mais la mise en difficulté de tous ses clients, de tous ses créanciers, de toutes les contreparties aux nombreux produits financiers que Lehman avait en portefeuille ou avait déjà cédés au cours des années précédentes. Derrière Lehman, c'est un réseau mondial qui allait sauter.

La communauté et le network, ce n'est pas simplement l'Internet. C'est aussi, désormais, l'interconnexion du monde financier et du marché. À une époque où les marchés, les banques, les investisseurs sont liés entre eux, au travers d'un web de relations financières complexes et opaques, il est devenu quasiment impossible de laisser sombrer une grande institution, car ce n'est plus une vague qui déferle mais un raz de marée. Quand une entreprise fait faillite, cela touche ses actionnaires, clients, sous-traitants et employés. Mais quand il s'agit d'une banque comme Lehman, les victimes « collatérales » sont innombrables. Et le pire, c'est que l'on ne sait pas qui, où, et pour combien. En lâchant Lehman, le Trésor américain a joué aux apprentis sorciers. Quand les États ont décidé de réagir par des plans d'une ampleur inimaginable quelques jours auparavant encore, il était déjà trop tard. Ils n'ont pas compris assez vite que la réaction au coup par coup n'était plus possible et qu'une solution à la crise ne pouvait qu'être globale.

On le sait bien, lorsqu'un tel événement se produit, chacun se targue de l'avoir prédit : « Je vous l'avais bien dit… Heureusement, j'avais pris toutes mes précautions… Ça ne pouvait pas se terminer autrement… ». La litanie est sans limites. La réalité est différente. Le même responsable politique qui déclare aujourd'hui : « La décision d'Henry Paulson de laisser tomber Lehman Brothers a été dramatique, une véritable erreur, conduisant à un effet domino », affirmait le 16 septembre 2008 : « C'est un choc parce que Lehman Brothers c'était la quatrième banque d'investissement américaine et que c'est un fleuron de l'industrie bancaire qui tombe. En même temps, c'est un témoignage d'un certain équilibre : le Trésor américain ne peut pas constamment aller au sauvetage de tous ceux qui sont en mauvaise posture. » On pourrait encore citer Alan Greenspan, le mythique patron de la Réserve fédérale américaine : « Le cours normal de la finance c'est qu'il y a des gagnants et des perdants. Les pouvoirs publics ne peuvent pas placer un filet

de sécurité sous toutes les sociétés financières qu
C'est Dick Fuld, lui-même, qui, devant le Congrès a
donnera des exemples pour démontrer combien il était diffi
de prévoir l'ampleur de la crise. C'est encore le patron de la Réserve fédérale américaine prédisant, en avril 2006, que le marché immobilier américain devrait se calmer graduellement plutôt que de connaître une baisse brutale, et qui ajoutait, en mars 2007, que l'impact sur l'économie et les marchés financiers des problèmes du subprime pourrait vraisemblablement être contenu. C'est enfin Henry Paulson affirmant en juin 2007 que la crise des prêts immobiliers n'affecterait pas l'ensemble de l'économie. Reconnaissons à Dick Fuld la lucidité d'avoir ajouté qu'il avait, à l'occasion de l'assemblée générale de ses actionnaires, lui-même indiqué que le pire de l'impact de la crise sur les marchés financiers était derrière nous… L'image des experts a pour le moins souffert dans cette épreuve. Les conduira-t-elle à plus de prudence et moins d'arrogance dans l'avenir ?

Bien sûr, face à la difficulté et la complexité de ces situations, il n'est pas question de jeter la pierre à qui que ce soit. En particulier aux autorités publiques qui ont fait la preuve de leur détermination à prendre à bras-le-corps les problèmes posés, en apportant souvent des réponses originales. Il n'en demeure pas moins que cette erreur d'appréciation a été déterminante : elle est à l'origine du caractère irréversible de la crise que nous connaissons et des conséquences qui en résulteront. Et pourtant, six mois auparavant la bonne décision avait été prise en sauvant Bear Stearns. Comme l'a dit à l'époque Tim Geithner, qui a depuis succédé à Paulson à la demande de Barack Obama : « On a sauvé Bear Stearns pour faciliter une issue ordonnée de la crise, pas pour préserver l'institution elle-même… C'était la seule solution pour éviter la faillite et nous savions que nous aurions été incapables de contenir les conséquences d'une faillite. » Eh oui ! Il fallait sauver Bear Stearns, et elle l'a été. Il fallait sauver Citigroup, et elle l'a été. Alors pourquoi lâcher Lehman Brothers ? On ne peut que partager la réaction de Dick Fuld devant le Congrès américain, le 6 octobre 2008, endossant ses responsabilités dans le désastre, mais affirmant : « Jusqu'au jour où l'on m'enterrera, je me demanderai pourquoi nous avons été les seuls. »

La valse affolante des milliards de dollars

Les seuls, en effet, à disparaître corps et biens. Car que restera-t-il de Lehman ? Rien ou presque, très peu des 25 000 emplois de la banque, des milliers de créanciers et de clients n'ayant plus que leurs yeux pour pleurer... Et peut-être quelques bonnes affaires pour Barclays rachetant les activités américaines de Lehman pour une bouchée de pain, pour Nomura rachetant ses filiales Europe et Asie pour pas grand-chose et pour quelques autres qui sauront racheter des actifs de Lehman à des prix bradés. Tout Lehman va être vendu à bas prix et cédé sans conditions. Les liquidateurs mettront sans doute deux ans à vendre les actifs et à dénouer les positions. Même s'ils sont excellents, ils n'empêcheront pas ce bradage, qui se terminera forcément par une ardoise extrêmement élevée pour l'ensemble des créanciers de Lehman et pour les actionnaires qui auront tout perdu.

Quelques chiffres donnent l'ampleur du désastre.

635 milliards de dollars, c'est le montant des actifs que Lehman déclarait le 10 septembre avant de faire faillite. Mais, en même temps, le montant estimé qui pourrait être récupéré dans la liquidation de Lehman est de 400 milliards ! 235 milliards sont partis en fumée.

613 milliards de dollars, c'est le montant de la dette de

Lehman au 31 mai 2008, soit une faillite six fois plus importante que celle de World Com qui détenait, jusque-là, ce triste record.

270 milliards de dollars, c'est le montant des contreparties qui étaient en face de Lehman pour les fameux CDS.

Et zéro, le montant que les créanciers recouvreront vraisemblablement de l'ensemble des engagements hors bilan de Lehman.

Mais si Lehman est morte le 15 septembre, dans les jours qui ont suivi, les quatre principales banques d'investissement indépendantes auront vu leur destin basculer. Une semaine après la faillite de Lehman, toutes ont disparu : Lehman est passée sous la protection de la faillite, Merrill Lynch a été rachetée par Bank of America, Morgan Stanley et Goldman Sachs ont adopté le statut de banque commerciale. Extraordinaire synthèse de l'accélération de l'Histoire. Cet effet domino ne s'est naturellement pas limité aux banques d'investissement.

Comment Lehman a servi de gâchette à l'implosion du capitalisme

Détonateur, gâchette, domino entraînant tous les autres, les expressions sont multiples qui recouvrent une même réalité. Avant la chute, nul n'était capable de savoir qui était en contact commercial avec Lehman, où se situaient les principaux risques, et où iraient se loger les conséquences et les répercussions de sa faillite. À la différence d'une annonce de pertes, la faillite signifie que « le vrai argent » est en cause, qu'il faut vendre, que ceux qui ne récupéreront pas leur argent subiront une perte réelle, etc. Quand on sait qu'une banque réalise des opérations représentant plusieurs fois le montant de son capital, il y a de quoi frémir. Ce retour au réel, c'est-à-dire aux risques encourus, n'avait absolument pas été anticipé. C'est pour cela que les répercussions de la faillite de Lehman ont été explosives et, parfois, auprès d'acteurs inattendus, les victimes « collatérales » de l'implosion.

On peut citer, par exemple, le fonds de pension gouvernemental de Norvège qui avait investi les surplus des revenus pétroliers du pays chez Lehman. Fin 2007, ce fonds possédait plus de 800 millions de dollars d'obligations et d'actions Lehman. Que la faillite de cette banque d'investissement américaine mette en difficulté le gouvernement norvégien fait partie de ces contrecoups inattendus.

Autre exemple de l'effet domino : toutes les banques et les hedge funds, qui offraient des contreparties aux produits d'assurance de Lehman destinés à couvrir le coût des défauts de crédit, ont été frappés. Quand le coût d'assurance des défauts monte, cela génère des pertes pour les vendeurs d'assurance tels que les banques, les hedge funds et les compagnies d'assurance. En même temps, ces vendeurs doivent mettre sur la table du cash, du vrai argent en plus, pour garantir qu'ils seront capables de respecter leurs obligations. Sur la seule journée du lundi 15 septembre, les vendeurs d'assurance ont dû trouver quelque 140 milliards de dollars, selon l'estimation de la société Bridgewater, pour faire face à ces demandes que l'on appelle des « appels de marge ». Au moment où les investisseurs se démenaient pour réunir ce cash, ils étaient forcés de vendre tout ce qu'ils pouvaient, ventes précipitées qui ont naturellement directement contribué à accentuer la chute des marchés mondiaux.

Autre victime de l'effet domino : la compagnie d'assurances AIG. En l'espace de 48 heures, le gouvernement américain a dû débloquer d'abord 85 milliards de dollars, puis 35 milliards de dollars supplémentaires de prêts pour la sauver. AIG était l'un des plus gros vendeurs de ce marché de l'assurance défaut avec plus de 400 milliards de dollars de contrats en cours. Elle a donc été l'un des assureurs pour lesquels les appels de marge ont été les plus lourds alors même qu'elle devait, en parallèle, trouver 14 milliards de dollars d'actifs destinés à garantir les conséquences d'une baisse de son rating, de sa note, décidée dans les jours précédents.

Ces fameux CDS, qui ont coûté si cher à Lehman, à AIG et à beaucoup d'autres, ne sont pas si mystérieux qu'il y paraît. C'est un peu comme si on pouvait acheter une assurance incendie sur la maison de quelqu'un d'autre et percevoir une prime le jour où la maison brûle. Si la maison brûle, vous n'avez pas de pertes puisque vous ne la possédez pas, vous n'y habitez pas, et cependant vous recevez un gros chèque, comme le propriétaire !

Ce scénario semble improbable et, pourtant, c'est la réalité : vous vous assurez contre l'incendie de la maison du voisin et, si elle brûle, vous touchez, vous aussi, la prime d'assurance ! C'est ce que l'on appelle de la finance virtuelle. Et, comme il n'est nul besoin de posséder la maison pour souscrire cette assurance, vingt, trente, cent ou mille personnes peuvent agir comme vous ! Si jamais l'incendie dévaste la construction, la conséquence est évidente : la compagnie d'assurance devra payer les dégâts réels et honorer tous ces contrats virtuels. Du virtuel, on passe alors à du cash en cascade et on tombe dans le précipice de la faillite. C'est ce qui est arrivé à AIG. C'est le capitalisme financier virtuel, succursale du casino…

Mais l'effet domino peut aller très loin. Un exemple ? Indirectement Boeing et Airbus pourraient être affectés par cet effet dévastateur. La Réserve fédérale américaine a été obligée de racheter AIG qui doit céder en catastrophe toute une série de ses actifs, dont la société ILFC, le principal loueur d'avions mondial. Les dernières commandes d'ILFC à Boeing et Airbus portent sur 150 avions qui sont, soudain, en risque, plus personne ne sachant s'ils pourraient être assurés. Des annulations de commandes d'avions par ILFC sont donc possibles avec un engrenage économique fatal : la diminution des carnets de commandes signifie des pertes de contrats pour les sous-traitants qui n'ont d'autre choix que de réduire leur personnel pour faire face à l'effondrement de leur chiffre d'affaires, etc. On voit les ramifications imprévues d'un effet domino.

Ces exemples montrent l'imbrication des produits financiers et de l'activité industrielle, du virtuel et du réel. Les montants phénoménaux que représentent les contrats virtuels, transformés en armes de destruction massive, font donc peser des risques systémiques sur le capitalisme financier. Mais l'effet domino peut aller plus loin encore.

Lehman était l'un des plus grands intervenants mondiaux en matière de « papier commercial » qui permet aux entreprises de se refinancer à court terme sur les marchés afin de couvrir leurs dépenses quotidiennes ou, pour partie, leurs investissements traditionnels. Un investissement vécu comme « à risque limité ». Ce qui devait arriver, bien entendu, arriva : en laissant partir Lehman en faillite, le gouvernement américain a provoqué un crash majeur du marché du papier commercial. Un fonds d'investissement largement investi dans du papier commercial de Lehman a vu brutalement sa valeur passer en dessous de 1 $. Il a, comme disent les Américains, « *break the buck* », cassé le dollar. Et pourtant les dépôts dans ce type de fonds étaient perçus comme liquides, sans risque. Il y a donc eu panique immédiate à la suite de cet incident. Le marché du papier commercial s'est instantanément fermé, victime d'une sorte d'« arrêt cardiaque ». Résultat, dans les jours qui ont suivi, une société aussi stable et conservatrice qu'Air Liquide n'a pu financer ses besoins à court terme sur ce marché du papier commercial. En fait, le financement au jour le jour de toute l'économie mondiale s'est trouvé ainsi compromis, car nombre d'entreprises ont recours au marché du papier commercial pour payer des salaires ou acheter des matières premières. Ce marché gelé, les difficultés s'amoncellent.

Dans ce jeu de dominos, tout va très vite, si vite même que rien ne peut arrêter la réaction en chaîne : quand une cible est touchée, aussitôt les spéculateurs passent à la suivante. Juste après la faillite de Lehman, c'est la banque d'investissement qui lui ressemble le plus, Morgan Stanley, qui devient la cible. À l'ouverture des marchés, le titre de Morgan Stanley plonge de 28 % ! Le même jour, à 16 heures, la société décide de publier ses résultats du troisième trimestre avec 24 heures d'avance dans l'espoir que des résultats décents vont stopper la spéculation. En vain. Le directeur financier de Morgan Stanley ne peut que déclarer, effondré : « J'ai bien peur que tout cela ne soit plus du réel, mais simplement de la contagion, de l'effet domino. »

Dans cette implosion du capitalisme financier, les chiffres font frémir. À partir du moment où la mèche Lehman Brothers a été allumée, ils ont pris une ampleur incroyable parce que les engagements des banques sont toujours très largement supérieurs à leur capital. Face à des problèmes majeurs, ce capital peut donc disparaître à toute vitesse. Lehman Brothers avait ainsi besoin de 188 milliards de dollars de lignes de financement journalières alors que son chiffre d'affaires annuel n'était que de 19 milliards de dollars ! Bref, ce n'était plus de la finance mais de la haute voltige sans filet. Vous croyez qu'une banque part en faillite. Mais c'est en réalité comme si dix à la fois disparaissaient du paysage. Incontrôlable. La faillite de l'une peut déstabiliser toutes les autres, car elles sont totalement interconnectées. Au moment de lâcher Lehman, on a oublié qu'on était à l'ère d'Internet.

Plus rien ne sera comme avant

Le juge de New York qui a reçu le dossier de faillite de Lehman fera ce commentaire : « Lehman Brothers est devenue une victime. En effet, c'est la seule véritable icône à être tombée dans le tsunami qui a emporté les marchés de crédit. Et cela me concerne au premier chef, c'est une tragédie absolue. » On le comprend ! Le capitalisme financier de l'appât du gain, du *greed*, a implosé. Ses plaques tectoniques ont bougé, ses fonds sous-marins se sont mis en mouvement et un orage de la peur s'est déclenché. *The Storm of Fear*, ce pourrait être le titre d'un film sur la faillite de Lehman Brothers.

Un nouvel ordre financier et capitaliste est à inventer et à reconstruire. La tâche sera particulièrement difficile car les dégâts sont terribles. Lorsqu'ils ont constaté le désastre mondial déclenché par la faillite de Lehman Brothers, Henry Paulson et les principaux dirigeants du monde ont compris qu'il était hélas trop tard. Le 15 septembre 2008, le ciel nous est vraiment tombé sur la tête. Il venait d'un endroit nommé « subprime » !

CHAPITRE 2

De Catherine à Jean, voyage au cœur d'un subprime

> « Un crédit à long terme, ça veut dire que moins tu peux payer, plus tu payes. »
>
> COLUCHE

Quand Catherine Conner de Miami et Jean Siber d'Albertville se rencontrent !

Catherine Conner est une jeune femme, portoricaine, immigrée de la deuxième génération. Séparée, deux enfants, elle vit à Miami où elle a un emploi stable depuis cinq ans. Une famille hispanique très bien intégrée qui illustre à la perfection l'*american dream.* Brune, mignonne, très entrepreneuriale, Catherine Conner a un rêve : avoir enfin sa propre maison. Elle est passionnée d'arts martiaux et de dessins animés, tout particulièrement ceux des fameuses Tortues Ninja. En ce mois d'octobre 2002, cette femme, qui vote naturellement démocrate, écoute un discours du président George W. Bush. Elle l'entend dire mot pour mot : « De plus en plus de gens possèdent leur maison aux États-Unis. Aujourd'hui, deux tiers de tous les Américains possèdent leur maison. mais nous avons un problème parce que moins de la moitié des Hispaniques et moins de la moitié des Afro-Américains possèdent la leur. C'est une différence très importante dans la propriété, une différence que nous devons travailler, ensemble, à combler. Et, à la fin de la décennie, nous aurons accru le nombre d'Américains originaires des minorités possesseurs de leur maison d'au moins cinq millions et demi de familles. Et nous devons aider les acheteurs de leur maison pour la première fois. Les acheteurs avec de faibles revenus peuvent et doivent aussi avoir une jolie maison à eux comme n'importe qui d'autre. Je crois dans le rêve américain. Posséder sa maison est une partie de ce rêve […]. Et nous sommes ici pour lever les obstacles. Le premier, la plus grande barrière à l'acquisition de la maison pour une première fois, c'est le versement initial. C'est difficile pour beaucoup de familles à faible revenu de faire un versement initial élevé. C'est pourquoi je demande au Congrès d'agir très rapidement pour financer le fonds pour l'*american dream account*. Cela utilisera de l'argent, l'argent de ceux qui paient des impôts pour aider un acheteur à faible revenu à faire un acompte et c'est important […]. Et, bien sûr, l'un des obstacles les plus importants à la possession de leur maison par les minorités, c'est le financement. Nos deux grandes sociétés de financement hypothécaire, Fannie Mae et Freddie Mac, se sont engagées à fournir plus d'argent aux banques, aux prêteurs. Elles se sont engagées à combler le manque de capital disponible pour fournir des prêts aux acheteurs de maisons provenant des minorités hispanique et afro-américaine […]. »

Catherine Conner ne sait pas que Fannie Mae et Freddie Mac sont des sociétés aidées, « sponsorisées », par le gouvernement américain pour fournir des crédits en financement hypothécaire aux banques qui, elles-mêmes, font des prêts aux acheteurs immobiliers. Au fil des années, ces deux sociétés, si utiles dans le domaine du financement immobilier et de l'épanouissement du rêve américain, sont devenues respectivement les cinquième et neuvième plus grosses sociétés américaines

Catherine n'aime pas beaucoup George W. Bush mais, ce jour-là, elle apprécie son discours car il lui permet de toujours croire à ses rêves de maison. Un an plus tard, en octobre 2003, elle rencontre Dick, un agent immobilier noir qui vient lui proposer d'acheter une maison. La maison idéale pour Catherine : trois chambres, deux salles de bains, un petit jardin, à trente minutes du centre-ville de Miami. Le rêve, son rêve. Mais un rêve à 250 000 $ tout de même !

Catherine a la charge de ses deux enfants, elle travaille et ses revenus sont de l'ordre de 2 500 $ par mois. La maison lui paraît donc inaccessible. Dick, cependant, a une solution à lui proposer : un subprime. Il lui explique que, grâce aux encouragements du président Bush, de la Réserve fédérale, de Fannie Mae et Freddie Mac, on peut lui proposer un crédit extrêmement avantageux. Il lui permettra, notamment, d'acquérir sa maison sans payer – au moins au début – des mensualités élevées. Le principe de ce subprime à taux variable est le suivant. Catherine empruntera, sur trente ans, un « 3-27 ». Trois ans avec un intérêt à taux fixe, très limité, pour l'attirer ! Trois années durant lesquelles elle ne remboursera pas du tout de capital. Puis, au terme de la troisième année, et pour les vingt-sept années suivantes, le taux sera variable avec une prime élevée par rapport au taux du marché de + 3 %. Bien entendu, à partir de ce moment-là, elle commencera aussi à rembourser le capital qui lui a été prêté. Très soucieuse de son budget, Catherine s'enquiert de ce que cela va lui coûter. « Des mensualités limitées à cinq cents dollars par mois pour les trois premières années », lui répond Dick. « Et par la suite ? » demande-t-elle. La réponse de Dick est simple : « Difficile à vous dire aujourd'hui car tout dépendra des taux d'intérêt dans trois ans. Mais une chose est sûre, le marché immobilier, ici, dans la région de Miami, est extrêmement dynamique, les prix n'arrêtent pas de monter et vont continuer à monter. Dans trois ans, si vos mensualités vous apparaissent trop élevées, il sera toujours possible de refinancer la maison sur son prix à ce moment-là. Au rythme où le marché immobilier progresse à l'heure actuelle, votre maison pourrait valoir trois cent mille, voire trois cent cinquante mille dollars. Vous pourrez donc refinancer votre maison et même en tirer, dans trois ans, un peu d'argent frais. »

Comme tous les Américains, Catherine est déjà très endettée pour sa consommation courante : l'achat de ses meubles, de son équipement de cuisine et d'une petite voiture « hybride » car, fan d'Al Gore, elle est très « verte ». Elle se dit cependant : « Cinq cents dollars par mois pendant trois ans pour habiter chez moi, c'est une aubaine, je devrais essayer. On verra bien dans trois ans. »

Début 2004, l'affaire est faite. Catherine est heureuse, elle participe au rêve américain. Elle a sa maison. Dick, lui, est ravi car il vient d'encaisser sa commission. Il se dit même qu'avec un peu de chance il en touchera une deuxième dans trois ans si Catherine a, alors, besoin de revendre sa maison.

Donald Ferguson ne connaît ni Catherine ni Dick. Il travaille chez Citigroup dans l'équipe des produits dérivés. Il est spécialisé dans les MBS (*Mortgage Based Securities*). Cela consiste à prendre des prêts immobiliers, à les découper en petits morceaux et à en faire des produits complexes, c'est-à-dire des millefeuilles composés de prêts de différentes catégories, représentant des risques divers, dont les montants sont variés et les localisations multiples. Ces pâtisseries financières que sont les MBS sont ensuite revendues par l'équipe de Donald Ferguson à des investisseurs dans le monde entier. Au passage, il touche, lui aussi, sa commission de montage et de placement.

Peu lui importe, finalement, le risque qui se cache derrière ces prêts immobiliers. Le marché est très bon, *booming* même, il ne cesse de grimper. Tous les investisseurs s'arrachent ces MBS, qui leur permettent d'avoir des rendements meilleurs que les bons du Trésor, et dont les notes, délivrées par les agences de notation, sont dans l'ensemble excellentes. Donald ne rencontre donc aucune difficulté pour les placer. Il a, en outre, un bonus de fin d'année directement lié au montant de ces produits fabriqués et vendus.

Jean Siber, lui, est directeur financier d'une petite usine, à Albertville en Savoie, spécialisée dans la fabrication de vêtements et d'accessoires en cuir. Jean n'a rien, mais alors absolument rien à voir avec Catherine, Dick et Donald. Il n'est allé qu'une seule fois aux États-Unis. Cinq jours pour courir le marathon de New York. Grand skieur, grand sportif, c'était son rêve à lui. 2006. La Société générale, banque traditionnelle de la société de Jean Siber, le contacte. En bon directeur financier, il fait le tour, avec son banquier, des placements envisageables pour la trésorerie de l'entreprise. Son interlocuteur lui propose un placement monétaire « boosté ». « Vous aurez le taux du marché monétaire plus 1 %, lui dit-il. Bien sûr, c'est appuyé sur de l'immobilier, sans véritable risque. Vous savez, le risque statistique de l'immobilier est toujours couvert. » Jean pense que c'est une excellente solution et décide de placer une partie de la trésorerie de l'entreprise dans le produit qui lui est proposé. Il va voir son président pour lui expliquer qu'il vient de faire une bonne affaire et que la trésorerie de l'entreprise rapportera 1 % de plus. Une vie tranquille, paisible, près du ski. Son rêve à lui.

Pendant ce temps-là, Catherine coule des jours heureux dans sa maison. Dick et Donald sont, de leur côté, partis vers d'autres aventures. Fort des bonus substantiels qu'il a encaissés ces dernières années (2004, 2005, 2006 ont été excellentes), Donald savoure des vacances réussies et coûteuses aux Bahamas. Le soleil, la mer, mais aussi un petit clin d'œil à son job car il sait que nombre des produits qu'il fabrique, avant d'être revendus à des investisseurs finaux, transitent par les Bahamas, ou autres paradis fiscaux, pour y acquérir une virginité fiscale. Sur sa plage de sable rose des Bahamas, Donald sourit : ses produits sont passés par là avant lui…

Nous sommes, maintenant, en mars 2007. Catherine vient de découvrir avec horreur que le prêt de sa maison, 500 $ par mois depuis trois ans, vient de rentrer dans sa deuxième phase pour vingt-sept ans. Vingt-sept ans, cela la mènera à l'âge de la retraite ! La mensualité a bondi de 500 $ à 1 349 $ par mois. Elle se prend la tête dans les mains et fait ses calculs. 1 349 $ pour la maison, 700 $ de remboursement par mois sur différents crédits, la nouvelle télévision, le réfrigérateur, la voiture qu'il a fallu changer. Plus de 2 000 $ vont partir à présent en remboursements mensuels ! Cela représente plus des trois quarts de ses revenus. Or elle ne peut pas vivre avec ses enfants avec moins de 500 $ par mois. Elle n'y arrivera jamais. Que faire ?

Catherine rappelle Dick. Elle se souvient, en effet, de ses promesses. Ils se rencontrent mais les nouvelles ne sont pas bonnes. Dick lui explique qu'après la hausse de 2005 et une partie de 2006, les prix de l'immobilier dans le secteur se sont retournés et ils baissent maintenant. Il ajoute que d'autres emprunteurs se sont retrouvés, juste avant elle, dans sa position, et qu'ils rencontrent beaucoup de difficultés pour assurer le remboursement de leurs mensualités au terme des trois années initiales alors qu'ils doivent franchir cette « marche d'escalier » à la hausse. Il précise même que, dans un certain nombre de cas, les organismes prêteurs ont exercé leurs hypothèques et saisi les maisons. Or cet afflux de maisons à la vente tire le marché vers le bas. Non seulement il pense que, contrairement aux espérances, la maison de Catherine n'a pas atteint les 300 000 $ mais que, peut-être, elle vaut moins que le prix payé à l'origine. Catherine est effondrée. Que va-t-elle devenir avec sa famille et ses enfants ? Elle se voit déjà à la rue. D'autant plus que Dick lui parle des diverses modalités de son acquisition et de son prêt, des différentes formes de pénalités et de taxes qui ne vont pas manquer d'intervenir si elle ne peut pas assumer le paiement des mensualités. Il lui détaille le calcul pour lui expliquer que son taux d'intérêt, qui était de 3 % pendant les trois premières années, est maintenant de 7 % par an. Catherine tombe des nues. Comme 75 à 95 % des Américains ayant souscrit ce type de crédit, elle avoue ne pas avoir prêté attention à l'époque à ces clauses, ne pas les connaître et elle estime qu'elle n'a pas bénéficié d'une information adéquate. Et lorsque Dick lui explique que les fameux « subprimes » ont été surnommés « ninja » – comme son dessin animé préféré – pour « *No Income, No Job, no question Asked* », c'est-à-dire « Pas de revenus, pas de travail, pas de question posée », Catherine ne le trouve pas drôle du tout, mais alors vraiment pas drôle.

Dick, de son côté, râle. Le marché est exécrable. Trop de maisons, trop chères, trop vite, et, maintenant, la baisse, avec beaucoup d'entre elles à la vente. Il devrait se réjouir. Oui, mais il n'y a plus d'acheteurs. Or pas d'acheteurs signifie pas de commissions !

Donald aussi a ses problèmes. Chaque semaine apporte son flot de mauvaises nouvelles sur le niveau de risque des produits dérivés et de tous les produits bâtis à partir des prêts subprimes. Petit à petit, il apprend que sa banque a, elle aussi, conservé des risques qu'il faut maintenant provisionner, au prix de milliards de dollars de pertes dans le bilan. Le cours de Bourse de sa banque s'effondre. Ses stock-options ne valent plus rien. Et puis, en ce beau jour de septembre 2008, alors que l'on vient d'annoncer la mise en faillite de Lehman Brothers, il apprend que son service sera dissous le mois suivant et qu'il vient de perdre son job.

Et Jean Siber dans l'histoire, me direz-vous ? Que fait dans cette histoire américaine ce directeur financier d'une entreprise de cuir en Savoie ? Jean vient, en fait, d'apprendre que ce placement monétaire si sûr, qu'il avait fait l'année précédente, repose en partie sur des subprimes. Ce sont eux, ces produits dérivés, complexes, fondés sur l'immobilier américain, qui permettaient à sa banque de faire miroiter un rendement supérieur à celui du taux monétaire. Mais, voilà, le marché s'est effondré, la valeur de ces titres a baissé, le rendement monétaire supplémentaire promis n'est plus là. On est même en dessous du taux du marché monétaire. Et, pour couronner le tout, la banque lui annonce que, compte tenu de la crise en cours des marchés de crédit, elle ne peut pas renouveler sa ligne de crédit habituelle. L'entreprise risque, du coup, de se retrouver en difficulté pour financer ses activités au jour le jour. Jean est furieux. Il ne comprend pas. Il cherche à percer ce mystère. Il dépouille toute la documentation donnée par la banque. Il pose des questions. Il veut savoir. Ainsi finira-t-il par découvrir, au bout de plusieurs semaines d'examen de documents extrêmement touffus de plusieurs centaines de pages, qu'il est indirectement propriétaire d'un tout petit bout d'une maison située à 30 kilomètres de Miami, possédée par une certaine Catherine Conner qui n'a plus les moyens de rembourser son prêt.

Quand Jean et Catherine se rencontrent, ce n'est pas forcément pour une histoire d'amour. Décidément, cette entrée virtuelle de Catherine dans la vie de Jean ne présage rien de bon. Improbable entrée. Certes. Mais l'absurde est là, dans ce raccourci de la crise des subprimes aux États-Unis en 2007 et de ses conséquences planétaires. Le mécanisme insidieux de la propagation de l'épidémie, de la contagion est à l'œuvre. Et nul ne peut l'arrêter, ni même l'identifier.

Pourquoi cette histoire de subprimes a-t-elle démarré outre-Atlantique ?

Comme le montre le discours du président George W. Bush, la politique d'accession à la propriété est une priorité aux États-Unis. Ce rêve américain, entretenu au fil des ans par tous les occupants de la Maison-Blanche, et notamment par son prédécesseur Bill Clinton, est également relayé par les plus grandes institutions financières du pays, à commencer par la Réserve fédérale. Mais, si l'on peut accepter, avec réticence néanmoins, qu'un président soit parfois imprécis, il est plus difficile de comprendre pourquoi des régulateurs rigoureux et avisés ont laissé s'affaiblir les standards et les normes des prêts immobiliers, sans se rendre compte que ce laxisme pourrait conduire à de très lourdes défaillances.

Comment les régulateurs ont-ils permis à l'industrie bancaire de s'engager dans une folie pareille ? Comment ont-ils pu accepter que des prêts immobiliers, représentant 100 %, voire plus, du prix d'une maison, soient accordés à des ménages à faible revenu, souvent incapables de fournir la documentation complète pour acquérir leur bien et dont il était évident qu'au terme de la première période de *teasing*, de promotion en quelque sorte, il leur serait quasiment impossible d'assumer l'augmentation considérable du montant de leurs mensualités? Stratégie absurde, dangereuse, sauf à spéculer sur une hausse continue, forte et sans fin de l'immobilier. Mais… les arbres ne montent pas au ciel. Les régulateurs auraient dû le savoir. Et pourtant ils ont été aveugles, poussés même par une approche politique surprenante aux États-Unis. Ainsi peut-on lire cette phrase étonnante dans un document de la Fed de Boston, sur la côte est des États-Unis : « La discrimination peut être observée lorsque les politiques de prêt d'un établissement prêteur contiennent des critères arbitraires ou dépassés qui disqualifient effectivement beaucoup de candidats urbains ou de minorités à faible revenu. » On croit rêver ! Il n'en demeure pas moins que cet extrait de document ne vient pas d'Attac, ni d'une association de défense des mal-logés, mais de la très sérieuse et officielle branche de la Réserve fédérale à Boston.

Il est vrai que posséder sa maison fait partie intégrante du rêve des ménages américains. Des ménages qui, sur tout et en tout, y vont à fond. À fond sur l'endettement, dans une économie américaine du surendettement. À fond sur l'enrichissement ou, plutôt, l'espoir d'enrichissement individuel.

L'endettement des ménages américains est effectivement massif et inquiétant. Leur taux d'épargne était tombé à près de 0 % en 2006 alors que la moyenne européenne était de 6 % et supérieure à 15 % en France, sans parler des Chinois – petites fourmis – qui économisent la moitié de leurs revenus ! Depuis lors, la situation s'est encore dégradée ! Phénomène extraordinaire, sans précédent dans toute l'histoire économique mondiale, ce taux, selon certaines sources, serait même, à présent, légèrement négatif. Ce qui signifie que les ménages américains n'ont que des dettes et n'ont, en moyenne, pas le moindre sou devant eux. Une danse au bord du précipice de la faillite nationale, voire une dégringolade dans les tréfonds de la crise. Au niveau du pays, l'endettement total des ménages américains est actuellement de l'ordre de 110 % du PIB, près de quatre fois supérieur à l'endettement net des ménages français. L'Amérique, en fait, ne vit plus qu'à crédit et au-dessus de ses moyens.

Facteur aggravant dans le gonflement des crédits subprimes et l'apparition de la crise en 2008, l'immobilier résidentiel joue aux États-Unis un rôle extrêmement important dans l'enrichissement des ménages grâce aux plus-values réalisées lors de la revente des appartements ou des maisons individuelles. C'est, d'ailleurs, pour faire face à une crise financière majeure des ménages américains que le New Deal de Franklin Roosevelt avait introduit en 1933 un système de « subventionnement » du prêt au logement. C'est aussi à cette époque que fut créée la GSE (*Government Sponsored Enterprises*) Fannie Mae. La GSE Freddie Mac, quant à elle, sera créée dans les années soixante-dix dans le but d'augmenter la taille du marché des prêts hypothécaires. Ces deux sociétés, qui géraient, jusqu'à il y a peu, plus de 1 000 milliards d'actifs, ne font pas de crédit en direct. Elles achètent des créances aux banques et leur facilitent la tâche pour prêter aux acheteurs. Propriété de l'État depuis Roosevelt, ces deux sociétés furent privatisées en 1968 par le président Lyndon Johnson, qui avait besoin d'argent pour financer la guerre du Vietnam. Elles ont fonctionné, depuis lors, avec un statut intermédiaire. Elles bénéficiaient en quelque sorte du « sponsoring » du gouvernement et le marché considérait qu'elles disposaient d'une garantie implicite de l'État, sans que l'État ne l'ait jamais formellement donnée. Cette ambiguïté a permis à ces deux établissements de disposer de la meilleure note accordée par les agences de notation (AAA) et, par conséquent, de se financer à moindre coût. La situation a perduré jusqu'en 2008, jusqu'au moment où l'on a découvert l'ampleur du problème des subprimes. Une semaine avant la mise en faillite de Lehman Brothers, le gouvernement américain a dû prendre la décision de récupérer le contrôle de « Fannie et Freddie » pour 200 milliards de dollars, pas moins !

Une ambition politique, un rêve individuel, des institutions tout à fait spécifiques pour le réaliser, voilà le contexte dans lequel est née la crise des subprimes aux États-Unis. Ce panorama ne serait cependant pas complet si l'on n'y ajoutait pas la formidable capacité d'innovation de l'industrie financière et sa créativité pour créer des produits de plus en plus sophistiqués et attractifs pour le consommateur, mais de plus en plus, également, à la limite de la tromperie. Ces crédits sur trente ans, dans lesquels on ne paie aucune part du capital et qu'un très faible taux d'intérêt pendant trois ans avant de se retrouver avec un taux majoré et des remboursements de capital normaux pendant vingt-sept ans, sont en effet des « attrape-nigauds ». Ils sont à la limite de l'abus de confiance car ils s'adressent à des populations à faible revenu, qui n'ont pas la moindre connaissance de la sophistication financière. La diffusion des subprimes s'est fondée sur la crédulité, volontaire ou pas, de centaines de milliers, voire de millions, de consommateurs. Et, dans un certain nombre de cas, le manque d'informations a confiné à la fraude.

En aval du subprime, l'innovation financière américaine n'a, de fait, pas connu de réelles limites. Voici ce qui s'est passé. Au départ, une banque. Elle crée un produit financier spécifique pour l'immobilier, ce que l'on a appelé, plus haut, un MBS. Pour cela, elle achète des prêts dans tous les coins du pays. Plusieurs milliers de prêts sont ainsi logés dans chaque MBS. Parce que le produit commun ainsi fabriqué comporte les risques cumulés de tous les prêts individuels, les investisseurs sont, en apparence, moins exposés à un défaut de risque individuel. Ce pot commun d'emprunts subprimes est ensuite transformé en obligations classées suivant les niveaux de risque des prêts sous-jacents. Les plus sûres offrent le rendement le moins élevé à l'investisseur. Les plus fragiles, qui sont aussi les moins bien notées, sont rémunérées à un niveau plus élevé afin d'attirer les investisseurs et de couvrir leurs risques dans l'hypothèse où certains des emprunteurs du pot commun viendraient à défaillir.

Après avoir placé des milliers de prêts, les avoir installés dans un pot commun, mélangés et transformés en obligations en fonction des degrés de risque, ces MBS subissent une nouvelle tambouille financière. Ils sont « repackagés » dans ce que l'on appelle des CDO (*Collaterised Debt Obligations*), offerts alors à différentes institutions à travers le monde. Bien souvent, MBS ou CDO transitent par un petit paradis fiscal. Mais la farandole ne s'arrête pas là ! Le CDO, à son tour, émet des obligations qui ont, elles aussi, leur niveau propre de risque et de rendement. Celles au rendement le plus faible sont souvent vendues à d'autres CDO. Une multiplication des étapes qui permet au risque de se diffuser. Il court, il court et, surtout, il devient de plus en plus difficile à suivre. Comment s'y retrouver dans cet imbroglio ? Même ceux qui l'organisent finissent par s'y perdre. Or ces marchés ne sont aucunement régulés ni contrôlés. Force est de reconnaître que planquer des créances « pourries » au milieu d'autres, en sandwich, est une pratique très « limite ».

Une chose, cependant, est certaine, évidente même : les investisseurs qui détiennent les parties de ces CDO les moins bien notées sont les derniers à être payés et les premiers à subir les pertes s'il y en a. C'est pour cela que les rendements qu'on leur propose sont sensiblement plus élevés. Folie, dira-t-on, que de prendre de tels risques. Certes, mais la multiplicité des risques sous-jacents paraît assurer une forme d'immunité statistique, confortée par les notes des agences de notation. Dans cette partie financière débridée, chacun se dit : « Ce serait bien le diable, si tout allait mal ensemble. »

Dans une classification à vingt échelons, comparable à la notation de 1 à 20 dans une classe, plus de la moitié de ces produits ont obtenu, en 2005 et 2006, la note 20/20 des agences de notation. Plus des trois quarts étaient au-dessus de 16, c'est-à-dire au moins AA.

Politique, rêve, institutions *ad hoc*, innovation, ne manque plus qu'un seul élément du scénario tragique : l'appât du gain. Au cours de la période, qui a donné naissance au subprime, tout le monde a fermé les yeux devant le bon sens : on ne peut pas acheter une maison sans avoir un certain niveau de revenus, mais certains avaient intérêt à ignorer cette règle pour en tirer un profit, qu'il soit politique ou financier.

Les gouvernants réalisaient le rêve américain. Aujourd'hui, d'ailleurs, plus des deux tiers des Américains sont propriétaires de leur maison.

Les ménages devenaient propriétaires.

Les constructeurs augmentaient considérablement le nombre de maisons construites.

Les agents immobiliers voyaient croître leurs commissions sur les ventes de maisons.

Les banques prêteuses encaissaient également leur commission au passage, tout comme les établissements qui « repackageaient » ces différents prêts dans des produits sophistiqués et les replaçaient avec des niveaux de commission de placement souvent exorbitants, en tout cas extrêmement rentables pour eux.

Les institutions de crédit américaines grossissaient et répondaient aux objectifs du politique. Quant aux régulateurs, face à l'extrême complexité de certains montages, ils ne pouvaient plus calculer les risques. Ils étaient obligés de s'appuyer sur les modèles de gestion du risque des institutions financières elles-mêmes. Le serpent de la régulation se mordait la queue en quelque sorte. Tout le monde fermait les yeux et y trouvait un intérêt. Jusqu'à ce que tout saute.

La formation et l'explosion de la bulle des subprimes

Le mécanisme qui a permis à la bulle de se mettre en place et qui a conduit à son éclatement est clair. Il repose sur l'assouplissement des pratiques de prêt liées à ces crédits subprimes. La facilité d'accès au crédit entraîne une hausse de la demande des crédits, de la demande de biens immobiliers et, *in fine*, des prix de l'immobilier.

Les prêteurs de leur côté proposent des prêts mirages sans apport initial, dont les premiers paiements réels sont éloignés dans le temps. Ainsi attirent-ils une clientèle aux revenus de plus en plus faibles, au risque de créer des difficultés de remboursement de plus en plus nombreuses mais masquées par une ambiance euphorique. Même si le risque s'accroît, le prêteur, c'est-à-dire la banque, assure son capital grâce à la hausse du prix de l'immobilier. Elle sait qu'en cas de défaillance de l'emprunteur elle s'emparera du titre de propriété et pourra refinancer le bien dont le prix sera plus élevé.

Le crédit facile entraîne une hausse des prix de l'immobilier qui, elle-même, accroît la facilité d'accès au crédit. C'est le cercle initial de la bulle. Quelques chiffres illustrent son gonflement. Les subprimes représentaient entre 7 et 8 % des crédits immobiliers en 2001, 2002, 2003. En 2004, 2005, 2006, le taux est passé à 20 % !

Il faut illustrer les effets de cet emballement des crédits et des prix. En permettant à des ménages moins fortunés d'acquérir une maison, on en a augmenté la valeur par rapport à leurs revenus. Pendant quarante ans, en moyenne, une maison achetée représentait un peu plus de trois ans de revenus des ménages acquéreurs. Cette moyenne très stable de 3,4 fois les revenus moyens entre 1967 et 2007 est passée à 4,7 fois au sommet de la bulle en 2005 et 2006. De la même manière, le niveau de la dette par rapport au revenu annuel qui, sur cinquante ans, est resté stable à 80 %, a bondi, au quatrième trimestre 2007, à 140 % !

La bulle était donc prévisible. Un économiste, Hyman Minsky, l'a décrite avec beaucoup de pertinence autour d'une idée, hélas très représentative de l'état d'esprit de nos économies, notamment des acteurs financiers : « La stabilité est instable. » En résumé, sa démonstration repose sur le fait que de longues périodes de stabilité économique poussent les investisseurs, forts de la confiance que leur donnent l'environnement et la durée de la période de croissance, à prendre de plus en plus de risques, à emprunter excessivement et à surpayer les actifs.

Selon Minsky, il y a trois types d'emprunteurs. D'abord, les emprunteurs raisonnables qui peuvent rembourser l'ensemble de leurs échéances sur la base de leurs revenus ou de leur cash flow. Ensuite, les emprunteurs spéculatifs qui ne peuvent rembourser que leurs intérêts et doivent en permanence refinancer leur dette avant de pouvoir repayer l'emprunt d'origine. Enfin, les emprunteurs *Ponzi* – du nom d'un petit escroc italien vivant à Boston dans les années vingt et qui était devenu un as de la cavalerie promettant monts et merveilles pour attirer les épargnants puis disparaître – qui ne peuvent repayer ni l'intérêt ni la dette d'origine et font entièrement confiance à la hausse des prix des actifs pour leur permettre de refinancer leur dette. Plus la période de stabilité économique est longue, plus les emprunteurs prennent des risques et plus ils se rapprochent du *Ponzi*. Jusqu'à ce que l'économie soit construite, comme un château de cartes, sur un accès au crédit trop facile et sur la spéculation. La spéculation finit, évidemment, par reposer sur le principe qu'un « plus grand fou que soi » viendra acheter vos actifs à un prix supérieur à celui que vous les avez payés. Mais le jour où cette bulle atteint son sommet, le jour où l'accès au crédit devient plus difficile, le marché sort d'un cercle faussement vertueux pour s'installer dans un cercle vicieux qui suscite alors une panique de plus en plus grande.

Cette évidence a été, cependant, oubliée et, au moment de l'éclatement de la bulle, tout le monde a été pris à contre-pied.

En premier lieu, les emprunteurs, qui avaient cru voir dans la hausse constante du prix de l'immobilier une planche à billets, soit pour refinancer leurs crédits immobiliers pour des montants toujours plus élevés, soit pour mettre en gage la valeur croissante de leur maison. Ils consacraient l'argent généré par l'immobilier au remboursement des dettes contractées sur leurs cartes de crédit ou pour l'achat de nouveaux biens de consommation.

Ensuite, les banques, qui accordaient des crédits sans exiger de l'emprunteur la moindre contribution personnelle et pariaient sur la croissance rapide de la valeur de l'habitation. Elles ont d'autant plus ouvert les robinets des prêts qu'elles ont profité des facilités dont elles disposaient pour mettre en place des opérations de titrisation de ces prêts en dehors de leur bilan. Elles ont aussi transféré le risque de crédit à des entités déconsolidées, les SIV (*Special Investment Vehicles*) et autres SPV (*Special Purpose Vehicles*). Enfin, les banques d'investissement de Wall Street qui vendaient à tout-va les titres constitués en les reconditionnant sous la forme d'obligations, MBS et autres CDO. Résultat : une déresponsabilisation, qui, elle aussi, a encouragé le laxisme dans les conditions d'attribution des prêts. Et l'impression erronée que ce risque était sorti du système financier. Mais, le jour où ça craque, il faut financer les pertes du tout. Mais, le jour où le marché s'est retourné, le processus au complet s'est enrayé car tout était imbriqué. Les mauvais risques ont tous éclaté en même temps. Le grand jeu du mistigri s'est alors bloqué : les prêts subprimes, soudain déficitaires, sont devenus invendables sur le marché quelle qu'en soit la forme, les maisons sont devenues, elles aussi, invendables et le remboursement des prêts, même en saisissant les maisons, est devenu aléatoire. Le nombre d'expulsions a plus que doublé aux États-Unis les derniers mois de 2008 pour atteindre un rythme de plus de 300 000 par mois. Combien de défaillances et de drames va-t-on encore enregistrer en 2009 ou en 2010 ? Et grâce à ce jeu de finance virtuelle, au moment de l'éclatement de la bulle des subprimes, les CDS avaient atteint – sans régulation, sans réel contrôle – 50 trillions de dollars, cinq fois le total de la dette américaine.

C'est comme cela que s'est produit l'engrenage fatal des subprimes aux États-Unis. Une différence philosophique importante entre la notion de crédit en France et aux États-Unis, et des procédures de récupération ou de faillite spécifiques y ont également contribué. En France, lorsque l'on prête on étudie, avant tout, la capacité de remboursement de l'emprunteur. L'Institut de crédit américain, lui, s'intéresse beaucoup plus à la valeur du bien de l'emprunteur, au cas où celui-ci ne pourrait plus faire face à ses échéances. Si cela se produit et conduit le prêteur à récupérer la maison pour la vendre, le consommateur américain, en faillite personnelle, dispose d'un certain nombre de protections, variables d'ailleurs d'un État à l'autre. L'idée de la deuxième chance, du nouveau départ, est très profondément ancrée dans la civilisation américaine. Dans de nombreux États, lorsque des biens sont saisis pour rembourser la dette, le consommateur bénéficie de ce que l'on appelle un *clean start*, une possibilité de « nouveau départ ». Par exemple, dans l'État du Connecticut, la maison ne peut pas être saisie ou vendue jusqu'à concurrence de 75 000 $ de sa valeur en capital. Lorsque vous avez peu d'actifs, on vous laisse votre actif vital pour pouvoir redémarrer. Sans entrer dans les détails, cette particularité de la loi américaine explique aussi, en partie, les difficultés des prêteurs à saisir et à liquider certains biens. Elle peut être considérée comme une surprotection de l'emprunteur, mais il faut bien sacrifier au « rêve américain », au moment de l'achat de la maison, comme au moment des difficultés pour la rembourser !

L'éclatement de la bulle, avec son cortège sinistre de ventes et de saisies de biens, a accéléré la chute des prix de l'immobilier. Les banques, du coup, ont dû déprécier leurs actifs pour se conformer aux règles comptables qui les obligent à les évaluer à leur valeur de marché. La méfiance s'est installée et a conduit à la situation que nous connaissons à présent : les banques sont de plus en plus récalcitrantes à se prêter de l'argent entre elles. Le coût du financement augmente et, la défiance engendrant la défiance, le système financier s'installe dans un autre cercle vicieux qui a atteint son paroxysme avec les faillites en chaîne des plus grandes institutions bancaires. En faisant trop confiance aux modèles mathématiques, en oubliant le bon sens et en ne regardant que les risques statistiques, on a oublié que pouvait survenir une crise systémique, globale, immédiate, massive.

Mais revenons au point de départ de cette crise, c'est-à-dire à ces produits très sophistiqués, articulés, complexes, notés par les carabiniers du système, c'est-à-dire les agences de notation. Les investisseurs s'en sont très largement remis à elles et à leurs évaluations au cours de ces dernières années. La manière dont certains produits complexes ont été notés aurait dû susciter des inquiétudes. En effet, des titres, présentant des caractéristiques très différentes sur le plan de leur structure, des hypothèses qui les sous-tendaient et de leurs liquidités, ont reçu la même note. Il est vraisemblable que cette appréciation était liée, jusqu'à l'excès, au souci d'encourager l'émission de ces produits car ils généraient une part importante des bénéfices réalisés par les agences. Les agences de notation, rémunérées par l'émetteur de produits financiers, ont un intérêt à ce qu'ils se placent bien. On comprend que cela puisse les pousser à une certaine « souplesse » dans la note initiale. Profiteurs, mais pas responsables, à la différence par exemple des auditeurs qui sont rémunérés pour examiner les comptes d'une entreprise, mais dont la responsabilité est engagée lorsqu'ils commettent une erreur professionnelle. Surprenante est la vitesse à laquelle, en juillet 2008, les différentes agences ont dégradé des titres adossés à des crédits subprimes. Quelle était la validité de la notation de départ ? Au risque de la caricature, on peut aussi dire que les agences de notation ont fait preuve d'un grand manque d'anticipation ou de recul et on peut s'interroger sur des changements de méthode brutaux permettant de passer de notations très favorables à une dégradation rapide de ces mêmes notes lorsqu'il est déjà trop tard !

Comment tout cela se diffuse-t-il ensuite partout : l'effet Sras

Au départ, les banques prêtaient dans l'immobilier et conservaient les prêts dans leur bilan. Aujourd'hui, elles prêtent pour revendre le risque. En 1980, 85 % des prêts immobiliers restaient dans les bilans des banques. Au début de 2008, le taux était tombé à 30 % ! 70 % des prêts immobiliers étaient donc redistribués un peu partout dans le monde auprès de différents acquéreurs et clients. Cette transmission du risque s'est faite par l'accroissement des produits structurés, découpés en petits morceaux, remontés en 2D, en 3D, assurés, réassurés et revendus en utilisant une toile d'araignée de transactions, souvent faite pour contourner les réglementations destinées à protéger le système du crédit, ou en recourant aux paradis fiscaux pour contourner les dispositions fiscales. L'épidémie s'est bel et bien propagée à travers ces nouveaux instruments financiers dont le développement s'est si formidablement accéléré ces dix dernières années. La crise des subprimes a emprunté ce canal-là. Il est vraisemblable que l'impact de la crise aurait été moindre, malgré les difficultés du marché hypothécaire, sans le recours à ces produits structurés. Sur un marché de 10000 milliards de dollars, la diffusion a été dévastatrice. C'est un peu comme si l'on avait laissé la crise du Sras se propager sans le moindre contrôle des porteurs du virus aux frontières, en utilisant des lignes aériennes qui auraient évité les contrôles à l'immigration ou en imaginant, lors de la crise de la vache folle, l'envoi de produits alimentaires comportant des multitudes de petits bouts d'animaux infectés sans marquage ni suivi. Effrayant ? Oui, mais c'est ce qui s'est produit avec les subprimes, et les pertes liées à ces prêts ont constitué le « catalyseur » de la crise actuelle. Personne n'a pu suivre le risque tellement il a été parcellisé, tellement il a franchi de frontières. Au vrai, à la fin des fins, plus personne ne savait plus qui portait le risque, pour combien, et qui était en mesure de prendre une décision pour le limiter ou l'endiguer. Cette absence de barrières explique pourquoi la crise, qui a touché des millions de ménages américains, a débordé comme le lait sur le feu, comment la belle Latino de Miami, Catherine Conner, a contaminé à « l'insu de son plein gré » le bon Jean Siber à Albertville. Même si plusieurs sociétés spécialisées ont fait faillite, comme New Century Financial ou les hedge funds de la banque américaine Bear Stearns, même si Fannie Mae et Freddie Mac ont été sauvées du naufrage, il y a bien eu diffusion du virus dans le monde entier par petits bouts incontrôlables.

L'essentiel des crédits accordés n'était, en réalité, pas fait pour être conservé mais pour être vendu ensuite à des équipes dites de titrisation. Le marché a été structuré, et pour tout dire déstructuré, par des courtiers découpant et vendant le « produit crédit » à d'autres agents, qu'ils soient banques, gestionnaires d'actifs, hedge funds, voire entreprises en direct, après avoir perçu une commission de montage. Par définition, le courtier n'est pas en charge de la gestion du risque dans le temps. Les banques prêteuses, ayant la possibilité de se libérer du risque, ont naturellement été indulgentes sur la qualité du crédit et les garanties des ménages. L'innovation financière a éloigné les produits financiers de leur support réel et atomisé le risque d'une façon telle qu'elle l'a rendu incontrôlable. La dissémination n'a pas réparti les risques comme on pouvait l'imaginer en multipliant les intervenants, elle a amplifié la crise.

Même si cela n'a été que progressif, le monde a été touché. Rappelons quelques dates et chiffres clés. Le marché immobilier américain a sans doute atteint son point haut à la fin de 2006. Deux ans plus tard, on estime que le montant des pertes dépasse 550 milliards de dollars ! Les événements se sont succédé avec une régularité d'horloge. En février 2007, c'est la banque HSBC qui annonce, la première, qu'elle devra faire face à des pertes plus fortes que prévu, liées à des défaillances sur les crédits subprimes aux États-Unis. Le moins qu'on puisse dire, c'est que cette déclaration, à l'époque, n'a que très peu de répercussions, même si le sujet va devenir de plus en plus prégnant à Wall Street.

À la fin du mois de février 2007, se produisent les premières faillites de banques américaines spécialisées dans les crédits immobiliers à haut risque. Début avril, c'est au tour de New Century Financial, l'un des prêteurs immobiliers les plus importants aux États-Unis, de sombrer, 3 000 emplois sont supprimés, soit 50 % du personnel touchés. Deux mois plus tard, en juin, deux hedge funds, comportant des engagements lourds dans le secteur des subprimes, sont fermés par Bear Stearns. Un grand trouble s'empare alors de Wall Street, notamment de Merrill Lynch, J.P.Morgan, Citigroup et Goldman Sachs qui leur avaient prêté de l'argent.

Au cours de l'été 2007, ce sont les banques allemandes, avec de mauvais investissements dans le secteur immobilier américain, qui sont rattrapées par la crise, notamment IKB. À ce moment-là, encore, malgré une augmentation des saisies de maisons (elles doublent au mois de juillet), le président George W. Bush rejette toute idée d'intervention du gouvernement en disant qu'il souhaite que le marché fasse son œuvre. Anticipation vous avez dit ?

Au mois d'août toujours, BNPP en France gèle des fonds représentant un peu plus de 1,6 milliard d'euros. Mi-septembre 2007, pratiquement un an jour pour jour avant la faillite de Lehman Brothers, la Réserve fédérale américaine commence à diminuer ses taux d'intérêt, craignant que le défaut de crédit lié aux perturbations du marché immobilier ne se répercute dans d'autres secteurs de l'économie. La Réserve fédérale va faire, coup sur coup, sept baisses de taux d'intérêt. En décembre, George W. Bush adopte un plan pour aider un petit peu plus de 1,2 million de ménages à payer leurs échéances.

En janvier 2008, c'est UBS qui annonce 18 milliards de pertes liées à son exposition au marché immobilier américain. Au même moment, Bank of America rachète Countrywide Financial, le principal prêteur du pays dans ce secteur. En février, c'est Fannie Mae, la plus grande source d'argent pour les prêts immobiliers, qui déclare une perte de 3,5 milliards de dollars pour le dernier trimestre de 2007, trois fois plus que ce qui était attendu par le marché.

En mars, les choses s'accélèrent : Carlyle Capital a des problèmes avec des défaillances sur 16 milliards de dettes ; avec l'aide du gouvernement, J.P.Morgan rachète Bear Stearns, opération dans laquelle la Réserve fédérale fournit 29 milliards de financement pour couvrir les risques potentiels de Bear Stearns.

Le même mois, 200 milliards de dollars sont mis à disposition pour financer Fannie Mae et Freddie Mac.

Tout au long de l'été 2008, les annonces se succèdent les unes aux autres : banques en difficulté, pertes records. Les assurances sont, à leur tour, touchées. Un plan de plusieurs milliards de dollars est préparé par le Congrès pour éviter les saisies et organiser les reprises d'institutions bancaires et financières en difficulté. Jusqu'au point culminant de la partie subprimes de la crise : le rachat par le gouvernement du contrôle de Fannie Mae et de Freddie Mac pour 200 milliards de dollars. Nous sommes le 7 septembre. Huit jours plus tard, le ciel nous tombe sur la tête et beaucoup périront. Y compris, ironie du sort, une banque surnommée « Freedom Bank » (la Banque de la Liberté). Sans oublier la Franklin Bank au Texas, créée dix ans auparavant par Lewis Ranieri… le créateur du subprime. Et cela ne s'invente pas, elle sera rachetée par Prosperity Bank (la Banque de la Prospérité). Quel symbole !

Voilà comment, en un an, la crise s'est diffusée partout en s'accélérant. Sans que les plus hautes instances de régulation et les gourous de la finance ne nous alertent. L'ancien président de la Réserve fédérale, Alan Greenspan, pouvait assurer à un moment qu'une bulle immobilière était hautement improbable : il n'a pas compris que les prix de l'immobilier allaient chuter encore plus vite que lors de la Grande Dépression. En juillet 2007, Ben Bernanke, le président de la Fed, successeur d'Alan Greenspan, estimait que la crise des subprimes coûterait 100 milliards de dollars. Puis on a parlé de 500 milliards. Aujourd'hui ce chiffre est certainement largement dépassé. L'addition augmente tous les jours, après beaucoup d'aveuglement.

L'aveuglement d'une institution d'assurances mérite, d'ailleurs, un examen particulier. AIG, dont le sauvetage coûte 120 milliards de dollars au gouvernement américain, est, rappelons-le, la société qui a le plus développé les formes d'assurance sur des tierces parties qu'on appelle des CDS. Ce sont, en réalité, des contrats d'assurance dans lesquels un nombre illimité de parties peut s'assurer contre un événement qui pourrait survenir à une tierce partie. Si cet événement se produit, tout le monde touche la prime. C'est de l'assurance virtuelle. Comme en matière de jeux vidéo avec les parties à multiples joueurs. Lorsque le risque se concrétise, l'impact est évidemment terrible. C'est ce qui s'est produit dans des proportions gigantesques avec AIG. Dans les mois qui ont précédé ses difficultés, AIG a émis plus de produits magiques, ou terribles suivant l'angle sous lequel on se place, de ce genre que dans les sept années précédentes.

L'un de ses principaux dirigeants, qui opérait depuis Londres, Joseph Cassano, a même déclaré en août 2007 : « Sans être désinvolte, je ne vois aucun scénario qui me ferait perdre de l'argent. » Un mois plus tard, la crise du crédit hypothécaire emportait la planète finance. Il faut dire que Joseph Cassano a été à bonne école. Vingt ans auparavant, il a appris son métier chez Drexel, au côté de son idole Michael Milken, la star des *junk bonds*, les célèbres obligations pourries, qui sera condamné à dix ans de prison et qui a maintenant relancé une activité industrielle dans les logiciels et les jeux éducatifs pour enfants. Joseph Cassano a été licencié d'AIG peu de temps avant la découverte du trou formidable de la société.

L'histoire d'AIG est révélatrice de l'âpreté au gain et de l'arrogance de certains cadres dirigeants. Moins d'une semaine après que le gouvernement fédéral a dû racheter AIG, la compagnie a envoyé un certain nombre de ses cadres et conseillers financiers clients en séminaire dans un *resort* californien fort agréable pour un coût total de 440 000 $. L'addition comportait, notamment, près de 25 000 $ de traitements en spa, alors même que la compagnie venait de récupérer et d'utiliser 85 milliards de prêts du gouvernement, et donc du contribuable, pour se sauver de la faillite. Incroyables comportements mais quand on est habitué aux abus, il est difficile de revenir au bon sens et à la raison.

La crise de confiance entre les banques et l'économie gelée

Le signe de la grande dépression, c'est bien sûr la crise de confiance. Crise de confiance, tout d'abord, entre les banques. Plus personne ne sait qui sera vivant demain. Par incertitude, manque de transparence, manque de visibilité sur la situation de leurs confrères, les banques refusent, désormais, de se prêter de l'argent entre elles. Elles savent que pertes, disparitions, faillites et rachats brutaux ne sont pas terminés. Dix banques, à elles seules, ont annoncé plus de 500 milliards de dollars de pertes et levé plus de 400 milliards de dollars. Trois d'entre elles ont déjà disparu : Merrill Lynch, Wachovia et Washington Mutual, toutes trois américaines. Dans cette liste figurent encore trois banques américaines, deux anglaises, une allemande et une suisse. Heureusement, pas de françaises.

Mais les cours d'une dizaine de banques ou d'institutions financières majeures, toutes américaines, ont aussi été divisés par plus de 10, lorsque ce n'est pas par 100, sur les deux dernières années. Elles ont perdu entre 90 et 99 % de leur valeur. Ce sont Washington Mutual, Lehman Brothers, Freddie Mac, Fannie Mae, AIG, Bear Stearns, Wachovia, Countrywide, Merrill Lynch, noms que nous avons déjà égrenés au travers de l'histoire de cette crise. À elles seules, elles représentent déjà 500 milliards de dollars de capitalisation boursière envolée en fumée. Ces chiffres sont tellement énormes qu'ils tétanisent toute initiative. Et chacun de se demander : à qui le tour, maintenant ?

Cette crise de confiance entre les banques se traduit par le gel du crédit, le gel des relations entre elles, ce qu'on appelle le marché interbancaire. Usuellement, tous les jours, les banques se prêtent les unes aux autres pour assurer, à un coût faible, le financement de leurs activités et de leurs engagements. Au début de la crise, ce marché interbancaire s'est ralenti, il est à présent glacé, inexistant depuis le 15 septembre et la faillite de Lehman. Lorsque l'on regarde les écarts entre les taux à trois mois et les conditions dans lesquelles les banques se prêtent au jour le jour, on s'aperçoit, quels que soient les taux observés, qu'ils ont été multipliés par quatre, voire par cinq ou six, par rapport à leur moyenne des vingt dernières années. L'argent n'est plus cher, il est inaccessible. À de tels niveaux, il n'y a plus d'activités rentables possibles, donc plus d'activités tout court de la part des banques, donc plus de crédit et plus de financement pour l'économie. La récession commence par une panne généralisée du crédit.

À cette crise de confiance entre les banques, a naturellement succédé une crise de confiance dramatique chez les consommateurs. Ce sont « mes » dettes que je ne peux plus rembourser, j'ai peur pour « ma » maison. Partout dans le monde, chacun craint pour « ses » dépôts et « son » épargne qui fond avec la Bourse. Face à la faillite des banques, partout jaillissent ces interrogations inquiètes : est-ce que « mes » dépôts sont garantis ? Est-ce que « mon » épargne est garantie ? Est-ce que je vais pouvoir récupérer ce que j'ai mis de côté ? Est-ce que je dois revenir au matelas de grand-papa ? En quelques questions sont décrites la défiance absolue, la crainte, voire la panique, de nombreux consommateurs dans le monde.

Une économie progressivement gelée et une boucle bouclée. Nous sommes partis des subprimes américains et, au travers de la diffusion des risques, nous avons parcouru le monde entier avec la touche finale, la nasse de la faillite de Lehman Brothers.

Mais revenons à Catherine Conner qui n'a plus de maison, à Dick qui n'a plus de commissions et plus de ventes à faire, à Donald qui cherche du boulot car sa banque vient d'annoncer sa mise en faillite et à Jean devenu chômeur car son président vient de se séparer de lui. Comment ne pas voir entre cette communauté de personnes tellement différentes, aux liens si improbables, un miroir de cette ère Internet dans laquelle nous sommes entrés ? Une ère de diffusion immédiate, sans limites et sans perte de temps de toute information, de tout événement, de toute peur, de toute panique. Communauté parfois surprenante. À l'ère du réseau, à l'ère du web, à l'ère de la diffusion instantanée, un docteur Folamour seul, isolé, serait bien difficile à imaginer. Nous ne sommes plus à l'ère du créateur unique. On aurait dû s'y attendre. Car les signes annonciateurs du désastre n'ont pas manqué.

CHAPITRE 3

Itinéraire d'une implosion annoncée du capitalisme

> «Si le monde explose, la dernière voix audible sera celle d'un expert disant que la chose est impossible.»
>
> PETER USTINOV

1989 : le Mur vient de tomber à l'Est. Les valeurs de l'Occident triomphent sur le plan politique mais aussi économique. Fin de la Guerre froide, donc, mais aussi désintégration du communisme et, très largement, des formes archaïques du socialisme. Le capitalisme devient le seul modèle efficace sur la planète et déferle comme une vague.

Dans ce triomphe, le capitalisme rappelle un héros de cinéma : James Bond. Daniel Craig incarne le nouveau 007, sain, sportif, musclé, courageux et vainqueur. Nous sommes au milieu de *Casino Royale*. C'est maintenant l'heure de la partie de poker, sans doute la meilleure scène du film. Autour de la table, la tension est palpable. Le combat est intense. Bien entendu, le méchant utilise des armes déloyales. Mais, au dernier moment, Bond sortira vainqueur… Au terme de cette partie stressante et épuisante, de ce combat magnifique remporté par notre héros, la caméra fait un travelling, passant du visage de Daniel Craig à celui du croupier, qui distribuait les cartes et que l'on n'a pas vu jusque-là à l'écran. Puis, retour sur le visage de Daniel Craig. Le joueur, le croupier, le joueur. Mais, à la stupéfaction générale, dans la version revisitée et capitaliste de *Casino Royale*, le visage du croupier et du joueur est le même !

Et si, à l'image de ce remake imaginaire, le capitalisme, triomphant après 1989, avait perdu son âme ? Victime de son âpreté au gain, de son mépris des conflits d'intérêts, de sa capacité à utiliser sans limites des outils toujours plus sophistiqués que seuls les financiers qui les ont inventés comprennent réellement. Un capitalisme, joueur et croupier à la fois ? La maldonne est évidente. Et, pourtant, cette caricature n'est pas si éloignée de la réalité. Depuis vingt ans, le capitalisme a porté les germes de cette ambiguïté, les prémices de cette implosion parce que les mises sont devenues trop grosses, que l'éthique a plus ou moins disparu et que la confiance a conduit aux pires prises de risque. Un capitalisme, joueur et croupier jusqu'à ce que la banque, c'est-à-dire notre économie, saute.

Une implosion prévisible ? Oui. Je n'étais pas le seul à crier « Attention danger ! » en 2002. Je n'ai pas été plus entendu que les autres. Au casino, il n'y a qu'un pas à faire pour passer de la salle de poker à la table de blackjack. Pour le blackjack, les cartes que l'on tire ne doivent pas représenter plus de 21 points. 21 points, c'est le coup gagnant, le blackjack. Mais 22, c'est perdu, quelles que soient les cartes tirées par les autres joueurs et le croupier. Dans cet itinéraire de l'implosion annoncée du capitalisme, il y avait vingt et une bonnes raisons d'être alerté et de réagir avant la catastrophe. Vingt et une ? Peut-être vingt-deux en réalité !

Quand la solitude entraîne l'érosion des valeurs

1. Un capitalisme triomphant… mais seul

Ces vingt dernières années, nous avons vu les cerveaux les mieux formés, des gens d'une extrême qualité, innovants, rejoindre le secteur financier. Une partie très importante des recrutements à la sortie des grandes écoles, des meilleures universités, des meilleurs doctorats se faisaient au travers des équipes de financement dans les banques, payant mieux, pour un métier jugé excitant. Repérer les meilleurs pour les mettre au service de la croissance, après tout, pourquoi pas ! Mais cette ère du capitalisme triomphant portait en elle un problème, un seul : le capitalisme, précisément, est seul. Seul, sans la moindre contrepartie permettant d'avoir un repère en termes de valeurs, de performances, de résultats. Être seul n'est jamais bon. Inéluctablement, cela conduit aux excès. Le capitalisme triomphant les a multipliés : excès du gonflement démesuré des transactions, des produits, des risques, des rémunérations. Capitalisme, où est passée ton éthique ?

2. L'érosion des valeurs éthiques

Bien sûr, il faut se méfier des caricatures et des généralisations hâtives. Nombre d'employés, de cadres, de dirigeants des institutions financières mondiales ont une haute idée de leur métier et le pratiquent avec une éthique rigoureuse et un sens aigu de leurs responsabilités. Il n'en demeure pas moins que, dans tout système aussi triomphant que le capitalisme des vingt dernières années, l'absence de contestation et de référence extérieure et les moyens offerts pour développer de façon agressive les sources de profits ont provoqué une érosion progressive, mais réelle, des valeurs éthiques. On le voit à travers le comportement de certains gestionnaires de fonds qui en permanence vendent et rachètent, plus pour générer des commissions que pour gérer avec prudence, à moyen terme, le portefeuille de leurs clients. On peut d'autant plus multiplier les exemples que les systèmes de rémunération, eux-mêmes, en raison de leurs effets pervers, ont contribué à l'érosion de ces valeurs éthiques, ainsi que les conflits d'intérêts pour essayer de récupérer plus de clients dans tous les domaines. Sans contestation extérieure, le capitalisme a perdu ses points de repère, son éthique.

Les folles dérives du «toujours plus»

Ce capitalisme solitaire s'est en fait mis dans sa propre bulle, croyant aux capacités infinies de son développement et s'enfermant dans un « toujours plus » chimérique et dévastateur : plus de résultats, plus de risques, plus de spéculation... Sans oublier, bien sûr, «plus de rémunérations pour nous», on n'est jamais aussi bien servi que par soi-même, dit l'adage populaire.

3. La chimère des 15 %

Ces vingt dernières années, et plus particulièrement au cours de la dernière décennie, on nous a rabâché les mêmes arguments sur l'objectif de rendement et de croissance des profits du secteur financier de 15 % par an. Quoi que vous fassiez, quelque analyse que vous lisiez, ce chiffre magique de 15 % ressortait sans cesse. Il faut le redire : ce chiffre n'a pas de sens dans une économie mondiale qui croît de 3 % environ par an. Même si un secteur donné peut soudain, et pour un temps, se déconnecter de la réalité et grossir de 15 % sur une année, un tel taux récurrent est une chimère.

Un tout petit calcul en donne une image. Pour que l'économie ait une croissance de 3 % par an pendant dix ans, il faut qu'elle augmente seulement d'un tiers durant cette décade. Si l'on veut, en revanche, des résultats qui augmentent de 15 % par an pendant la même période, ils doivent être multipliés par quatre. Jouable ? Un temps, peut-être, mais ensuite ?

Si l'on fait le même calcul sur cinquante ans, pour croître de 3 % par an l'économie devra avoir quadruplé de taille. Ambitieux ! Durant ces mêmes cinquante ans, soit deux générations de travail, le mythe des 15 % nécessite une multiplication des résultats par mille, vous avez bien lu, par mille. Irréalisme du mythe des 15 %.

Poursuivons ce petit jeu. Sur cent ans, 3 % de croissance par an signifie une multiplication par vingt de l'économie. Mais 15 % de rendement par an sur un siècle, c'est alors une multiplication des résultats financiers par plus d'un million. Le mythe des 15 % par an doit impérativement tomber de son piédestal. Un secteur bien géré, innovant, peut faire mieux que l'économie réelle, un peu mieux pendant quelque temps, guère mieux tout le temps.

4. Plus de risques, plus de leviers, pour plus de profits

Les instruments financiers comme les dérivés, qui ont toujours existé sous une forme ou sous une autre, ont un objectif simple : transmettre le risque à bas coût à l'investisseur le mieux placé ou qui a le plus envie de l'assumer. Si ce n'était pas le cas, ces produits n'existeraient tout simplement pas. De ce point de vue, plus d'échanges avec plus de produits financiers innovants peuvent bénéficier au marché car ils en accroissent la liquidité. Or la liquidité baisse les coûts et permet de fixer des prix ou des valeurs de manière efficace.

Mais la première perversité a consisté à détourner ces

instruments de leur objectif à la seule fin d'augmenter les volumes, sans rapport avec les besoins de l'économie réelle, pour générer plus de marges, plus de croissance, plus de résultats au profit des institutions financières.

Pour prendre plus de risques, il a fallu imaginer plus de leviers, c'est-à-dire la possibilité de créer plus de dettes sans modifier le capital d'une société. Augmenter le levier d'une société, c'est accroître sa dette et ses risques, tout en lui permettant de réaliser des opérations de taille plus importante. Mais encore faut-il pouvoir rembourser cette dette. Dans la même logique que celle des modèles mathématiques, on a vu, ces dernières années, exploser le système bancaire et se développer les leviers. Comme si seuls existaient des profits fondés sur l'hypothèse d'un monde idéal dans lequel il y aurait toujours plus de croissance, de productivité, de marges, et donc de capacités, pour toutes les entreprises et tous les emprunteurs, de rembourser indéfiniment des volumes proliférants de dette.

Cette explosion de l'effet de levier, qui aurait dû être un signal d'alarme, était perceptible non seulement dans les opérations des fonds de *private equity*, les opérations dites de *Leveraged Buy-Out* (LBO) dans lesquelles ces fonds rachètent une entreprise avec peu de capital et beaucoup de dettes fournies par les banques, mais aussi dans les banques elles-mêmes. Le début des années 2000 a vu se multiplier les LBO avec des effets de levier extrêmement agressifs, mettant les entreprises à la merci du moindre retournement de conjoncture. Autant le financement par un fonds de *private equity* et une opération à effet de levier peut être extrêmement profitable pour l'entreprise et ses actionnaires si elle est raisonnable, autant, comme dans toute chose, l'excès entraîne la fragilité. Mais ce développement de l'effet de levier a frappé les banques d'investissement américaines et quelques banques européennes qui sont allées jusqu'à inscrire un levier de 40 pour 1 dans leur bilan.

C'est-à-dire 40 $ ou 40 € de dette pour chaque dollar ou euro de capital lorsque l'on prend en compte l'ensemble de leurs investissements, y compris des investissements spécifiques dans lesquels ils logeaient leurs risques, les SIV, littéralement « véhicules d'investissement spéciaux » où étaient parqués un certain nombre de leurs produits sophistiqués risqués. L'appât du gain a ainsi nourri l'accroissement des risques.

5. La prime à la spéculation

Connaissez-vous la parabole du spéculateur ? C'est l'histoire d'un prospecteur de pétrole qui arrive au Paradis. L'homme se présente devant saint Pierre qui lui dit : « Mauvaise nouvelle, il n'y a plus de place pour vous. » Le prospecteur réfléchit puis demande à saint Pierre : « Vous me permettez de dire un mot à mes confrères ? » Le prospecteur met ses mains en porte-voix et crie : « On a trouvé du pétrole en Enfer ! » Tous se précipitent vers la sortie et foncent vers l'Enfer. Saint Pierre invite alors le prospecteur à entrer. Après un moment d'hésitation, celui-ci lui répond : « Non merci, je vais plutôt aller rejoindre les autres. Il y a peut-être du vrai dans cette rumeur de pétrole en Enfer après tout… » Spéculation et rumeur font en effet bon ménage.

Les règles extrêmement libérales, en réalité extrêmement peu régulées, qui gouvernent les marchés à l'heure actuelle laissent de plus en plus de place au jeu de la spéculation. Qu'elle soit à la hausse ou à la baisse, elle peut se faire, en outre, sans posséder de titres. On les achète ou on les vend, comme l'on dit, « à découvert ». C'est ce qui se passe avec certains hedge funds : ils spéculent sur des valeurs que, bien souvent, ils ne possèdent pas ; ils vendent et achètent des actions qui ne représentent pas l'activité réelle d'une entreprise, mais des anticipations de hausse et, à présent, de baisse des cours. Leur raisonnement est le suivant : « Sans opposition, jusqu'où pouvons-nous faire baisser telle ou telle valeur fragile avant d'arriver à un niveau tellement absurde que notre risque augmente ? » Telle est leur seule préoccupation. Sans aucun fondement économique. Leur jeu est déconnecté de la valeur de l'entreprise. Ils sont dangereux, mais leur poids est désormais prépondérant dans des marchés qu'ils dénaturent. Dans nombre de marchés, des matières premières au marché actions, les transactions réelles ne portent que sur 5 à 15 % des volumes quotidiens. Autrement dit, tous les jours, 80, 90, 95 % des échanges sont virtuels, en aucun cas liés à la réalité de l'économie. Ces échanges virtuels, prépondérants, réalisent leurs gains sur la volatilité et les écarts, pas sur la valeur réelle de l'entreprise ou du bien échangé. Ce n'est plus un marché d'acheteurs et de vendeurs, mais un combat entre, d'une part, des entreprises et des investisseurs à long terme, et, d'autre part, des spéculateurs à court terme. Un combat, en fait, à armes inégales.

La règle d'or de la spéculation, c'est : « Peu importe que je paie une action à son juste prix, le principal est que j'aie bien anticipé sa hausse ou sa baisse. » Le spéculateur ne fait pas que réfléchir, il agit. Il réfléchit et agit en fonction de ses anticipations sur l'évolution d'une action, le prix d'une matière première, mais ses propres agissements influencent ensuite les autres investisseurs et le marché. S'il a anticipé dans le bon sens, il accélère le mouvement, parfois crée la panique chez les autres et en profite très directement lui-même. Il est le gagnant de la panique.

6. Des rémunérations « perverses » qui récompensent l'acte, pas le résultat

L'un des dérèglements essentiels du système vient, sans aucun doute, de ses modes de rémunération. À tous les niveaux, la perversité l'emporte. Les rémunérations globales des institutions financières ont dérapé. Lorsque vous pouvez gagner beaucoup à court terme en élaborant et plaçant un produit, quitte ensuite à refiler 100 % du risque à d'autres, les freins à la prise de risque sont faibles dans les périodes d'euphorie. Lorsque vous êtes gestionnaire de fonds ou investisseur, et que vous bénéficiez d'une rémunération de gestion de plusieurs « pour-cent » par an sur dix ans, vous êtes incité à lever des sommes extrêmement importantes pour disposer de commissions de gestion considérables. Le rendement futur que vous servirez à vos actionnaires, lié à la rentabilité de vos investissements, est certes substantiel mais, à l'origine, il est moins déterminant que vos propres droits.

Le système de rémunération individuelle dans de nombreux métiers financiers, et pas seulement celui des traders, est encore plus préoccupant. En effet, il récompense généralement l'acte, la vente ou la réalisation d'une action instantanée, non son résultat dans le temps. Ces dispositifs poussent à l'avidité immédiate sans se préoccuper du risque futur. Lorsque la rémunération des équipes qui conçoivent des produits sophistiqués, dérivés, structurés, repose sur le placement instantané de ces produits, sans aucune corde de rappel au cas où le risque induit par ces produits se concrétiserait, alors il y a une dématérialisation du danger pour les équipes en charge. Même si elles font leur travail consciencieusement, avec habileté et innovation, elles sont naturellement encouragées à augmenter la proportion du risque, fût-ce dans leur subconscient.

Lorsqu'un trader, grâce aux effets de levier et aux règles des marchés, peut, à partir d'un million d'euros, jouer sur cent millions et être directement intéressé au résultat de ses paris, il est naturellement incité à prendre des risques, même si cela ne correspond pas forcément à la vocation de l'institution pour laquelle il travaille. Dans le trading pétrolier par exemple, certains financiers avaient promis jusqu'à 50 % des profits à leurs traders. Leur comportement, totalement biaisé, est facile à imaginer : prendre des risques inconsidérés. Ça marche, le trader devient riche. Ça marche pas, il est viré et recommence ailleurs ! Nous aurons l'occasion d'y revenir avec tous les Kerviel de ce monde.

Lorsqu'un agent immobilier, ou un agent bancaire, est intéressé par une commission immédiate s'il vend une maison à laquelle est attaché un crédit subprime, et ce indépendamment de la capacité de l'emprunteur à rembourser ses échéances futures, il y a aussi un risque de forte dérive. L'intermédiaire fait courir à des ménages désireux d'acheter leur maison des risques potentiellement énormes sur la base de produits financiers rassurants au départ. Peu lui importe puisqu'il se garantit une position « gagnant/gagnant ». Il place le prêt et encaisse la commission. Peu lui importe si l'emprunteur a ou non la capacité de payer les échéances futures. Peu lui importe qu'un jour l'acheteur soit expulsé, sa maison vendue et le prêteur privé d'une partie du remboursement du capital versé à l'origine.

On voit bien les effets pervers de ces systèmes de rémunération qui récompensent un acte immédiat sans lien avec le résultat final de l'acte réalisé, du produit vendu. La dérive a atteint une ampleur considérable, jusqu'à ne plus avoir de limites. Il faudra bien revenir en arrière. D'autant plus que cette déresponsabilisation ne s'accompagne pas forcément du niveau d'expérience ou de contrôle souhaitable.

La grenouille… nucléaire

Parallèlement à ce « toujours plus », le capitalisme a voulu se faire aussi gros que le bœuf, avec un gonflement continu de ses volumes, quitte à chercher ce développement dans un univers virtuel, déconnecté de la réalité. Tout cela pressé par l'urgence, sans jamais s'arrêter, et en tout cas pas à temps. Et la grenouille devint nucléaire. Et le capitalisme financier devint une arme de destruction massive.

7. Le gonflement virtuel du capitalisme financier

Sans concurrent sur la planète, le capitalisme financier s'est développé à marche forcée durant cette période. Comme l'économie sur laquelle il s'appuie ne se développait pas au même rythme, il a pris de l'ampleur dans un monde quasiment virtuel, jusqu'à l'obésité !

Cette bulle s'est nourrie du développement de produits, dits dérivés ou optionnels, qui reposent de manière de plus en plus lointaine sur la réalité et en démultiplient les possibilités. Une sorte de superjeu vidéo. L'exemple des contrats d'assurance, déjà évoqués, est caricatural : ils permettent de s'assurer, en fait de parier, sur le risque d'un tiers. Merveille du monde virtuel, danger pour le monde réel.

L'énorme croissance du secteur financier est l'une des choses les plus surprenantes de l'économie moderne. En 1960, les métiers de banquiers, d'assureurs, d'intermédiaires représentaient à peu près 10 % du total des profits des entreprises dans les économies les plus développées. Depuis le milieu des années 2000, cette proportion a atteint ou dépassé 35 % aux États-Unis et en Angleterre. Un Anglais sur cinq vit d'un emploi dans le secteur financier. Croissance impressionnante. En réalité, gonflement largement virtuel. Ce développement est, bien sûr, fondé sur un soutien à l'économie et à la croissance au travers des entreprises. Il s'est fait en créant des outils de gestion et de protection du risque intelligents et utiles, mais a aussi conduit à la création de produits en cercle fermé, entre financiers, d'une complexité et d'une imbrication telles que plus personne ne sait en démêler les fils. Un constat bien résumé par George Soros : « La taille du secteur financier est démesurée par rapport au reste de l'économie. Il a grossi de manière excessive, cela se termine dans la superbulle des vingt-cinq dernières années, peut-être des cent dernières années. »

8. La pression trimestrielle

On n'insistera jamais assez sur les dégâts causés à la gestion des entreprises, et pas seulement des banques, par les contraintes liées à la mesure trimestrielle des performances, et à leur publicité dans le cas des sociétés cotées. Chaque entreprise est comparée à ses concurrentes trimestre après trimestre, alors que les stratégies d'entreprise et le bien-fondé des investissements ne se jugent souvent que sur plusieurs années. Ces annonces et l'agressivité des comparaisons trimestrielles poussent à une gestion court-termiste qui ne valorise pas les visions à long terme. Il faut un équilibre bien entendu. Cet équilibre n'est pas atteint aujourd'hui. Le balancier reste trop du côté du court terme. Triomphe du tout tout de suite et de l'immédiateté.

La situation est encore plus dramatique dans le secteur financier pour les gestionnaires de fonds, bien souvent comparés sur la base d'indices trimestriels. Les plus performants se voient confier plus d'argent à investir, tandis que les autres peuvent, d'un trimestre à l'autre, voir des investisseurs leur retirer des fonds. Les gestionnaires de fonds se trouvent ainsi incités à jouer à très court terme, dans le sens de la vague, en utilisant le *momentum* du marché.

Investir sur une valeur fondamentale, parce que l'action ne paraît pas à son bon prix, peut, en fait, justifier des mois, des semestres, voire des années de patience, avant de trouver la bonne opportunité pour acheter puis pour vendre. Ce style d'investissement, beaucoup plus tourné vers la valeur fondamentale, n'est pas adapté à la gestion trimestrielle, qui a accentué certaines des dérives déjà naturelles du capitalisme financier.

9. L'incitation à ne pas s'arrêter à temps

Parallèlement à la pression trimestrielle, la concurrence sauvage et instantanée entre les institutions financières – heureusement pas tout le temps et pas pour toutes – incite à ne pas s'arrêter à temps. C'est le phénomène que l'on constate dans toutes les bulles, qu'il s'agisse de la bulle Internet en 2001 ou de la bulle de la dette plus récemment. La bulle fait monter les prix et les risques, mais, à de très rares exceptions près, personne n'ose s'arrêter le premier. Dans cette fuite en avant, les activités sont si rémunératrices qu'être le premier à dire stop c'est courir le risque d'avoir des résultats inférieurs à ses concurrents, donc d'être sanctionné par le marché et de se retrouver en difficulté. Ce que Chuck Prince, le patron de Citigroup, alors deuxième banque mondiale, traduisait en disant : « Aussi longtemps que la musique joue, vous devez être debout et danser. »

Tant que les prix Internet ont monté, les managers de fonds, même s'ils sentaient que la valeur dépassait la valeur fondamentale, gardaient, voire continuaient d'acheter des actions, par peur d'être supplantés dans leurs performances relatives. En 2000-2001, les rares qui sont sortis très tôt des valeurs TMT, les valeurs Internet, ont souvent été renvoyés par leurs clients. La valeur fondamentale était simplement jetée par la fenêtre. Il en est allé de même avec les subprimes : face à la montée des risques, les banques d'investissement, les banques commerciales, les intermédiaires continuaient d'en proposer et d'en vendre. Il y a un petit côté *Titanic* dans cette attitude : je vais peut-être sombrer mais je resterai le dernier à avoir joué le jeu jusqu'au bout. Ce jusqu'au-boutisme est accompagné d'une bonne dose d'arrogance : comme je suis le meilleur, je m'en sortirai.

10. Des outils de destruction massive

Le développement des volumes de tous ces nouveaux produits du capitalisme financier aboutit à cette réalité : la valeur des produits dérivés accrochés, à titre principal, à des actions cotées est, aujourd'hui, vingt-cinq fois supérieure à la valeur de ces actions cotées. Cette déconnexion entre le marché financier virtuel et l'économie réelle est une arme de destruction massive. Si le système explose, les ordres de grandeur sont tellement importants qu'ils ne peuvent que toucher durement l'économie réelle.

Première conséquence de ce capitalisme financier virtuel : les marchés n'ont plus raison tous les jours. On le constate depuis des années et de manière paroxystique aujourd'hui, leur volatilité devient extrême avec des écarts brutaux à la hausse et à la baisse. Les marchés ressemblent un peu, comme je l'évoquais dans *Mon vrai journal* en 2002, à une « voiture folle qui serait entrée en résonance, "résonance" qui la balance de plus en plus fort d'un côté à l'autre de la route en attendant l'accident inévitable. Un coup de frein brutal et c'est le tonneau assuré. Mais ne rien faire, c'est accroître l'amplitude du mouvement jusqu'à l'écrasement final. Le seul moyen de reprendre le contrôle est de retrouver de l'adhérence au sol. Cela signifie revenir à la réalité de l'activité, celle de l'entreprise, en réduisant sa vitesse. Un exercice qu'on imagine périlleux, qu'il faudra faire et dont on s'est bien éloigné ces dernières années ».

Outils de destruction massive également, les CDS, dont j'ai déjà parlé, qui permettent de multiplier autant de fois qu'on le souhaite des formes d'assurance sur un risque porté par un tiers : pour un vrai CDS, vingt à cinquante sont virtuels.

Les armes massives, ce sont aussi ces ventes à découvert « nues » qui permettent à des investisseurs de vendre des titres qu'ils ne possèdent pas mais dont ils se servent pour influer lourdement sur l'évolution du cours d'une action, surtout lorsqu'elle est dans une période de fragilité ou si le marché est lui-même fragile.

Il y a parfois des absurdités. Prenons l'exemple de Porsche. À l'automne 2008, en recourant à des contrats dérivés, c'est-à-dire cachés, le constructeur automobile de Zuffenhausen a augmenté son contrôle potentiel de Volkswagen de 30 à 75 %. Ceux qui ont signé ces contrats, sans savoir que Porsche était derrière, se sont engagés à livrer les actions correspondantes. Porsche les acquerra alors pour atteindre son objectif : prendre le plein contrôle de Volkswagen. L'opération a été menée au travers de dérivés, en profitant de la baisse du marché et de la liquidité de ces instruments virtuels. Sans recourir à ce moyen, Porsche n'aurait jamais réussi sa manœuvre boursière en une aussi courte période. En outre, cela se serait vu et aurait fait monter le titre. Mais le paradoxe est ailleurs. Pendant ce temps-là, d'autres intervenants financiers spéculaient à la baisse sur l'action Volkswagen et vendaient des montagnes de titres à découvert. Le jour où Porsche a annoncé posséder, au travers de ses dérivés, 75 % du capital de Volkswagen, les vendeurs à découvert se sont rendu compte que le marché n'était plus suffisamment liquide pour leur permettre de récupérer toutes les actions qu'il leur faudrait fournir après leurs ventes à découvert. Pour faire face, ils se sont donc rués sur le titre qui en deux jours a quintuplé, passant de 200 à plus de 1 000 €. Les spéculateurs ont sans doute perdu, après l'annonce de Porsche et la hausse du titre, près de 15 milliards d'euros. L'arroseur arrosé ! N'est-ce pas la démonstration de l'absurdité du mécanisme et de la distorsion du marché par rapport à sa fonction de base : coter les actions réelles d'une entreprise réelle dans la réalité de tous les jours ? Le bon sens a abandonné le terrain à la spéculation.

Trop de sophistication = danger

Évaluer le risque, c'est comprendre. Mais lorsque la sophistication devient telle que même les régulateurs, ou les banques elles-mêmes, sont incapables de l'évaluer, il y a danger, perversité intrinsèque. Et à l'ère d'Internet, il n'y a plus de frontières…

11. Une sophistication à outrance, trop de maths...

Pour développer leurs produits de plus en plus sophistiqués, toutes les institutions financières ont embauché des matheux géniaux, capables d'imaginer les modèles les plus complexes, avec les arbres de décision les plus raffinés et les calculs de probabilités à l'infini les plus subtils. En elle-même, cette évolution n'est pas malsaine. Si les modèles permettent de mieux appréhender le risque futur dans toutes ses composantes, de mieux le gérer et le prévenir, alors ils sont diablement utiles et apportent une vraie valeur ajoutée à l'économie. En revanche, si ces modèles prennent le pas sur la réalité, deviennent des constructions de plus en plus virtuelles, dans lesquelles la notion de limitation et de maîtrise du risque disparaît au profit du jeu, si l'on fait de la sophistication pour la sophistication, alors la machine peut diverger. Le plus beau modèle de maths ne peut être que ce qu'il est, une succession de formules censées résumer des situations sur la base d'hypothèses ! Ce dernier mot est capital car, si les hypothèses – économiques ou de comportement – qui sont introduites dans les modèles sont erronées, alors la conclusion du plus beau des modèles ne peut que l'être également. D'une manière un peu caricaturale, c'est ce qui se passe, à l'heure actuelle, sur le marché des produits dérivés liés aux subprimes. Les modèles mathématiques sur lesquels ces paris étaient fondés avaient tout prévu, sauf que ces actifs plus ou moins complexes deviendraient impossibles à vendre, donc sans prix.

Les modèles sont, cependant, indispensables car il n'y a pas de finance sans calculs. Quand on décide d'acheter ou de vendre, on détermine un prix et l'on vérifie, grâce à un modèle, que ce prix est conforme aux hypothèses économiques que l'on fait pour le bien acheté. Ils sont donc au cœur de la finance mais ils fonctionnent un peu sous le régime d'une pensée unique. Leurs hypothèses peuvent se révéler inadéquates ou éloignées de la réalité. Leur utilisation peut aussi parfois être détournée de leurs objectifs initiaux. Maths en circuit fermé, attention danger !

12. Une innovation parfois « perverse »

L'innovation financière, poussée par les modèles mathématiques, part toujours d'un bon sentiment, utile à l'économie. Les produits dérivés, par exemple, qui permettent à des acheteurs d'actions, de dettes, de matières premières de se protéger contre la baisse des cours, de « couvrir » leurs risques, sont à l'évidence utiles. On peut même dire que nombre de ces innovations sont en théorie nécessaires au bon fonctionnement des marchés boursiers et à leur croissance. À cette réserve près : le volume des produits innovants explose et dépasse totalement l'enjeu d'origine. Pour un produit dérivé répondant à l'objectif de départ, la couverture d'un risque réel, dix sont devenus des objets de pure spéculation.

Parfois même, ces innovations sont faites sur la base d'hypothèses particulièrement tordues, voire naïvement encouragées par les États. C'est le cas évident des subprimes qui, avec le fort soutien de l'administration Bush, ont été mis au point ces dernières années afin de permettre à des Américains qui n'en avaient pas les moyens de devenir néanmoins propriétaires de leur maison. Le principe de base qui a conduit à cette folie était le suivant : « Peu importe que vous n'en ayez pas les moyens. Vous paierez plus tard. Et si vous ne pouvez pas payer, la hausse du marché permettra au prêteur de se rembourser et à vous d'avoir fait une bonne affaire. » On voit bien à quels excès de tels raisonnements peuvent conduire. La sophistication s'est, parfois, mise au service de l'élaboration de produits dont les hypothèses de départ se révèlent forcément, à un moment ou à un autre, absurdes. C'est « l'innovation perverse » de par sa nature même.

13. À l'ère d'Internet, plus de frontières

Si plusieurs débâcles précédentes ont eu des retentissements planétaires, aucune n'a impliqué simultanément autant d'États que la crise de 2008. Après les États-Unis, l'Europe, les pays émergents… Chacun s'interroge sur la possible défaillance d'une banque indonésienne, russe, coréenne, brésilienne. Et cette immensité n'est pas sans conséquences. Car, si les marchés mondialisés, interconnectés, coordonnent spontanément leur défiance, il n'existe aucune autorité internationale dont la légitimité leur permettrait de retrouver la confiance. Les États-Unis n'ont plus cette puissance, l'Europe a montré sa complexité et le Fonds monétaire international (FMI) n'en a pas les moyens financiers. Fini le temps où un pays en crise appelait à la rescousse une personnalité qui allait rassurer. Les périmètres des crises sont aujourd'hui sans frontières.

L'interconnexion des marchés a comme corollaire l'interconnexion des consommateurs, des actionnaires, des investisseurs, au travers de la diffusion sur Internet de toutes les informations, de toutes les rumeurs également, de manière instantanée et sans précaution. Les peurs et la panique se propagent aussi à la vitesse d'Internet. Les traders ne sont pas les seuls enfants de la génération Internet. Nous en sommes tous, également, les bénéficiaires et les victimes.

Beaucoup trop de défaillances internes…

Avec cette sophistication extrême des produits, les institutions financières ont laissé se développer de multiples sources internes de conflits d'intérêts. En parallèle, elles sont sorties de leur métier – gérer le risque – et sont passées à un autre – s'en séparer le plus vite possible –, rendant la contamination inévitable. Quand vous y ajoutez l'inexpérience de certains, le cocktail devient explosif !

14. La multiplication des conflits d'intérêts

Les conflits d'intérêts ont connu une croissance exponentielle ces dernières années. Ils traduisent, bien sûr, un recul parallèle des valeurs éthiques du capitalisme. Ces conflits d'intérêts n'opposent pas seulement les intérêts patrimoniaux de certains dirigeants et les intérêts des actionnaires, faute de contrôle par les conseils d'administration ou les marchés. Liés à l'apparition puis à la domination de quelques banques d'investissement, mastodontes adeptes du *one stop shopping* (tous les services à un seul guichet), les conflits d'intérêts deviennent plus importants encore. Principal argument commercial de ces établissements : nous faisons tout, l'analyse et la recherche, la recommandation des titres et le placement, les prêts commerciaux et les opérations de capital, le conseil en fusion-acquisition, et même les hedge funds et les outils de spéculation en interne ! Le tout en un, superbe argument commercial qui se transforme, en réalité, en conflits d'intérêts importés chez le client. La banque d'investissement est capable d'amplifier ses profits par une combinaison d'opérations complexes vendues à son client. Si l'objectif est la maximisation de son profit, il est très improbable qu'il en résulte, en même temps, une optimisation des intérêts de l'entreprise cliente.

Lorsqu'on voit certaines banques chercher à être, dans une transaction, tout à la fois le conseil du vendeur pour tirer le meilleur prix de son actif, le fournisseur de la dette pour l'un des compétiteurs et, parfois, un enchérisseur au travers de l'un de ses fonds de *private equity*, il y a de quoi devenir schizophrénique. Or ce stade a bien souvent été atteint. Peut-être faudra-t-il « dés-intégrer » les banques pour éliminer de tels conflits, porteurs eux aussi du risque d'implosion d'un capitalisme financier centré sur lui-même, et non pas au service de l'économie.

15. Prends le fee *et diffuse le risque*

L'évolution de la façon d'exercer leur métier par les banques d'investissement a constitué un autre indicateur d'alerte. Dans leurs opérations sophistiquées, ces banques ont de plus en plus cherché, ces dernières années, la rémunération à court terme. Elles se sont efforcées de revendre aussitôt le risque qu'elles venaient de « packager » pour ne rien garder, ou très peu, dans leur bilan. Ce mouvement a été rendu possible par l'atmosphère d'euphorie qui existait au sein de ce capitalisme triomphant. Chaque fois qu'une banque d'investissement trouvait un nouveau produit, émettait de nouveaux produits complexes et sophistiqués, ses consœurs, les banques commerciales et les institutions financières classiques, se battaient pour en prendre un petit bout, sans toujours savoir la nature exacte du risque qu'elles couraient ainsi. Tout le monde voulait être de la fête ! L'arrangeur – la banque qui avait conçu l'opération – se faisait rémunérer grassement par des *fees* (des commissions) immédiats de conception, de montage, de placement, pouvant atteindre plusieurs points des sommes ainsi levées. Après avoir encaissé ces rémunérations extrêmement plantureuses, il repassait le mistigri du risque à d'autres. Cela mène droit à l'assouplissement, voire, dans certains cas, à la perte de l'esprit de responsabilité qui doit guider toute institution financière dans l'appréciation du risque.

16. La contamination : pas de suivi du risque

Toutes les institutions financières s'échangeaient donc entre elles des petits bouts de risque dans des produits qu'elles imaginaient et se revendaient les unes aux autres, avant de les diffuser plus largement encore par cercles successifs à d'autres institutions financières, à des fonds de pension, à des gestionnaires de fonds, voire à des entreprises ou des particuliers. Les instruments dérivés utilisés, répondant à des noms barbares, les CDS, les CDO, fonctionnaient tous sur le même principe. Les banques coupaient en petits morceaux leurs opérations à risque pour définir de nouveaux produits comportant des tranches de toute une série d'opérations plus ou moins risquées, qui faisaient ensuite l'objet d'un package revendu dans des gâteaux de risque, du type millefeuille, à des investisseurs de toute nature dans le monde entier. En réalité, ces reventes se faisaient souvent sans que l'investisseur final soit correctement informé de la proportion de produits toxiques qu'il achetait et sans que personne ne comprenne vraiment ce qui arriverait si les risques de ces produits toxiques se concrétisaient.

Il faut dire que, bien souvent, les banques ont, elles-mêmes, eu du mal à apprécier le degré de risque final qu'elles portaient, avec la multiplication et la transmission de ce risque au travers de véhicules d'investissement qui effectuaient, en plus, un ou plusieurs passages par des paradis fiscaux.

Des risques coupés en tranches, dont on perd la trace, revendus à de multiples reprises à des institutions ou des investisseurs les plus divers, une absence de responsabilité et de suivi dans la diffusion et la gestion de ce risque, une absence de protection du consommateur, tout cela devait aboutir à la réalité d'aujourd'hui : une contamination incontrôlée du danger.

17. Des acteurs inexpérimentés et des contrôles parfois défaillants

Analystes ou traders sont, la plupart du temps, des acteurs très jeunes, n'ayant jamais vécu ou traversé de crise. Leurs réactions s'en trouvent, donc, d'autant plus biaisées. Qui plus est, tous sont aujourd'hui des enfants de la génération Internet, des jeux vidéo, des mondes virtuels où les échecs sont effacés tout de suite et les succès peuvent s'empiler les uns sur les autres. Cette inexpérience est d'autant plus dangereuse qu'elle concerne des techniques de plus en plus sophistiquées et des prises de risque de plus en plus complexes. Circonstances encore aggravantes, les contrôles sont, eux-mêmes, parfois insuffisants ou défaillants. L'expérience s'acquiert avec le temps, avec les crises traversées, pas sur *Second Life*.

... sans compter les défaillances externes

Le monde extérieur n'a pas aidé le capitalisme à éviter sa crise systémique du début du XXIe siècle. Entre une régulation inadaptée, une opacité pas toujours voulue, des règles comptables parfois perverses et des gendarmes – les agences de notation – complaisants, il avait fort à faire.

18. Une régulation mondiale inadaptée

Globalement, la régulation des marchés mondiaux a peu évolué depuis les accords de Bretton Woods en 1944. Même si des aménagements lui ont été apportés, même si certaines institutions de contrôle ont été créées, les grands principes de régulation qui gouvernent le monde ont une soixantaine d'années. Pour une large part, ils ont été inventés après la crise de 1929. Mais, en 1929, le New York Stock Exchange (NYSE) échangeait à peu près dix millions d'actions par jour. Aujourd'hui, nous en sommes, quotidiennement, à cinq milliards. Cela signifie plus d'actions échangées chaque jour qu'il n'en était échangé au cours d'une année entière sans, pour autant, que les régulations mises en place aient été modernisées. C'est un peu comme si l'on essayait de faire fonctionner un TGV sur les rails des trains à vapeur. À l'évidence, les nouvelles formes d'institutions financières comme les hedge funds, les nouveaux types d'instruments financiers, les échanges électroniques, l'apparition d'une véritable place globale internationale dans laquelle tous les pays sont interconnectés, n'avaient en aucun cas été anticipés quand ces processus de régulation ont été mis en place. Inadaptée au volume, inadaptée à la globalisation, notre régulation aurait dû être en alerte depuis longtemps.

19. Les règles comptables n'arrangent rien

Après le scandale et la faillite d'Enron aux États-Unis, des règles comptables et d'audit ont été modifiées, renforçant les obligations de ce qu'on appelle le *marked-to-market*. Cela consiste pour une entreprise ou une banque d'investissement à ajuster ses résultats chaque trimestre en fonction de l'évolution de la valeur de marché des actifs qu'elle possède. Si le marché a monté, il y a un profit. Si les actifs ont baissé, il y a une perte. Et cela, même si les actifs ne sont pas cédés ou ne sont pas destinés à être cédés à court terme. S'est ainsi imposé un alignement permanent, par le haut ou par le bas, de la valeur des actifs.

Voulue pour des raisons de transparence, cette règle a un effet pervers évident, et sans doute plus dramatique que les bienfaits de l'obligation de transparence qu'elle voulait instaurer. En effet, elle donne lieu à des ajustements continus des résultats des entreprises concernées. Tant et si bien qu'on ne sait plus si leurs résultats sont liés à leurs activités réelles ou à la conséquence de l'évolution des marchés sur les actifs qu'elles détiennent. Poussée à l'extrême, comme actuellement, cette logique conduit à une grande relativité des résultats, mais, également, à un effet « procyclique » : quand les cours montent et que se crée une bulle, elle déclenche naturellement des profits et alimente la hausse ; à l'inverse, quand les cours baissent, comme aujourd'hui, les entreprises concernées sont obligées de faire une course à l'annonce de pertes chaque trimestre, pertes qui, elles-mêmes, dépriment le marché et amplifient cette baisse.

Ces règles comptables devront être modifiées tant elles ont contribué non seulement à l'accélération de la crise mais aussi à la perte durable de la confiance. Cette incertitude absolue sur la signification des résultats amène à réagir au jour le jour en oubliant toute vision de long terme. Cette perte de confiance dans ce fondement du capitalisme qu'est le profit joue aussi sur les comportements. Elle distord tous les points de repère.

20. Une opacité, pas seulement voulue

L'opacité n'est pas seulement due à la comptabilité, mais aussi à l'extraordinaire complexité des produits financiers. La finance moderne est devenue incompréhensible pour la plupart des investisseurs finaux. Une étude américaine récente montrait que moins de 20 % des investisseurs disposant de plus de 500 000 $ à investir, ce qui est déjà considérable, déclaraient comprendre ce que sont les hedge funds et leur mode de fonctionnement. Encore moins déclaraient comprendre ce qu'est un produit dérivé ou un produit structuré. Si ces investisseurs puissants, « riches », qui n'ont théoriquement besoin d'aucune protection, ne comprennent pas eux-mêmes le détail des mécanismes et des produits qui leur sont proposés, alors qu'en est-il du plus petit client et de chacun d'entre nous ?

En outre, plus les produits financiers sont sophistiqués, plus l'information les concernant est inégalement répartie et opaque entre la banque ou le financier concepteur du produit – qui normalement en connaît toutes les composantes – et l'acheteur, qui a bien du mal à en appréhender la réalité. Cette information asymétrique soulève un problème évident : il y a un monde entre l'information possédée par les banques, agents, gestionnaires de fonds et l'investisseur final. Les agents en savent plus que les acheteurs et, bien entendu, ils exploitent largement cette situation à leur profit. Cela conduit les banques à prendre une plus grande part du profit. Cela augmente aussi les prises de risque et l'instabilité de cette économie financière. Un cercle vicieux pour toujours plus de profit !

Là encore, une petite histoire peut permettre de mieux percer les mystères du système. Un vendeur met son portefeuille aux enchères au profit du plus haut des enchérisseurs, mais il se réserve le droit de ne pas le vendre. L'asymétrie de l'information vient du fait que le vendeur sait parfaitement combien il y a dans son portefeuille, contrairement aux enchérisseurs. Rationnellement, il ne vendra que si les enchérisseurs sont prêts à trop payer. Vu de l'extérieur, les marchés financiers apparaissent aujourd'hui comme une série de mises aux enchères de portefeuilles. Autre exemple, dans la vie courante : le marché des voitures d'occasion où l'acheteur se demande toujours si le vendeur ne lui ment pas sur la valeur réelle de son véhicule. Mais l'écart d'information qui sévit aujourd'hui sur les marchés financiers est d'une proportion inégalée. Certains établissements proposaient, proposent peut-être encore, à leurs clients des actifs dont la description exige un manuel de 150 pages ! On comprend mieux que, à un moment donné, cela ait conduit à un gel du marché entre banques, chacune finissant par se méfier de l'autre.

21. L'absence de vision des agences de notation

Les agences de notation, comme leur nom l'indique, sont chargées de noter les entreprises en fonction de la valeur de leur dette et, au travers de cet exercice, sont censées anticiper la valeur future des risques d'une entreprise. Si une entreprise est potentiellement menacée par le niveau de sa dette, l'évolution de ses marchés et de sa dette à long terme, elle recevra une note plus faible. Si elle a des problèmes de contraintes à court terme, ce sont les notes de sa dette à court terme qui seront sous pression. Faisant appel à des techniques d'analyse poussées, ces agences sortent des systèmes extrêmement complexes. La meilleure note est AAA, la plus mauvaise en dessous de BB, qui vous place parmi les *junk bonds*, « les obligations pourries », que seuls des investisseurs prêts à prendre un très haut niveau de risque souscrivent.

Depuis dix ans, le travail des agences de notation a été un échec permanent. Chargées d'anticiper, elles n'ont rien vu venir des crises successives. Chargées de prévenir, elles ont, une fois les risques révélés, paniqué, décidé de se couvrir par anticipation, dégradant parfois sans raison et brutalement des notes, mettant ainsi en difficulté les entreprises concernées. Au nom d'un principe de précaution poussé à son paroxysme, elles ont parfois pris des décisions irresponsables à l'encontre d'entreprises qui ont été mises en grande difficulté, voire poussées à la faillite, et cela en leur faisant perdre leurs possibilités de financement. À des erreurs d'anticipation ont donc succédé des réactions de précaution devenues souvent synonymes d'irresponsabilité.

Les agences de notation n'ont pas vu venir la bulle Internet en 2000-2001. Elles sont passées à côté de la faillite d'Enron. Elles n'ont pas vu venir la crise des subprimes. Plus récemment, elles n'ont pas anticipé les problèmes majeurs de refinancement des banques d'investissement. Chaque fois, elles ont été aveugles.

Illustration de la dérive des agents d'alerte, devenus suiveurs et, d'une certaine façon, accélérateurs de crise : lors de la récente augmentation de capital de la banque franco-belge Dexia, décidée par les gouvernements français et belge, les agences de notation ont sorti des notes le lendemain de cette décision, dégradant les notes de Dexia avec un raisonnement proche de celui-ci : « Puisque les États ont décidé de remettre 6 milliards d'euros dans Dexia, c'est qu'il y avait un risque important, donc nous devons dégrader les notes. » Une banque sauvée, pour ces agences, est une banque dangereuse. Absurde.

22. *Des alertes qui n'ont pas été entendues*

L'implosion du capitalisme financier a pourtant bel et bien été précédée d'alertes, mais celles-ci ont été vécues et traitées dans l'instant, personne n'en prenant la pleine mesure. Il en est allé ainsi du krach de 1987 ; de la crise des caisses d'épargne américaines de 1989 ; de la crise asiatique des années quatre-vingt-dix ; de la faillite de LTCM, en 1998, l'un de ces hedge funds agressifs – et première crise d'un spécialiste des modèles mathématiques à tous crins – ; de l'éclatement de la bulle Internet de 2001. L'implosion actuelle a bien été précédée d'alarmes. Leurs sirènes n'auront pas suffi. Sourds et aveugles, nous avons laissé tous les germes du danger s'attaquer au système, jusqu'à son implosion. Comble du comble, ces multiples inconséquences permettent même aux escrocs d'opérer, au vu et au su de tous, comme l'a montré la faillite Madoff aux États-Unis… Une escroquerie à 50 milliards de dollars qui va devenir et rester l'un des emblèmes de la démesure de cette crise. Nous allons y revenir.

Hélas, l'implosion prévisible s'est produite

Ces signaux, le monde ne les a pas vus ou n'a pas voulu les voir. Résultat, après l'explosion de l'activité du capitalisme financier, son implosion, ces derniers mois, a déclenché une perte absolue de confiance, un désastre par contagion à l'économie réelle et un blocage total de cette dernière.

Économie bloquée, tout d'abord parce que la perte de confiance entraîne le gel du marché interbancaire, et donc de la capacité des banques à prêter et la peur d'agir pour les entreprises comme pour les consommateurs.

Économie bloquée, parce qu'avec la chute de la Bourse la vocation principale des marchés financiers, procurer de nouveaux capitaux aux entreprises, est aujourd'hui défaillante. Avec pour conséquence un ralentissement des investissements, de la croissance et des entreprises saines qui se retrouvent en difficulté.

Économie bloquée, également, en raison de l'effet anxiogène de ce krach sur chacun de nous, les épargnants. Le patrimoine des ménages fond et leur pouvoir d'achat s'érode lorsqu'un foyer sur deux, ou presque, possède des actions comme aux États-Unis, en Grande-Bretagne ou en France. Cette chute détruit d'autant la valeur patrimoniale. Inquiétude également pour l'épargne salariale qui, en dix ans, a vu ses encours en France tripler et qui concerne directement 11 millions de Français. Que les épargnants aient vendu ou non leurs titres, ils voient, sur leurs relevés, fondre leur richesse. De la même manière, aux États-Unis, 51 millions de foyers sont touchés par la baisse de la valeur des fonds de retraite, essentiellement constitués par capitalisation. Pour beaucoup d'entre eux, la retraite est compromise. Nous sommes bien dans un désastre.

Il y avait dans le capitalisme des assassins et des armes, des armes de destruction massive. Il fallait un détonateur à l'implosion, ce fut Lehman Brothers. Il fallait un symbole, point de départ de l'explosion, c'est l'histoire des subprimes dans laquelle on retrouve à peu près la totalité des dérives que l'on vient de souligner.

Nul doute, en tout cas, qu'après avoir dressé ce constat et observé de près les ravages de ces dérives, il va falloir prendre le taureau par les cornes, changer les comportements, modifier les règles du jeu, et remettre un certain nombre de vraies valeurs au cœur de notre capitalisme. C'est tout l'enjeu. Les hommes et les États sont les acteurs de cette reprise en main du capitalisme. En ont-ils les moyens ?

CHAPITRE 4

De Kerviel à Sarkozy, les figures emblématiques de la crise

« Un financier, ça n'a jamais de remords. Même pas de regrets. Tout simplement la pétoche. »

MICHEL AUDIARD

Dans la sarabande infernale de la crise, les personnages se bousculent. Il y a les banquiers, les financiers, les acteurs des agences de notation, les politiques, mais certains, qui n'appartiennent pas à ce monde-là, y ont joué, parfois à leur corps défendant, un rôle essentiel. Les uns ont détérioré la confiance, d'autres l'ont ruinée, d'autres encore ont travaillé à la rétablir. Patchwork de morceaux choisis…

Ceux dont on se serait bien passé

Les Kerviel et autres « avatars » de la finance

Imaginez une assemblée d'hommes bodybuildés, de femmes aux formes avantageuses et de créatures baroques avec une queue, des cornes, foule furieuse réunie autour d'un distributeur automatique de billets. Mais la machine ne fonctionne plus : pas de billets, pas de cash ! Les caisses de la banque sont vides, désespérément vides. Plusieurs centaines de ces créatures frustrées organisent une manifestation folle et furieuse. De qui s'agit-il ? Pour ceux qui ne les auraient pas encore reconnus : des avatars dans le monde virtuel d'Internet.

Les avatars sont ces personnages dans lesquels chacun s'identifie et glisse sa personnalité pour entrer dans des lieux ou des espaces de vie comme *Second Life*. *Second Life* réunit, aujourd'hui, plus de dix millions de passionnés, reproduit un monde virtuel complet au sein duquel on peut jouer, rire, aimer, travailler, faire du business, gagner de l'argent ou… en perdre. L'avatar est un personnage que l'on crée à son image ou, en tout cas, à son image idéale. C'est, en effet, la caractéristique du monde virtuel auquel les jeunes adultes et les ados consacrent tant de temps. Dans *Second Life*, il est vrai, un échec peut s'effacer. On se plante, on se fait rembarrer, une affaire tourne mal, qu'importe, un clic et tout s'annule. De la même manière, les succès sont rapidement garantis et il n'y a pas de limites à leur célébration ou leur accumulation. Une « vraie fausse vie » dans laquelle de plus en plus de jeunes se meuvent et se complaisent.

Mais un monde dans lequel on peut aussi parler de « vrai argent ». Dans *Second Life* existe une monnaie locale, le linden. Un dollar vaut à peu près 250 lindens. Commerces, échanges, achats, locations, banques, ce site reproduit toute la vie réelle. Il n'y manque qu'une chose : des règles. Dans cet univers vierge où tout est possible, pas de lois, uniquement de l'autorégulation. Et, récemment, le drame, la crise, la crise bancaire. Eh oui, crise bancaire virtuelle sur Internet ! Une crise qui prend des proportions considérables alors que les banques, incapables de faire face aux retraits des avatars, explosent. Finalement, l'une d'entre elles, Ginko, fait faillite. Ginko, ça vous rappelle quelque chose ? Avant d'être une banque dans *Second Life*, le ginko est un arbre d'origine chinoise, symbole de puissance et d'énergie dont les feuilles apportent longue vie et prospérité.

Cette banque, bien réelle, avait décidé de se développer en faisant de la cavalerie, convaincue à son tour que les arbres montent au ciel. La méthode est simple. Vous attirez de plus en plus de clients, vous leur promettez des rendements mirifiques (plus de 20 % par an dans le cas particulier de Ginko) et vous les faites jouer, gagner, perdre. Si, par malheur, l'un d'entre eux veut récupérer son argent avec les intérêts accumulés, heureusement, beaucoup d'autres clients sont venus déposer leur épargne dans l'intervalle et permettent ce remboursement. Mais que se passe-t-il lorsque, par crainte des représailles, des régulateurs du monde réel, en l'occurrence les dirigeants du site *Second Life*, décident d'interdire le poker et le blackjack ? Comme ces jeux, y compris les machines à sous virtuelles, représentaient à peu près 15 % de son activité, un grand nombre de ses résidents ont été désarçonnés et ont cherché à sortir en récupérant leurs économies. Un phénomène de masse brutal. Une vague de retraits, quelques rumeurs sur les difficultés que rencontrerait Ginko pour faire face à ces retraits et, à la vitesse de l'Internet, une panique virtuelle sans limites se propage. En quelques minutes, elle pompe jusqu'à la dernière ligne des réserves de cash de Ginko. Un rush de folie qui voit les avatars se précipiter tous ensemble vers des distributeurs de billets virtuels et Ginko « saute ». Tout cela s'est bel et bien produit… sur Internet… et à l'été 2007 ! Et les fondateurs de *Second Life* en ont tiré cette conclusion : « La régulation devient inévitable. Nous y travaillons. » Quelle belle anticipation de la situation actuelle !

Ce virtuel, qui a envahi la formation, le début de la vie et la vie professionnelle des ados et des jeunes adultes, est aussi très directement associé au métier de trader. Tous les Kerviel de la planète, qui ne perçoivent plus l'enjeu réel de leurs opérations et ne mesurent pas les risques qu'ils prennent, passent, souvent, seize à dix-huit heures par jour devant leurs écrans à prendre des positions, à faire des paris avec l'argent des autres, se comportant de plus en plus comme des avatars. On peut même redouter que certains d'entre eux, à la BNPP ou chez Calyon, se prennent toujours pour des avatars. Par définition, ils sont dans un jeu financier virtuel. Comme le faisait remarquer un trader sur les crédits subprimes : « Je ne connaissais aucun des emprunteurs sur lesquels je travaillais et, surtout, je ne voulais en connaître aucun. »

La plupart des traders et des spécialistes de produits dérivés dans les grandes banques ou les établissements financiers d'investissement n'ont qu'une expérience professionnelle limitée. Ils prennent des risques comme dans les jeux vidéo. Ils se sont très peu frottés à la vraie vie et sont payés comme des rois ou considérés comme des rois. Ils ne comprennent ni l'échec ni la crise. Sur *Second Life*, un clic annule tout. Pourquoi n'en irait-il pas de même dans la vie réelle ? Lorsqu'un client furieux, qui a perdu énormément d'argent, les appelle et leur demande « Que diable s'est-il passé ? », la réponse est sincère et banale : « Eh bien, nous nous sommes trompés. C'est le risque. Je sais que vous comptiez sur moi mais j'ai acheté des titres sans valeur. Oups ! Désolé. »

Ce dialogue est à peine caricatural. On croit rêver, d'ailleurs, quand on examine les conditions dans lesquelles travaillent ces jeunes traders. Prenons le cas de Jérôme Kerviel, par qui le scandale est arrivé à la Société générale. Les transactions qu'il a effectuées sans autorisation ont coûté la bagatelle de 5 milliards d'euros à sa banque ! Comment imaginer tant de désinvolture et d'inconscience ? Même si l'analyse paraît simpliste, on peut facilement supposer que Kerviel était motivé par un besoin de revanche sociale plus ou moins conscient. N'ayant pas fait de brillantes études, il était rentré par la petite porte avant de devenir assistant trader puis trader. Nul doute qu'il ait pu se laisser séduire par le spectre de la réussite en cherchant à devenir un « supertrader » reconnu professionnellement et personnellement.

Itinéraire d'une ambition. Lorsqu'il est engagé à la Société générale en 2003, Jérôme Kerviel gagne 35 000 € brut annuels. En 2004-2005, il perçoit environ 15 000 € de rémunération variable annuelle. Puis il accède au rang de trader. En 2007, ses revenus grimpent à 60 000 € brut. En 2007, débutent ses exploits. À la fin d'année, fort de ses succès, il propose à sa hiérarchie de lui attribuer 600 000 € de bonus. Ils ne lui en accordent que 300 000, excusez du peu ! Pendant ces trois années-là, sa rémunération fixe est passée de 35 000 à 40 000 € brut. Au fond, il est alors à l'image d'un trader de rang moyen dans une banque française, supposée raisonnable par rapport à ses compétitrices américaines. En trois ans, son fixe a progressé de moins de 15 %, mais sa rémunération variable a été multipliée par vingt pour atteindre plus de sept fois son salaire annuel. De quoi perdre la tête.

Quand Jérôme Kerviel parle de lui-même, il explique que ses transactions, non déclarées ou dissimulées à sa hiérarchie, lui ont permis d'obtenir un gain potentiel de 500 millions d'euros fin juillet 2007 et de 1,4 milliard d'euros au 31 décembre. Avec le désastre que l'on connaît : 5 milliards d'euros de pertes un mois plus tard, en janvier 2008. Il est difficile de comprendre ces profits considérables et ces pertes soudain abyssales. Pourtant, c'est bien ainsi que les choses se sont passées. Jusqu'à la fin de l'année 2007, les résultats sont bons, les paris de Jérôme Kerviel excellents et les gains potentiels s'accroissent. Ils progressent même tellement qu'il n'ose pas les révéler à la banque. Sur son activité 2007, il a déclaré 55 millions d'euros de profits alors qu'il avait virtuellement gagné 1,4 milliard, plus de vingt fois plus. Il ne dévoile rien parce qu'il a pris des risques insensés avec l'argent de la banque, de ses déposants, de ses épargnants et de ses clients. Il ne veut pas dire ce qu'il a fait, et bien fait, de peur de perdre son bonus.

Évidemment, un tel désastre n'aurait jamais dû se produire. La folie d'un jeune trader, embarqué dans son monde virtuel, l'explique, mais aussi les lourdes défaillances du système de contrôle avec des mails sans réponse, des demandes d'informations venant d'Allemagne sans réponse également, ou pour lesquelles on se satisfait d'une justification bien sommaire. Un autre clignotant aurait dû alerter ses supérieurs : Kerviel n'avait pris que quatre jours de vacances en 2007. Or cet univers obéit à une règle importante de contrôle : un trader qui ne se repose pas, c'est un trader qui ne veut pas qu'on vienne mettre son nez dans ses opérations. Bien souvent, cela signifie qu'il a quelque chose à cacher, jusqu'au moment où il est trop tard. Sans surprise, on découvrira, par ailleurs, que Jérôme Kerviel, en dehors de la banque, était un joueur de billard et adhérent à un cercle de jeux.

On pourrait sourire de ce « Kerviel » qui confond la vie réelle et le monde virtuel, son travail et des jeux de gamins. Son immaturité est confondante. Devant ses juges, n'a-t-il pas prononcé cette phrase digne d'une cour de récréation : « Pas vu pas pris, pris pendu. » Hélas, le nom de « Kerviel » est devenu un nom commun parce qu'il est loin d'être le seul de son genre. Même si les motivations étaient différentes et les sommes en jeu plus faibles, comment ne pas voir une analogie avec le trader qui a conduit les Caisses d'épargne à perdre plus de 600 millions d'euros en quelques jours ? 600 millions d'euros envolés parce que, le 6 octobre au matin, un jeune trader, fort des annonces des gouvernements européens, s'est réveillé persuadé que les marchés allaient formidablement rebondir. Sûr de lui, mû par des réflexes d'avatar, déjouant des contrôles insuffisants, il a pris des positions extrêmement risquées sur des montants dépassant les limites autorisées, tout en sachant que l'arrêt de son activité avait été décidé. Le dernier « petit coup » avant de partir. Promis…

Les Caisses d'épargne n'ont, certes, pas sauté, mais leur patron, oui : après quarante-quatre ans passés à leur service et un travail remarquable de restructuration et de développement des Caisses régionales et de la Caisse nationale dans les métiers de la finance, de l'immobilier et de l'assurance, Charles Milhaud a dû rendre son tablier. Le boulot exceptionnel de ce Méridional chaleureux, visionnaire, déterminé, pouvait lui laisser espérer une fin de carrière brillante et une juste reconnaissance de ses mérites. En fait, il pourrait dire : « Le trader m'a tuer. » Son départ hypermédiatisé, brutal, sans reconnaissance, est le résultat de la folie d'un ou de quelques jeunes traders, qu'il n'a jamais rencontrés, jamais vus, avec lesquels il n'avait jamais parlé. Défaillance des contrôles intermédiaires sans aucun doute. Prix de la responsabilité aussi. Sur fond, disons-le également, de réflexe populiste : il faut toujours, en France, trouver un bouc émissaire. Il est si facile de réclamer une tête ! Certes, cette tentation n'est pas illégitime lorsque l'État met des fortunes sur la table pour essayer de sortir le système bancaire de la crise, mais il est des disgrâces soudaines qui, pour être liées à la responsabilité exercée, n'en sont pas moins cruellement injustes. Injustes et parfois paradoxales.

Parlant de paradoxe, retraversons l'Atlantique pour suivre par exemple le sort d'un jeune trader qui dirigeait une équipe de subprimes dans une banque majeure. Fin 2007, début 2008, sa banque a dû passer des dizaines de milliards de pertes, dont 300 millions imputables à l'équipe qu'il manageait. Ce pur produit de la méritocratie américaine prenait son bus ou son taxi tous les matins à 6 heures pour venir du New Jersey à Manhattan, travaillait quatorze heures par jour devant ses écrans d'ordinateur, possédait cinq voitures, dont une Jeep, une Porsche, une Mercedes, et recevait un bonus de l'ordre de 2 millions de dollars par an. Tout juste reconnaît-il que, depuis quelques mois, il lui fallait avaler des somnifères pour dormir : « Si je n'en prenais pas, je ne dormais pas, mais si j'en prenais, je dormais bien. » Est-il, lui, à la rue aujourd'hui ? Pas du tout. Il travaille, désormais, pour le gouvernement américain au département du Trésor comme spécialiste de l'immobilier et des subprimes. Et il confie gentiment : « Le gouvernement comprend beaucoup de choses d'un point de vue théorique. Il avait besoin de comprendre ce qui se passe dans la réalité. Mon expérience lui est utile. » À présent, son salaire annuel représente à peu près deux semaines de son salaire précédent qui, dopé par les bonus, a conduit à la catastrophe…

Monde paradoxal que celui des traders. Monde dangereux sur une planète gouvernée de plus en plus par les avatars. Les « Kerviel » ont cassé la confiance indispensable au bon fonctionnement de l'économie. Pour les épargnants qui placent leur argent à la Caisse d'épargne, pour les millions de clients de la Société générale, les sommes envolées représentent des millénaires de travail ! Les Kerviel jouent virtuel, mais nous payons cash.

De Kerviel à Madoff, de l'avatar à l'escroc

Et pourtant le paradoxe ne s'arrête pas là. Les traders, enfants du virtuel au détriment de leurs employeurs ? Certes. Mais il arrive aussi que le réel dépasse le virtuel. La faillite de Ginko sur *Second Life* : explosée ! Les pertes de Boris Picano-Nacci pour les Caisses d'épargne : ridicules ! Les 5 milliards d'euros de Kerviel : balayés… Par qui ? Par Bernard Madoff, un Américain bien sous tous rapports, ancien président du NASDAQ, l'une des Bourses de New York, avec sans doute 50 milliards de dollars volatilisés pour seulement 17 gérés. Des pertes trois fois plus grandes que les capitaux gérés. Ou la démonstration de la finance virtuelle plus grosse que l'économie réelle. Ces fonds, très chics, étaient sur « *invitation only* », seulement sur invitation. Invitation à être floués puisqu'ils promettaient un rendement régulier de 10 %, que Madoff payait aux premiers investisseurs avec l'argent apporté par les nouveaux pendant que les pertes d'accumulaient. De la pure escroquerie. Jusqu'à ce que le château de cartes s'écroule. Et il n'opérait même pas d'un paradis fiscal, lui ! Quel scandale ! Comment ne pas voir le mal irresponsable fait et resté non repéré par les organes de régulation et de contrôle américains.

Un indice aurait dû donner l'alerte. Son bateau de pêche au gros sur lequel il aimait emmener ses clients s'appelait *Bull* (le taureau), du nom donné aux États-Unis aux marchés qui montent… Il a juste oublié *Bear* (l'ours), celui des marchés qui baissent !

Quelle caricature épouvantable ! Seule la crise actuelle, parce les investisseurs, en mal de liquidités, demandaient le remboursement de leurs mises de fonds, aura permis de découvrir une escroquerie qui durait depuis des décennies, malgré les alertes faites auprès du gendarme des marchés américains, la SEC. Pire, malgré les contrôles faits par la SEC.

50 milliards de dollars de pertes, c'est la richesse annuelle d'un pays comme le Luxembourg, 10 Kerviel, plus d'un million d'années de revenus pour la plupart des salariés ! Comment restaurer, parler même de confiance ensuite ?

Bernard Madoff était, en un mot, un escroc.

Ses investisseurs n'y ont vu que du feu. Dans ce monde peu régulé, ils n'étaient pas effrayés de ne pas avoir d'information détaillée. Motivés uniquement par l'appât du gain, par la certitude de gagner – Madoff promettait bon an, mal an, 10 % quoi que fassent les marchés –, ils n'ont rien vu et pourtant ils étaient, pour l'essentiel d'entre eux, riches et sophistiqués.

Quant au régulateur et au gendarme des marchés américains, la SEC, c'est pour elle l'humiliation, la honte. Malgré tous ses moyens, les alertes, les inspections, elle n'y a vu que du feu.

En fait, Madoff ne mérite pas le « label » Kerviel. Kerviel est l'enfant, l'avatar de la crise actuelle. Madoff, lui, est un escroc comme on en trouve au fil des siècles, petits ou grands. Ce qui frappe, c'est la durée : des décennies ; la taille : des dizaines de milliards ; la collusion gendarme-voleur élevée au rang de grand art : l'agent de la SEC qui, au terme de contrôles « infructueux », épouse la nièce de Madoff, l'avocat qui est le fils du ministre de la Justice américain. Tout y est et plus encore ! Un vrai polar, mais dramatique psychologiquement pour la confiance. Et le pire des timings : le scandale éclate en plein paroxysme de la crise. Le dernier coup qui achève la confiance. Pas Kerviel, encore pire.

De Kerviel à Madoff, du trader à l'escroc, ce qui est dramatique c'est la confiance minée, pour longtemps. Les pertes sont colossales, démesurées et, chaque fois, les contrôles n'ont pas fonctionné, qu'ils soient privés ou publics. Implosion annoncée du capitalisme, disais-je. Pendant l'écriture même de ce livre, est apparue « l'affaire Madoff » qui jette encore plus le discrédit sur la régulation du capitalisme, qui pointe du doigt une nouvelle catégorie professionnelle – celle des gestionnaires d'actifs. Cela a-t-il une fin ? La confiance se rebâtira-t-elle un jour ?

Les duettistes Bush et Paulson

L'Histoire jugera, sans doute très sévèrement, ce duo-là, qui ne ressemble pas vraiment à Laurel et Hardy. George W. Bush et Henry Paulson portent, en effet, une lourde responsabilité dans la crise et son aggravation rapide : ils en ont pris bien trop tard la vraie dimension et ont bafouillé avant de lui trouver des réponses. Le petit jeu des citations est cruel mais édifiant.

Bush, août 2007 : « Nous ne regardons pas un sauvetage de l'industrie financière ou un sauvetage de Wall Street. Notre seule préoccupation, c'est l'avenir et la situation des propriétaires de maisons achetées grâce aux subprimes. »

Paulson, avril 2008 : « Je ne vois pas les troubles du marché des subprimes devenir un problème sérieux. Je pense que c'est en train d'être contenu. » Le même, en mai : « Je pense que le pire est très certainement derrière nous. » Puis, en juillet : « Il y a peu de risques aux États-Unis qu'une banque souffre du même type de panique que la banque anglaise Northern Rock a connu lorsque ses difficultés liées aux subprimes ont été révélées. » Ou encore en août : « Laissez-moi vous dire que notre système bancaire est sûr et solide… » Nous étions très exactement vingt-six jours avant la faillite de Lehman Brothers.

Retards à percevoir l'ampleur de la crise mais aussi difficultés à convaincre le politique d'adopter le plan de sauvetage nécessaire. Alors que l'alarme mondiale était déclenchée, comment nos duettistes ont-ils pu rater l'adoption du premier plan de sauvetage organisé par Paulson devant le Congrès américain ? George Bush, dit-on, aurait appelé un par un les parlementaires républicains jusqu'au dernier moment. Sans effet. Une retentissante claque, adressée par son propre camp qui ne l'a pas suivi. Une majorité des républicains vote contre le plan.

Manque d'imagination aussi. Le plan américain s'est focalisé sur le rachat des seuls « actifs pourris » dans le secteur immobilier en ignorant tous les autres produits toxiques. Paulson n'a pas compris non plus que la crise de liquidités des banques se transformait en crise de solvabilité et que, faute de ressources venant du marché ou des investisseurs privés, seul l'État pouvait éviter le collapse général. Il fallait du capital aux banques tout de suite et non pas racheter plus tard les « produits pourris ». Les Américains ne se réveilleront qu'après l'adoption des mesures en Europe.

Il est vrai que Paulson était prisonnier de la pensée unique de la banque qu'il avait dirigée : Goldman Sachs. Au point que l'on a pu parler d'un « *Government Sachs* ». Qui est-il allé chercher pour la direction d'AIG après sa déroute ? Un administrateur de Goldman Sachs. À qui a-t-il confié le soin de reprendre les organismes de crédit hypothécaire Fannie Mae et Freddie Mac ? Dan Jester, ancien responsable de la stratégie de Goldman Sachs. Steve Shafran, personnage important au Trésor ces derniers mois, est également un ancien de Goldman Sachs. Enfin, Neel Kashkari, qui a joué un rôle crucial pour la définition et la mise en place du plan de 700 milliards d'actifs créé par le gouvernement américain, venait de passer deux années, à un niveau d'ailleurs modeste, dans l'équipe technologie de Goldman Sachs. En charge de la stabilité financière, il s'est vu violemment attaqué par le Congrès américain, ne comprenant pas les revirements et l'impréparation du Trésor américain : « Nous n'avons pas confiance dans vos réponses » ou même « Sur la base de vos réponses, vous devriez démissionner ». Le monolithisme des équipes de Paulson explique largement les défauts du plan de sauvetage américain.

Il faut ajouter à tout cela un péché capital, une erreur première : avoir laissé Lehman Brothers partir en faillite. Sans oublier un certain dogmatisme idéologique qui conduira George Bush à confier à Nicolas Sarkozy lorsqu'il le recevra au mois d'octobre 2008 à Camp David : « Mon instinct naturel est de m'opposer à toute intervention du gouvernement. »

Eh bien, mieux vaut ne pas se fier à l'instinct de George Bush. Quant à Henry Paulson, on peut dire qu'il aura eu tout faux. Pour faire un exemple, il laisse Lehman Brothers tomber en faillite. Et l'on passe d'une crise profonde à une récession mondiale et à un effondrement complet des marchés du crédit. Le monde entier va payer cette erreur. Derrière, Paulson met au point un plan de sauvetage pour les États-Unis. Le Congrès le rejette puis en adopte une nouvelle version. Quelques semaines plus tard, il en modifie l'utilisation pour privilégier la recapitalisation des banques, comme les Européens, avouant le 12 novembre 2008 que sa méthode initiale « n'était pas la plus efficace ». Et un peu plus tard il renonce totalement à s'en servir pour racheter les « actifs pourris ». Quel tourbillon de réactions incohérentes et à retardement.

Barack Obama succède, aujourd'hui, à George Bush après que John McCain eut connu la défaite la plus humiliante pour les Républicains depuis bien longtemps. Henry Paulson a été remplacé par Tim Geithner. Après le « tout faux » de Paulson, on peut espérer mieux de son successeur. Tim Geithner, qui a longtemps vécu en Asie, semble avoir bien compris la crise. « *First repair, then reform* » (D'abord réparer, ensuite réformer) est son leitmotiv. Il a bien compris aussi que la crise s'autoalimentait par le jeu des ventes à la va-vite, dans l'espoir de limiter les dégâts par des investisseurs pris à la gorge : « Pour se protéger contre des pertes futures, beaucoup d'investisseurs vendent, se couvrent contre les baisses futures, doivent régler des appels de marge. Bref, en se mettant debout sur le frein, ils servent d'accélérateur à la baisse, d'accélérateur à la crise. » On ne saurait mieux résumer !

Depuis 2004, Tim alerte régulièrement sur les risques liés à la baisse du taux d'épargne des ménages américains. Et plus récemment, mais sans succès, consulté par Paulson, il avait essayé d'infléchir sa décision sur Lehman Brothers. Il souhaitait une action plus agressive pour sauver la banque. Bienvenue, Tim.

Les duettistes, George et Henry, sont sortis de la scène. Personne ne les regrettera.

Ceux que la crise a tirés à hue et à dia

Les pays émergents font partie des figures emblématiques de la crise. Il y a encore dix ans, ils n'auraient été concernés qu'à la marge. Mais, au cours de la dernière décennie, l'interconnexion des économies et des marchés au niveau mondial s'est accélérée à la vitesse d'Internet pour devenir une réalité. Cette interconnexion veut dire interdépendance. L'économie des pays émergents, dont le poids va croissant, ne peut donc plus être indifférente à la crise des pays développés. Mais chacun réagit à sa manière, tant et si bien qu'ils tirent à hue et à dia. La Chine et la Russie en sont la preuve. Leurs réactions, leurs stratégies sont totalement opposées, contradictoires. Qui a raison ?

Mao au secours de l'oncle Sam

La Chine a besoin de nous. Besoin de nous pour alimenter sa formidable croissance. Certes, elle repose aussi sur son développement interne et sa capacité à arracher des centaines de millions de Chinois à leur pauvreté pour faire émerger une classe moyenne. Il n'en demeure pas moins que son développement est tiré par l'exportation de ses produits à bas prix vers les marchés développés. Malgré une amélioration progressive de ses conditions salariales et de travail, la Chine disposera longtemps encore d'une réelle compétitivité dans la production à bas prix. C'est un levier essentiel pour son décollage, encore faut-il que la machine des pays développés ne se grippe pas. La Chine, en fait, a besoin du reste du monde et notamment du premier marché mondial, celui des États-Unis, pour écouler ses produits. « Américains, consommez pour que la Chine produise et s'enrichisse ! »

Elle le sait et agit en conséquence. Pour importer les produits chinois, les États-Unis ont creusé des déficits commerciaux et budgétaires records. Qu'à cela ne tienne ! Forte de sa richesse et de l'accroissement de ses réserves, la Chine couvre une partie de la dette américaine : avant même le début de la crise, elle en détenait 15 %, dont 800 milliards de dollars en réserve et 800 autres milliards en bons du Trésor américain ! Depuis lors, les institutions financières chinoises sont à la manœuvre. Elles ont déjà investi 3 milliards de dollars pour entrer au capital du fonds américain Blackstone, déboursé 5 milliards de dollars pour entrer dans le capital de Morgan Stanley. Peu de temps après l'annonce du plan Paulson de 700 milliards de dollars, la Chine a exprimé son intention d'acheter pour au moins 200 milliards de dollars de nouveaux bons du Trésor américain.

La Chine, en vérité, a décidé d'éviter à tout prix un effondrement de l'économie mondiale, et notamment de l'économie américaine. L'interdépendance de la Chine et des États-Unis a, de ce point de vue, atteint un niveau qui avait été largement sous-estimé ces dernières années. Mao intime de l'oncle Sam, qui l'eût cru ? Mao fourmi prêtant à la cigale Sam, qui l'eût dit ?

La Chine est installée, désormais, à l'intérieur même du système financier où elle contrôle beaucoup d'actifs. Elle ne peut donc laisser filer la crise. Si l'État américain n'avait sauvé Fannie Mae et Freddie Mac, la Banque centrale de Chine aurait vu partir en fumée le montant de ses engagements dans ces deux institutions hypothécaires, soit environ 400 milliards de dollars. Comme la grande majorité de ses réserves de change sont en dollars, une dépréciation du billet vert lui ferait perdre aussi des sommes considérables. Avec près de 2 000 milliards de dollars, elle possède aujourd'hui 40 % des réserves en dollars de l'ensemble des pays émergents. Aussi ne peut-on guère s'étonner que, le 30 octobre 2008, le ministre des Affaires étrangères chinois ait laissé la porte grande ouverte pour aller encore plus loin : « Nous avons la volonté de continuer à regarder activement toutes les manières d'aider les plans de sauvetage. » Le même jour, le Premier ministre chinois, Wen Jiabao, déclarait : « Il est nécessaire d'organiser une plus grande interaction entre nos communautés financières et de business. Nous devons améliorer la coordination des politiques monétaires et les contrôles financiers pour prévenir et neutraliser les risques financiers. »

Tout est dit : la Chine sera là. Elle est déjà là. Discrète, certes. Efficace, sans aucun doute, même si c'est plus par nécessité que par devoir.

En même temps, la Chine a lancé un plan de relance énorme de 600 milliards d'euros. Elle sait que sa classe moyenne naissante est directement touchée par la crise – beaucoup plus que lors de la crise asiatique de 1998 où cette classe était balbutiante – et par la baisse de la Bourse (- 65 % pour Shanghai en 2008) qui accueille l'esprit joueur des Chinois. Elle sait aussi que, faute de croissance extérieure ou intérieure, son système de production est fragile. Des millions d'entreprises sous-traitantes sont mal organisées. Faute de crédit des grandes banques, en cas de disparition des commandes, nombre de PME sont incapables de payer les salaires.

Alors la Chine fait feu de tout bois, avec les énormes moyens que lui procurent ses réserves. Elle joue gros jeu. La Chine communiste sera capitaliste ou ne sera pas !

La Russie rentre dans sa datcha

Si la Chine tire à hue, la Russie tire à dia. Si la Chine est discrète, la voix russe est tonitruante. Si la Chine aide à financer les déficits américains, la Russie limite sa dépendance internationale et ferme ses portes aux règles élémentaires du marché. Il y a dans l'attitude, très slave, de l'équipe dirigeante russe une formidable contradiction : d'une part, à travers son président Dmitri Medvedev, ce pays montre qu'il entend jouer un rôle leader dans les mouvements actuels pour permettre un rééquilibrage face aux États-Unis ; d'autre part, les décisions qu'il prend concrètement traduisent un véritable repliement. Quand Medvedev rencontre la chancelière allemande Angela Merkel à Saint-Pétersbourg, il explique que l'ère de la domination de l'économie américaine et du dollar est révolue une bonne fois pour toutes, arguant qu'aucun pays ne peut jouer le rôle de « mégarégulateur ». Dans le même temps, volontairement ou non, toutes les décisions du Kremlin renforcent le risque de solitude qui pèse sur lui : invasion de la Géorgie, interventionnisme d'un autre âge dans la vie des entreprises, fermeture des marchés pendant la tempête, augmentation des droits de douane pour l'importation des voitures non produites en Russie.

Ces choix isolent la Russie dans la crise. Globalement, depuis le 8 août et l'entrée des chars de « l'armée rouge » en Géorgie, les sorties nettes de capitaux privés hors de Russie ont atteint de 20 à 50 milliards de dollars. Dans la semaine de la faillite de Lehman Brothers, elles ont progressé seulement en quelques jours de 10 milliards de dollars. Accélérée par l'épisode géorgien et la fermeture des marchés au plus fort de la crise, la fuite des capitaux prend de l'ampleur. À tel point que les autorités ont déjà prévenu que, sur l'ensemble de l'année 2008, elle pourrait atteindre 80 milliards de dollars.

L'isolement des Russes ne peut aller qu'en s'aggravant. L'invasion de la Géorgie a entaché leur image internationale et recréé un sentiment d'instabilité intérieure, de guerre ou de guerre larvée avec leurs proches voisins. Les interventions de l'État russe au sein des entreprises ont amplifié ces inquiétudes. Ce fut le cas, dans le secteur pétrolier, entre la société anglaise British Petroleum et les Russes, au travers de leur filiale commune TNK-BP. Dans le monde des affaires, nul n'oubliera de sitôt l'extravagante conférence de presse de Vladimir Poutine, fin juillet 2008, au cours de laquelle, en cinq phrases, il descendit en flammes l'une des plus grandes sociétés d'acier du pays, Mechel, et son président milliardaire Igor Zyuzin. En quelques minutes, la critique de Poutine a coûté 6 milliards de capitalisation boursière à Mechel, 1,2 milliard de dollars perdu par phrase prononcée et 38 % de pertes immédiates sur les marchés pour la société. Évoquant l'extrême volatilité des prix des matières premières et de produits comme l'acier, le Premier ministre, en s'inquiétant publiquement de l'absence du président de Mechel à une réunion de concertation avec l'État, sous prétexte de maladie, a levé aussi le voile sur la nature autoritaire du régime, pour ceux qui avaient encore des doutes. Une phrase a suffi : « Bien entendu la maladie, c'est la maladie, mais je pense qu'Igor Vladimorovich devrait aller mieux aussi vite que possible, autrement nous allons devoir lui envoyer un médecin. »

Paradoxal, brutal, le pouvoir russe est aussi apparu, dans cette crise, à contre-courant dans ses réactions. Un marché boursier est fait pour être liquide. La pire des choses qui puissent arriver à un investisseur aujourd'hui, c'est donc la fermeture d'un marché. C'est, pourtant, ce qui s'est passé en Russie le 16 septembre 2008, le lendemain de la faillite de Lehman. Ce fut aussi le cas le 17 septembre, lorsque le gouvernement russe a annoncé qu'il prêtait 44 milliards de dollars à ses trois plus grandes banques : SberBank, VTB Bank et Gazprombank. Le 18 septembre, troisième jour de fermeture. Le 6 octobre, les indices des marchés russes perdent près de 20 % et les cotations sont suspendues trois fois. Le 7 octobre, le trading est à nouveau suspendu. Comment investir dans un marché dans lequel une décision politique peut vous piéger à tout instant en vous empêchant de disposer de votre argent alors que le monde s'écroule autour de vous ? Cette donnée est insupportable pour les investisseurs sophistiqués du monde développé et va certainement provoquer chez eux une dégradation forte, prolongée, durable de l'image de Moscou. La Russie est redevenue tonitruante et… contre-productive.

Cette stratégie de la Russie est dangereuse. Son éventuel succès repose sur un postulat : la rente énergétique russe avec le pétrole et le gaz est suffisante pour lui permettre de tenir « contre » le reste du monde et d'imposer son rapport de force dans les réunions et débats internationaux. Mais rien n'est moins sûr. Car la récession a divisé par trois le prix du pétrole en quelques mois, de 150 $ le baril à 40 environ. Ce même baril que les Russes voyaient l'été dernier monter à 200 $. Les recettes russes se réduisent au même rythme. Entre le reflux des capitaux étrangers, le retour des Bourses russes à l'âge de pierre, la crainte imposée aux dirigeants d'entreprise et la baisse des revenus énergétiques, la stratégie russe de repli sur soi apparaît aventureuse, dangereuse pour le reste du monde comme pour la Russie elle-même, malgré ses formidables ressources naturelles.

Certainement une préoccupation supplémentaire pour les années à venir. Quant à la partie d'échecs engagée par les dirigeants russes, son résultat est encore bien incertain. Il y a loin de l'ouverture « gambit » à l'échec et mat !

Ceux que l'on n'a pas pu rater

La figure du banquier central, dont le rôle a été essentiel et diablement utile dans la résolution des problèmes de liquidités à très court terme du marché, est emblématique dans cette crise. Celle du FMI aussi tant il a contribué au sauvetage de certains pays comme l'Islande, la Hongrie ou l'Ukraine. Mais deux personnages suractifs ont dominé la scène internationale après le 15 septembre 2008, et je leur réserverai un double portrait : Gordon Brown et Nicolas Sarkozy.

Gordon Brown : de Mister Bean à Flash Gordon

En dix jours, au mois d'octobre 2008, Gordon Brown, le Premier ministre anglais, à la traîne dans tous les sondages, jusque-là pâle successeur du sémillant Tony Blair, s'est refait une virginité politique et une image de leader. Surnommé Mister Bean, ce gaffeur à répétition avait entraîné son parti au fond du trou, accusant vingt points de retard sur les conservateurs dans tous les sondages. Avec la crise, il retrouve son terrain de prédilection : l'économie. Novateur, pragmatique, il va même donner l'exemple aux autres pays européens, à l'Asie et aux États-Unis. Alors que la City est ravagée par la tempête financière, l'Angleterre se transforme en modèle pour le reste du monde. Tous les paradoxes sont au rendez-vous de la crise !

Le 2 octobre, Gordon Brown prend, comme un uppercut, la décision de l'Irlande de mettre en place, sans la moindre concertation et de façon unilatérale, un plan de garantie totale des 315 milliards de livres de dépôts dans les banques du pays, notamment, Bank of Ireland et Allied Irish Bank, soit 500 milliards d'euros et plus d'une année de produit intérieur brut irlandais. Ce dispositif, qui vise à la fois les particuliers et les investisseurs, a pour objectif de renforcer la confiance des agents économiques. Une réponse sur le modèle suédois du début des années quatre-vingt-dix que tous les pays européens, y compris l'Angleterre, avaient rejeté avant ce 2 octobre.

Aidé par tous les banquiers de la City de Londres, Gordon Brown réalise que cette mesure de confiance va surtout provoquer un formidable désavantage concurrentiel. S'il ne réagit pas assez vite, une masse de dépôts, par sécurité, va fuir Londres pour gagner Dublin. C'est pourquoi, dès le 3 octobre, il proteste officiellement contre la mesure irlandaise et, pour rassurer le grand public, il augmente la garantie des dépôts personnels de 35 000 à 50 000 livres. Reste la question des investisseurs. Il veut agir mais, le lendemain 4 octobre, se tient le sommet de Paris à l'Élysée. Il choisit donc de patienter. Un *wait and see* bien anglais mais qui ne sera pas synonyme d'immobilisme.

Le sommet européen du 4 octobre n'est pas vraiment une réussite. Il est même proche de l'échec car les dirigeants européens ont les plus grandes difficultés à faire front autour d'un objectif et d'un plan communs. Les Allemands, comme à leur habitude, commencent par dire non à tout et prétendent qu'ils ne sont pas touchés. Le lendemain 5 octobre, pourtant, le réel leur saute à la figure et les contraint à adopter des mesures de sauvetage pour certaines de leurs banques.

Cet enlisement européen pousse Gordon Brown à agir. Pas question de laisser passer la semaine suivante sans une réaction majeure. Il a constaté que la nationalisation, quelques mois plus tôt, des deux banques les plus en difficulté, Northern Rock et National Savings and Investments, avait déclenché un afflux de dépôts et de capitaux vers elles. Il a acquis, ainsi, la conviction que la garantie étatique constitue un facteur clé pour redonner confiance aux déposants. Lorsque l'on ne croit plus aux banques, aux banquiers et à l'économie, il reste l'État. Après quatre journées de travail intensif, 24 heures sur 24, Gordon Brown annoncera son plan de sauvetage national. Au passage, il ravale sa superbe et appelle à ses côtés son grand adversaire politique au sein de son propre parti, le commissaire européen Peter Mandelson. Si les Anglais cessent de se faire la guerre entre eux, c'est que l'heure est grave.

Le résultat sera à la hauteur de cette alliance politique.

Gordon Brown présente le 8 octobre un plan qui est considéré, aujourd'hui encore, comme un tournant dans la gestion de la crise. Le 15 septembre, il y avait eu l'épisode dramatique de Lehman Brothers lâché par les Américains. Le 8 octobre, c'est le chapitre de l'espoir : bien sûr, ce n'est pas une sortie de crise mais un coup d'arrêt au « décidément, rien à faire ». Le plan anglais est la preuve qu'on peut agir et que la crise financière elle-même est sans doute soluble. Il repose sur trois éléments.

Un : injection de liquidité dans le système. Tout le monde le fait. Tout le monde constate, aussi, que le problème va au-delà de la seule question de la liquidité. Le problème de la solvabilité des banques est posée : vont-elles résister ? Ne vont-elles pas, les unes après les autres, déposer leur bilan ? Gordon Brown met donc en place deux autres mesures, complémentaires et même indispensables.

Deux : l'instauration d'une garantie publique pour les nouveaux emprunts des banques. Une disposition énorme par son ampleur, « à couper le souffle », selon le très sérieux *Financial Times*, la seule, en tout cas, susceptible de restaurer un minimum de confiance et d'empêcher la fuite des capitaux. Même l'opposition conservatrice soutiendra cette disposition majeure.

Trois : la constitution d'une réserve de 50 milliards de livres, plus de 60 milliards d'euros, pour la nationalisation partielle des grandes banques du pays. Si elles ont peur de ne pas pouvoir survivre parce que leur capital fond comme neige au soleil avec l'accumulation des pertes, il faut leur donner du capital pour qu'elles tiennent, pour qu'elles reconstituent leurs fonds propres, pour qu'elles puissent recommencer à prêter. Face à la défaillance du marché, l'État, là encore, est le seul à pouvoir en fournir. Pragmatique, Gordon Brown choisit donc cette solution : injecter directement du capital plutôt que de racheter des actifs. Mais, en même temps, il veut exercer le pouvoir et le contrôle correspondants. Il prend des participations avec droits de vote et représentation au conseil d'administration. Les intérêts du contribuable, véritable pourvoyeur de ces apports colossaux de fonds, doivent être défendus.

Quatre jours plus tard, le 12 octobre, se tient un nouveau sommet à Paris. Après la division, l'unité européenne se reconstitue ce jour-là. Avant même cette rencontre, Gordon Brown a adressé une lettre à l'ensemble des dirigeants européens des vingt-sept pays : « Je vais à Paris pour persuader les autres pays européens d'adopter l'approche globale que nous avons prise en Angleterre », écrit-il. L'Angleterre, sauveur de l'Europe ! L'Angleterre, qui ne s'est jamais ralliée à l'euro, entraînant derrière elle l'ensemble des pays de l'Eurogroupe ! On croit rêver mais c'est bien ce scénario, impensable avant la crise, qui triomphe : la logique et le contenu du plan anglais sont repris par tous les pays européens. Une unanimité qui met un terme à la cacophonie qui régnait jusque-là au sein de l'Europe et au-delà.

À la fin de la réunion de Paris, Gordon Brown passe de l'Élysée à l'ambassade de Grande-Bretagne, rue du Faubourg-Saint-Honoré, succession de boutiques de luxe, symboles de la réussite française, mais qui souffrent déjà beaucoup à l'orée de cette crise. Il savoure son succès. Avec modestie, cependant : « Aucun pays ne peut résoudre tout seul ce qui est un problème global ! » Il sait, néanmoins, que le monde lui accordera la paternité de cet instant qui, certes, ne règle pas tout d'un coup de baguette magique, mais restera comme essentiel pour sortir un jour de la crise.

En quelques jours, Gordon Brown, le Mister Bean des gaffes, s'est transformé en Flash Gordon, l'homme plus rapide que l'éclair qui résout les problèmes et gagne. Flash Gordon, héros d'une bande dessinée des années trente, appelé aussi Guy l'Éclair, est également vedette d'une série télévisée dans laquelle il doit sauver la Terre des troupes de la planète Mongo… Et même si les banquiers critiquent certaines dispositions de son plan – notamment, les taux d'intérêt élevés pour les actions préférentielles dont disposera l'État ; l'exigence du Trésor de ne pas payer de bonus aux dirigeants des banques assistées et de subordonner le versement des dividendes aux remboursements des prêts consentis par l'État ; ou encore la présence de représentants de l'État au sein des conseils d'administration des banques secourues –, Gordon Brown n'en a cure. Les banquiers n'ont guère le droit à la parole. Ils ont failli. Puisque les citoyens, et donc les contribuables, sont mis à contribution, son devoir est de les protéger et de s'assurer qu'ils retrouveront, avec des intérêts, les sommes énormes versées aux banques pour les sortir du trou dans lequel elles se sont collectivement précipitées. Pape du plan global, Gordon Brown lui ajoutera, le 20 octobre 2008, une petite touche qui devrait inspirer nombre d'autres pays. En signe de confiance mais aussi pour relancer l'économie, il a raccourci à trente jours le délai de paiement des factures dont l'État est le débiteur. Combien de PME françaises se réjouiraient d'une telle mesure…

Garantie des dépôts et retour à la confiance, capital dans les banques pour les sortir de leur risque de solvabilité avec des contreparties fermes et claires, retour à un État payeur exemplaire pour ne pas mettre en difficulté les PME, le Premier ministre britannique a fait un sans-faute. Même les Américains, via le *New York Times*, le reconnaîtront : « *Gordon does good* » (Gordon est excellent).

Nicolas Sarkozy, au risque de réussir

Nicolas Sarkozy n'est jamais aussi bon que dans les périodes de crise. Il n'a jamais autant de tonus que pour sortir d'un échec. Capable de travailler sans repos, de parcourir trois fois le monde en huit jours, de parler sans relâche, de convaincre, d'agir sans autre aide que cette formidable dose d'adrénaline qu'il s'inflige à lui-même et lui permet de tenir, il est alors sur tous les fronts. Activiste, sans aucun doute, il y a du Zorro dans cet homme.

Dans la tourmente de la fin de l'année 2008, Nicolas Sarkozy a donc enfilé sa tenue de sauveur de l'économie mondiale. Utilisant la présidence française de l'Union comme une arme de diplomatie massive, il lui a redonné une direction, une cohérence, un leadership et même un patron. Globe-trotter inépuisable, il court de la France à l'Europe, puis en Asie et, enfin, à Camp David pour y convaincre le président américain de l'impérieuse nécessité d'un sommet mondial. C'est le Petit Prince de Saint-Exupéry parcourant d'un saut la surface du globe et dessinant ce qui manque au monde : le mouton qui va lui permettre de se relancer.

Qu'il est loin cet hiver 1995 où, après la défaite d'Édouard Balladur à la présidentielle, j'assistais, un dimanche soir pluvieux et gris, au Club de la presse d'Europe 1. Seul, avec un autre grand patron français, nous étions venus écouter Nicolas Sarkozy pour lui témoigner amitié et fidélité. De l'échec à la réussite, il n'y a souvent qu'un pas, mais un pas qui coûte énormément d'effort et de conviction. Depuis l'Antiquité, la distance entre le Capitole et la roche Tarpéienne reste toujours courte. Mais Nicolas a appris, après la brutalité de la défaite aux élections européennes en 1999 ou aux côtés d'Édouard Balladur lors de l'élection présidentielle de 1995, à rebondir, à puiser au fond de lui-même énergie et sang-froid.

Dans la gestion de cette crise, Nicolas Sarkozy a réussi, lui, le tour de force de faire le trajet en sens inverse : de la roche Tarpéienne au Capitole. Qui aurait pu imaginer qu'il pourrait émerger au milieu d'un fiasco européen ? La clé de son succès est cette formidable énergie qui lui fait dévorer la vie et les difficultés. Il ne redoute jamais de remettre cent fois son travail sur l'ouvrage. Jusqu'à parvenir à ses fins. L'envie qui l'anime depuis qu'il a atteint son objectif élyséen était trop évidente et surtout si personnelle qu'elle lui a coûté très cher dans les sondages au cours des premiers mois de sa présidence. Mais l'envie démesurée fabrique aussi les réussites et les victoires. Elle a guidé Nicolas Sarkozy dans cette crise. Il a compris, aussi, que le temps était compté, que la situation était dramatique et que personne ne s'en sortirait seul. Très vite, il a été convaincu que les initiatives nationalistes seraient vaines et qu'il fallait forcer la voie pour lancer une action internationale.

Son chemin commence, d'ailleurs, par un échec le 4 octobre 2008. Le sommet qui réunit la France, l'Allemagne, le Royaume-Uni et l'Italie à l'Élysée irrite tous les autres pays européens qui n'ont pas été invités. Mais, en même temps, comment arracher une décision unanime, efficace et volontaire, avec vingt-sept pays n'agissant qu'en fonction de leurs intérêts propres ? Ce premier sommet qu'il veut resserré pour être efficace démontre la difficulté de la tâche. C'est un revers. Aucune décision tangible n'y est prise parce que la chancelière allemande Angela Merkel torpille les objectifs d'unité.

Beaucoup, après un tel camouflet, s'en seraient remis au réflexe national. Pas Nicolas Sarkozy. Sa chance est d'être président en exercice de l'Union européenne. Cette crise lui offre la possibilité de laisser une trace dans l'Histoire. Il ne va pas laisser passer cette chance paradoxale. Une phrase, qui lui échappe à l'issue du sommet raté du 4 octobre, résume sa philosophie activiste : « Il faut qu'il y ait des gens qui prennent le risque d'échouer, pour prendre le risque de réussir. » Superbe réflexion politique et entrepreneuriale, triomphe de l'envie et de la volonté de gagner.

Huit jours plus tard, le dimanche 12 octobre, les chefs de gouvernement des pays de la zone euro sont réunis à l'Élysée. Avec eux, également, le président de la Commission européenne,

José Manuel Barroso, le gouverneur de la BCE (Banque centrale européenne), Jean-Claude Trichet, et un invité surprise, puisque l'Angleterre n'a pas adopté la monnaie unique : Gordon Brown. C'est au cours de cette réunion que sera défini un cadre commun dans lequel s'inscriront des réponses nationales.

Nicolas Sarkozy est un pragmatique. Puisque Gordon Brown a présenté quelques jours auparavant un plan comprenant trois volets (injection de liquidités, garantie par l'État des prêts interbancaires, recapitalisation des banques) que tout le monde salue, il s'y rallie. L'idée est bonne, il la récupère. Il veut une réponse globale et majeure pour restaurer la confiance et rétablir la solvabilité du système. Qu'importe que Gordon Brown en soit le concepteur, pour une fois soyons anglais !

En faisant ce choix, Nicolas Sarkozy devient, de fait, le véritable patron de l'exécutif européen. Il impose sa marque parce que, traité de Lisbonne ou pas, plus rien ne pourra être comme avant en Europe. Il apporte la preuve qu'on peut avancer à vingt-sept. Il démontre, aussi, que, pour se mettre d'accord à vingt-sept, il faut parfois commencer à deux, à trois, à quatre. Ce succès est en soi une leçon politique : l'action doit primer sur le strict respect du formalisme institutionnel. Empêtrée dans ses méandres, sa complexité, ses droits de veto et son incapacité à accoucher d'un véritable système fédéral, l'Union vient de trouver une voie d'action. Elle s'appelle « leadership ». Comme toujours, elle est incarnée par un homme. Ce leader pour temps de crise, c'est Nicolas Sarkozy.

Rien ne l'arrête, surtout pas les détails et les susceptibilités. Seule compte, chez lui, la culture du résultat. Il se moque, par exemple, que le président tchèque, qui doit lui succéder à la tête de l'Union européenne début 2009, affirme qu'il veut siphonner la présidence tchèque de l'Europe. Pour avancer, il court le risque de tout casser. Et ça marche ! Après la réunion de l'Eurogroupe du 12 octobre, il poursuit son offensive éclair et s'attaque à Washington et au monde. Il réclame et obtient la tenue d'un sommet mondial, le 15 novembre. Son objectif est à la fois simple et démesuré puisqu'il s'agit, en toute modestie, de réformer, de refonder le capitalisme. Il fait comprendre aux Américains qu'ils ne sont pas seuls sur la planète : la crise est née de leurs excès et le monde entier est contaminé. Dans ces conditions, le message qu'il leur adresse est clair : vous nous avez mis dedans, vous devez accepter nos idées et coopérer pour nous en sortir.

C'est vrai que Nicolas Sarkozy en a fait beaucoup, mais il faut admettre aussi qu'il l'a bien fait. Un mérite essentiel lui revient dans cette crise : il a permis de faire bouger les choses avec un vrai sens de l'urgence, de l'action et de l'intérêt général. Et force est de dire, quels que soient les sentiments qu'on nourrit à son endroit, que la France a de la chance d'avoir à sa tête un président capable d'être un véritable leader en temps de crise. On élit souvent un président sur une image ou une impression. Faiblesse des campagnes électorales ! On oublie que la gestion par temps calme ne permet pas d'étalonner un gouvernant. C'est dans la tempête qu'on le juge réellement et qu'on peut répondre à cette question : tient-il la barre ? Il n'y a aucun doute, Nicolas Sarkozy en est capable dans la tornade. La crise en a fait un vrai président, un président d'exception.

« Sarko, tu en fais trop ! » Je connais bien cet aphorisme. Combien de fois, dans le passé, ai-je entendu, moi-même : « Jean-Marie, tu en fais trop ! » Nicolas Sarkozy, en effet, en fait des tonnes. Il ne s'embarrasse pas des convenances, il se fiche des résistances, il pousse, il tire, il bouscule. Bravo, superbe, merci Président… Mais attention à ne pas en faire trop, malgré tout. Cette superactivité, décuplée par les résultats obtenus, peut conduire à des dérives de communication et des excès populistes. Les limites entre faire et faire trop sont toujours très fines. En France, la mise à l'index très agressive des banquiers, avec la menace de couper des têtes, en est l'illustration. Depuis la Révolution de 1789, les Français aiment voir des têtes tomber. Faut-il pour autant satisfaire ce goût du sang ? La façon très brutale dont Nicolas Sarkozy s'invite dans la vie des entreprises, demande des têtes, fait pression pour les obtenir et, d'une certaine manière, les coupe lui-même pour les brandir devant tous les Français, est compréhensible tant est grand le dégoût qu'inspire la situation dans laquelle les financiers ont plongé l'économie, mais elle comporte un risque populiste qui peut conduire à des excès dangereux. Je sais que nous avons sur ce point une légère divergence de sensibilité. Au vu de ce qu'il a lui-même subi d'attaques et de coups bas, sa réaction viscérale est certes compréhensible…

Mais l'enjeu des années qui viennent sera autre part pour Nicolas Sarkozy. Il lui faudra garder son bâton de pèlerin, pour convaincre de ne pas s'en tenir aux mesures d'urgence ; pour relancer sans arrêt les États-Unis pour faire changer la gouvernance du monde et du capitalisme ; pour donner consistance et leadership à l'Europe et à l'Union méditerranéenne… J'ai une totale confiance dans sa capacité à agir sans relâche et, plus important encore, à obtenir !

Il lui faudra aussi garder sa capacité d'écoute du monde réel, du terrain, de ce qui fait de lui une « bête politique » exceptionnelle. L'annonce fin 2008 du plan de relance en France a, au fond, un peu déçu. Car elle est la somme de mesures très classiques, saupoudrées sur différents secteurs. Un peu de tout pour tous. Mais cela suffira-t-il à relancer la construction effective de logements, ou l'achat de voitures ? Indispensable mais pas suffisant sans doute. Heureusement, il y aura l'occasion d'y revenir. Dès cette année, dès 2009, j'en ai la conviction, de nouvelles actions de relance, plus fortes, plus ciblées, plus internationales seront nécessaires. Et puis, dans cette crise, personne ne pourra « marcher sur l'eau ». Garder la capacité d'écoute, avoir du recul pour innover, choisir quelques directions et foncer seront décisifs. La prochaine étape est celle du rétablissement de la confiance, pour des Français qui ont peur, qui ne savent plus à quel saint (je ne dis même plus banquier) se vouer. Son énergie, sa capacité à prendre des mesures simples, radicales, compréhensibles, de bon sens pourront faire la différence.

Nicolas Sarkozy fait un parcours exceptionnel dans cette crise, en leader français, européen, mondial. Notre chance à nous Français. Il pourrait bien y acquérir cette formidable dimension, à la hauteur du slogan qui mériterait d'être le sien : « Nicolas Sarkozy, au risque de réussir. »

CHAPITRE 5

Le retour triomphant du politique

« La politique consiste à choisir entre le désastreux et le désagréable. »

JOHN KENNETH GALBRAITH

Barack Obama, président américain avant l'heure

Ce 20 janvier 2009, Barack Obama s'installe pour la première fois dans le fauteuil présidentiel du Bureau ovale à la Maison-Blanche. Il est définitivement le nouveau président des États-Unis, le 44e. Barack Obama se souvient de sa dernière visite avant l'élection dans cet édifice qui a accueilli les présidents depuis John Adams, le 1er novembre 1800. C'était, quant à lui, le 25 septembre 2008, six semaines avant son succès triomphal.

Le président Bush a réuni, ce jour-là, Républicains et Démocrates, dont Barack Obama et son adversaire John McCain, pour s'entretenir des solutions à apporter à la crise et définir le plan de sauvetage qui sera présenté quelques jours plus tard au Congrès. Barack Obama a détesté cette réunion. Trop de politique ! Comme il l'a dit à la sortie de la Maison-Blanche : « Quand vous commencez à mettre de la politique et un débat présidentiel dans des négociations délicates, rien de bon ne peut en sortir. Vous créez plus de problèmes que vous n'en résolvez. » Durant cette réunion, John McCain a sans conteste compliqué les discussions. Cette réunion ratée est, d'ailleurs, le prélude du fiasco du plan qu'ils ont examiné. Le 29 septembre au Sénat, il est repoussé, en effet, par une majorité de Républicains. Obama est fou de rage. Non seulement les parlementaires républicains sont coupables de cette crise, mais ils ne sont même pas suffisamment responsables pour intervenir et la contenir.

Continuant de fouiller dans ses souvenirs, Barack Obama se rappelle le discours qu'il a prononcé quelques jours tard, le 1er octobre, devant le Sénat. C'est, de fait, son premier discours de président, avant même d'être élu. Il décrit le Barack Obama des quatre ans qui viennent. Un discours rassembleur, présidentiel, marquant par sa hauteur de vue : « À chaque instant, à partir d'aujourd'hui, nous devons faire face au challenge de la crise, aux difficultés de la crise, pas comme démocrate, pas comme républicain, mais comme américain. Avec détermination, avec confiance, parce que c'est le destin de l'Amérique qui se joue, et ce destin n'est pas écrit, c'est à nous de l'écrire. »

Présidentiel, mais aussi furieux, Barack Obama se lâche. Il sait que cette crise qui tourne au désastre lui a déjà donné rendez-vous pour son investiture, le 20 janvier 2009. Il sait que c'est lui qui devra se colleter ces difficultés : « Nous sommes, aujourd'hui, réunis pour voter un plan afin de venir à la rescousse de notre économie à cause de l'appât du gain et de l'irresponsabilité de Wall Street et de quelques-uns à Washington. C'est indigne, c'est une insulte à chaque Américain qui travaille dur, qui paie ses impôts et qui fait du mieux possible chaque jour pour améliorer sa vie, pour lui et pour sa famille. Les gens sont frustrés et sont furieux que les erreurs de Wall Street aient pu exposer l'ensemble des Américains à un tel risque. Et ils doivent l'être effectivement, je suis frustré, je suis furieux moi aussi. » Il poursuit : « Il faudra bien que vienne le temps de punir ceux qui ont allumé cet incendie. Je me battrai pour que le plan de sortie de crise ne devienne pas un programme de sécurité sociale pour les dirigeants de Wall Street, dont l'appât du gain et l'irresponsabilité nous ont mis dans ce désastre, dans ce bordel. »

En colère, Barack Obama n'en est pas moins responsable. Homme de conviction, il n'ignore pas que la première urgence est le vote de ce plan. Quelle qu'en soit l'impopularité, il n'y a pas d'autre solution pour l'État américain, et pour les autres États du monde, que de prendre des mesures exceptionnelles afin de combattre la crise. Et c'est cet effort de conviction qui va payer, faire revenir le Sénat sur son refus et le conduire à adopter, finalement, ce plan après des semaines de bataille.

Barack Obama continue : « Il y a beaucoup de monde à punir, beaucoup de gens à Wall Street et à Washington le méritent. Mais nous avons tous, je veux dire chacun d'entre nous, la responsabilité de résoudre cette crise parce qu'elle affecte la situation de chaque Américain. Et, bien que cette crise soit dévastatrice, les conséquences du manque de crédit qu'elle cause seraient bien pires encore si nous n'agissions pas maintenant. Nous sommes dans une situation très dangereuse, où les institutions financières, à travers le pays, ont peur de prêter de l'argent. Au-delà de la faillite de quelques banques à New York qui est une chose, les conséquences sur tous les Américains, sur leur possibilité d'emprunter pour leur maison, acheter une voiture, envoyer leurs enfants au collège sont dramatiques. En d'autres termes, ce n'est pas juste une crise de Wall Street, c'est une crise américaine et c'est l'économie américaine qui a besoin d'être sauvée au travers de ce plan. Il est clair que, pour moi, c'est ce que nous devons faire maintenant pour prévenir le risque d'une crise tournant à la catastrophe sans fin. Si nous n'agissons pas, et tout de suite, car nous n'avons pas de temps devant nous, le danger est que l'économie des États-Unis, et en conséquence toute l'économie du monde, soit plongée dans un trou noir très profond. »

Une diatribe mais, présidentiel, Obama reprend les propositions du plan et y ajoute des propositions plus personnelles. D'abord, il souhaite que les gouvernants soient responsables face aux contribuables. Il propose, donc, qu'un Conseil indépendant puisse apprécier la manière dont l'argent de l'État, c'est-à-dire du contribuable, sera dépensé à chaque étape de la mise en œuvre du plan. Il insiste aussi pour que les contribuables américains, qui vont financer la solution à la crise, soient traités comme des investisseurs. Il demande, enfin, que ces contribuables reçoivent chaque penny des dollars qu'ils auront mis dans l'opération.

La touche Obama, c'est, ensuite, une dimension sociale essentielle. Marqué par ses origines, il est sensible à la pauvreté et aux difficultés des retraités. Au fil des interviews et des propositions, il introduira cette préoccupation sociale dans ses réponses à la crise : « Les millions de propriétaires de maison innocents qui sont en train de se débattre pour rester dans leur maison ont besoin, eux aussi, qu'on vienne à leur aide et nous devrons le faire. »

Dans les mesures concrètes qu'Obama propose, figure, par exemple, un moratoire de trois mois sur toutes les saisies immobilières. Son but est d'offrir aux Américains, qui essaient de faire face de bonne foi à la situation, « le temps de se remettre d'aplomb ». Il souhaite que les retraités américains puissent sortir, sans conséquence fiscale, jusqu'à 10 000 $ de leur plan d'épargne retraite. Barack Obama n'est pas seulement un président élu au terme de cinquante ans d'*affirmative action*, comme on dit aux États-Unis, ce n'est pas seulement le premier président afro-américain, c'est aussi l'enfant de la crise, l'enfant du jour où le ciel nous est tombé sur la tête. Les ruptures qu'il annonce en sont le signe.

Rupture dans le discours, soudain d'une violence extrême. Même dans ses diatribes contre les banquiers, Nicolas Sarkozy semble parfois modéré par rapport au ton employé par Barack Obama.

Rupture sur le fond, également. Cet homme n'est pas l'esclave de la technocratie de Washington et des solutions toutes faites proposées par les techniciens.

Rupture en raison de l'importance donnée aux propositions sociales pour sortir de la crise. Rupture totale par rapport aux huit années de George W. Bush.

Rupture qui plonge ses racines dans certains des discours et des actions de Franklin Roosevelt.

Rupture encore plus marquée, encore plus forte qu'avec Clinton ou Kennedy. Barack Obama, c'est à la fois l'homme du rêve américain qui devient réalité, mais aussi celui qui veut aller le plus loin possible pour améliorer la situation sociale de chacun des Américains. Celui qui, venant d'une minorité, en connaît de l'intérieur, et beaucoup plus intimement que tout autre, les difficultés réelles.

Les crises, une vieille histoire

Si le discours d'Obama est novateur et si les solutions avancées aujourd'hui par les États du monde sont d'une ampleur inégalée, force est de reconnaître, malgré tout, qu'il y a eu des précédents et, à d'autres époques, des crises dans lesquelles l'État est apparu comme le sauveur ultime. La première remonte, sans doute, au XVIIe siècle. C'est alors qu'apparaît la première bulle financière de l'Histoire avec la Tulipomanie. Elle a surgi, naturellement, du côté de la Hollande, pays de la tulipe, mais aussi parce que, au XVIIe siècle, les Hollandais ont été les premiers à recourir à la Bourse pour financer des entreprises. Fondée sur le commerce de la tulipe, la bulle financière s'est développée quand les prix ont atteint des sommets. En 1637, le prix d'un seul oignon de tulipe, importé par la Compagnie des Indes orientales, pouvait atteindre la valeur de deux maisons, huit fois la valeur d'un veau, quinze fois le salaire annuel d'un artisan. Depuis 1635, grande innovation financière, il était même possible d'acheter des parts de bulbe, ancêtres des actions. De cette capacité à acheter des bouts de tulipe va naître la spéculation, c'est-à-dire une progression irréaliste des prix. Mais, en février 1637, la bulle trouve son terme : les cours s'effondrent brusquement. La panique s'empare des spéculateurs qui sont, pour la plupart, ruinés. Pour la première fois dans l'Histoire, des spéculateurs se rendent compte, à un moment donné, du caractère totalement virtuel et de l'irrationalité complète du phénomène qu'ils ont encouragé. Alexandre Dumas décrit dans *La Tulipe noire* cet épisode qui constitue le premier drame de l'économie virtuelle, près de quatre cents ans avant l'apparition d'Internet.

Plus proche de nous, différentes crises ont obligé l'État ou même le secteur privé à intervenir en urgence. C'est la panique bancaire américaine de 1907 avec des retraits massifs de fonds à New York. À l'époque, il n'y a pas de Réserve fédérale, pas de Banque centrale aux États-Unis. C'est une institution qui, par sa sagesse au regard de ses confrères, fait encore parler d'elle aujourd'hui, J.P.Morgan, qui engage alors ses fonds propres, en les mettant à disposition d'autres banquiers pour soutenir le système bancaire américain et empêcher la panique de se cristalliser.

Bien sûr, tout le monde pense également à 1929. Cette profonde dépression va frapper le monde pendant une dizaine d'années. La crise actuelle lui est souvent comparée mais il y trois différences fondamentales entre la crise de 1929 et celle d'aujourd'hui.

La première, c'est l'inaction totale des pouvoirs publics pour sauver le système américain en 1929. Sans être parfaite, cette intervention a été rapide en 2008. Cette erreur est à l'origine de la disparition complète du crédit entre 1929 et 1933. Elle a favorisé l'effondrement de l'économie réelle. *A contrario*, la crise de 29 confirme, hélas, « content ou pas », comme dirait Obama, que, face à des crises d'une telle ampleur, il n'y a qu'une intervention des États pour restaurer la confiance et fournir le filet de sécurité minimal pour survivre.

Deuxième différence : le gouvernement américain, en 1929, a réagi en augmentant les impôts et en sabrant dans les programmes d'aides sociales. Il a, de ce fait, accentué encore les effets de la dépression. On peut dire, d'ailleurs, que la préoccupation sociale actuelle des dirigeants internationaux, l'attention portée à l'impact de la crise sur les pays émergents et la priorité donnée à la question sociale par le nouveau président américain sont des éléments positifs. On peut donc espérer, dans ce domaine-là aussi, que la crise de 2008 sera mieux gérée que celle de 1929.

Troisième différence : le gouvernement d'Hoover a succombé dès 1930 au réflexe protectionniste en augmentant massivement les droits de douane sur plusieurs dizaines de milliers de produits importés et en multipliant les mesures de sauvegarde aux frontières. Bien entendu, il fut suivi par les autres États. Résultat : un dramatique effondrement des échanges internationaux.

Ces trois différences fondamentales sont aussi trois motifs de raisonnablement espérer que nous échapperons à une dépression aussi longue et durable que celle de 1929.

Parmi les crises précédentes, celles de la décennie des années quatre-vingt-dix sont, également, pleines d'enseignements. Avec deux exemples contradictoires : l'échec japonais et la réussite suédoise.

Dans les années quatre-vingt, le Japon est saisi par une folie spéculative. Il y a vingt ans, en 1989, la valeur immobilière de la surface du seul Palais impérial de Tokyo équivalait à celle de toute la Californie, sixième État du monde ! À l'époque, l'indice boursier japonais était plus de trois fois supérieur à ce qu'il est aujourd'hui. Une bulle immobilière et une bulle boursière se conjuguaient qui ont fini par éclater ensemble. Le phénomène rappelle d'ailleurs la situation que nous vivons à présent. À partir du début des années quatre-vingt-dix, le Japon se retrouve donc englué dans le cycle récession-déflation, cocktail alors particulièrement mortel.

Malgré la gravité des difficultés rencontrées par les banques qui assistent à la chute massive de leurs actifs, le gouvernement nippon refuse d'avouer l'étendue du désastre. De leur côté, les banques nient la crise. Le gouvernement japonais n'a même pas eu la fermeté nécessaire pour les forcer à « passer aux aveux ». Ce déni, qui a duré de 1990 à 1998, a considérablement aggravé les problèmes. Jusqu'au jour où les autorités japonaises ont décidé de prendre le taureau par les cornes, le pays n'a connu que récession et difficultés. À partir de 1998, par une politique de liquidités massives injectées dans le marché, de taux extrêmement bas, voire de taux zéro pendant plusieurs années, le Japon a enfin réagi. Au bout de deux, trois ou quatre années, les banques japonaises ont commencé à sortir de leurs difficultés. En définitive, il faut retenir une leçon de cette expérience japonaise : les réactions molles corsent toujours l'addition. Face à une situation de crise, seule une réaction autoritaire et violente, impulsée par les États, permet de faire face à temps.

C'est ce qui s'est passé en Suède et qui a bien fonctionné. En 1992, alors que s'effondre l'industrie financière locale, le Premier ministre suédois de l'époque, Carl Bildt, passe une alliance avec l'opposition et prend deux mesures. Tout d'abord, l'État suédois garantit les dépôts des 114 banques nationales. Ensuite, il recapitalise directement les banques qui le nécessitent pour qu'elles continuent à prêter et puissent repartir de l'avant. Mais l'État impose une règle et prend un engagement : sa présence dans le capital des banques ne sera que provisoire, il remettra sa participation sur les marchés quelques années plus tard avec l'espoir de réaliser des plus-values profitables pour les contribuables suédois. En fait, en 1992, les Suédois ont pris des mesures que l'on retrouve très exactement, aujourd'hui, dans le plan de Gordon Brown en Angleterre et dans les plans de l'ensemble des nations. La démarche suédoise était plus marquée par la volonté de prendre des participations en capital dans les banques que de leur prêter de l'argent. Cette phrase du Premier ministre Carl Bildt en donne la clé : « Je préfère prendre du capital dans les banques pour qu'il y ait à la sortie un espoir de plus-value pour le contribuable. Et pas simplement un remboursement de la dette. »

Une conclusion s'impose après l'examen rapide de cette crise suédoise : deux ou trois ans après son déclenchement, les marchés étaient stabilisés et l'État suédois avait réintroduit en Bourse les banques dont il avait pris une part significative du capital. Après y avoir investi environ 18 milliards de dollars, il en est ressorti avec un peu plus de 20 milliards de dollars de produits de placement, en ayant donc fait une petite plus-value au passage.

Autre leçon que l'on peut tirer de ces multiples exemples : pour affronter une crise grave, prolongée, qui se traduit par un effondrement du système financier, la survie passe par l'intervention de l'État. Une intervention immédiate non seulement pour fournir de l'argent au système financier et faire fonctionner la planche à billets mais, surtout, pour régler sur le fond les deux problèmes principaux qui surgissent alors : le nécessaire rétablissement de la confiance et la restauration de la solvabilité des banques.

Une question trouve également sa réponse dans l'exemple

suédois : comment en sortir une fois que la situation est stabilisée ? Les interventions de l'État en période de crise sont impératives pour imposer un retour au réel mais ce retour vers le réel ne doit pas se transformer en un retour vers le passé. Pour cela, l'État doit aussi savoir s'en aller !

Intervention politique 2008 : remise des prix

Les plans mis en œuvre dans l'urgence, à l'automne 2008, par les gouvernements et les États, ont tenu compte des leçons d'hier et ils ont une large base commune. Mais les récompenses sont différentes suivant les élèves de la classe mondiale. On pourrait accorder le prix du Concours général à l'Angleterre, le prix de la communication et du dynamisme sans aucun doute à la France et le prix du cafouillage aux États-Unis.

Premier constat : alors que la crise se dessinait, il n'y a eu, pendant quelques mois, que des réactions au coup par coup sous la forme de prêts accordés aux banques en difficulté ou des nationalisations pures et simples. C'est la nationalisation, en février 2008, d'une banque en Angleterre : Northern Rock. C'est, en mars 2008, le prêt de 29 milliards de dollars accordé par la Réserve fédérale américaine à J.P.Morgan pour qu'ils reprennent Bear Stearns, menacée de faillite. Mais les véritables plans de sauvetage ne sont intervenus qu'après l'emballement de la crise avec le lâchage de Lehman Brothers et sa mise en faillite. Le bon plan repose, finalement, sur deux éléments simples : d'une part, la restauration de la confiance par la garantie des dépôts des particuliers et des entreprises, ce qui calme l'inquiétude sur les placements et l'épargne ; d'autre part, le traitement de la solvabilité des banques afin qu'elles puissent retrouver un niveau de capital suffisant pour continuer à fonctionner. Il est impératif d'aller au bout de cette double logique pour interrompre le cycle infernal des faillites et éviter la défaillance totale du système.

Ces deux règles simples mises en œuvre par l'Angleterre, avec des engagements de plus de 400 milliards d'euros, en font le meilleur élève de la classe. Les Britanniques ont apporté, les premiers, la réponse la plus adaptée à la crise et ont servi de modèle. Même si la fierté française doit en souffrir, c'est un fait : avec leur plan, les Anglais ont conquis l'Europe, les États-Unis et l'Asie. C'est peut-être la première fois que l'on voit les « colonialistes » anglais aller aussi vite, aussi loin !

En raison de sa formation économique, Gordon Brown maîtrise particulièrement bien les questions soulevées. Il insiste sur un point : « Notre plan est destiné à faire repartir le marché en rétablissant la confiance, en assurant que les prêts aux institutions financières seront remboursés. Cette garantie ne concerne que les nouveaux prêts, pour viser le futur et le redémarrage, et est accordée à un prix déterminé par le marché pour éviter les subventions ou les effets d'aubaine. »

Gordon Brown est particulièrement habile, vis-à-vis de ses collègues européens, quand il parle de plan européen. Il insiste sur un fait : il appartient à chacun des États membres de le mettre en œuvre et de l'adapter à sa situation propre. Bref, un plan commun mais des modalités d'application nationale ; une recette donc, mais que chacun peut accommoder à sa façon.

Le plan européen est bien d'inspiration britannique. Comme au Royaume-Uni, les prêts entre les banques seront garantis afin d'assurer au prêteur qu'il récupérera son argent quoi qu'il arrive. C'est le principe de la caution, un dispositif majeur en termes de confiance et qui ne coûte rien tant qu'un emprunteur ne fait pas défaut. S'il rétablit la confiance, permet au marché de redémarrer et à la croissance de repartir, ce plan peut devenir très vertueux : plus, en effet, la croissance future sera forte, moins ce plan sera coûteux. C'est le filet de sécurité de la confiance. Mais gare si le cercle vicieux de la défiance se poursuit. La mise en jeu de la garantie de l'État coûte alors de plus en plus.

Comme au Royaume-Uni, le plan européen prévoit la possibilité de prises de participations dans les banques en leur versant du cash. Cette entrée des États dans le capital des banques est normalement temporaire. On parie que les banques vont se redresser, donc se revaloriser, ce qui doit permettre à l'État actionnaire ou prêteur de revendre sa participation avec une plus-value.

Ces recettes répondent, normalement, aux trois difficultés de la crise : liquidité, solvabilité, confiance. Elles forment un plan global à l'intérieur duquel chaque pays va définir ses modalités et ses engagements chiffrés. Mais, avant même que ces engagements nationaux soient définis dans les jours qui suivent le sommet européen du 12 octobre, le prix de la communication et du dynamisme revient à la France et à Nicolas Sarkozy. Président en exercice de l'Union européenne, il a su, à juste titre d'ailleurs, s'attribuer le mérite d'avoir permis l'adoption de cette vision européenne commune.

Prix de la communication et du leadership, devrait-on même dire, car, au-delà des susceptibilités et des vanités, ce sommet du 12 octobre est un tournant historique : pour la première fois, l'approche économique européenne triomphe des incapacités politiques nationales. Cette crise pourrait bien rester comme la première grande démonstration, pour les citoyens, de l'utilité de l'Europe. Ce qui s'est passé à ce moment-là permet d'ouvrir des portes sur l'avenir de l'Union. Entre pragmatisme et passage en force, l'Europe a décidé, l'Europe a avancé. Tant mieux.

Le prix du cafouillage revient, lui, aux États-Unis. Il est étonnant et évident. Le premier plan des duettistes Bush et Paulson ne traitait que de la question des liquidités des banques, en proposant le rachat des actifs douteux. Il n'a abordé réellement ni la question de la confiance ni celle de la solvabilité des banques. C'était un plan classique, trop classique, ne tirant pas pleinement les conséquences des crises du passé et ne prenant pas la mesure de la gravité de la situation. À cette insuffisance dans la conception, s'est ajouté un échec politique : le rejet par le Sénat américain, à la fin du mois de septembre 2008, de la première version de ce projet.

Il faut dire que George W. Bush est alors jugé responsable de la crise. C'est un président en bout de course, démonétisé, qui passe des coups de fil personnels à tous les représentants républicains le week-end avant le vote. Ses efforts ne serviront, d'ailleurs, à rien. Deux tiers de ses troupes voteront contre la première version du plan Paulson. Cafouillage qui, dans une période de crise, coûte cher : il a amplifié la perte de confiance.

Finalement les principales dispositions, la prise de participation de l'État américain dans le capital des banques, ne seront introduites aux États-Unis qu'après l'annonce du plan anglais et du plan européen. Il n'y a aucun doute : Washington a copié Londres, et l'Europe, si souvent balourde dans le passé, a réagi plus vite que les États-Unis. Les Américains ont été effrayés et tenus en laisse par leur idéologie néo-libérale. De peur des réactions des tenants de ce libéralisme débridé, ils ont trop longtemps refusé d'envisager l'intervention directe de l'État dans le capital des banques. Finalement, à chacun son caractère.

À chaque peuple, à chaque État son tempérament

Au-delà de cette distribution des prix, il reste ce constat : une grande homogénéité des plans dans les différents pays et une hétérogénéité dans leur exécution, liée aux différences culturelles. Il y a convergence des contenus mais diversité dans l'application. Ce qui permet de dresser un panorama – caricatural mais édifiant – des traits des uns et des autres.

Les Anglais se sont montrés, à leur image habituelle, très pragmatiques et protecteurs de leurs intérêts.

Les Allemands, fidèles aussi à eux-mêmes, ont suivi leur processus normal de décision en disant tout d'abord « non », par peur de ne pas avoir vu les pièges tendus dans les propositions faites par d'autres (on peut, d'ailleurs, s'interroger sur le poids des origines est-allemandes de la chancelière Angela Merkel dans ce réflexe du « non » qui précède toujours chez elle la réflexion), puis, en raison de leurs gènes politiques, économiques et entrepreneuriaux, en cristallisant un consensus entre des intérêts divergents. C'est le système du conseil de surveillance et du directoire dans les entreprises, de l'accord consensuel toujours recherché entre les patrons et les syndicats. Ce mode de fonctionnement se traduit, forcément, par un manque d'enthousiasme à une adhésion internationale dans un premier temps et par une lenteur des décisions dans un deuxième temps. En temps de crise, l'Allemagne, pour pondérée et raisonnable qu'elle paraisse, a souvent un métro de retard.

Du côté américain, les positions idéologiques pèsent sur l'exécution politique. En prenant des mesures comme l'entrée dans le capital des banques, les États-Unis ont eu le sentiment d'admettre une défaite explicite du libéralisme débridé dont ils s'étaient faits les apôtres depuis des décennies dans toutes les instances internationales. Dans leur gestion chaotique de la crise est apparue aussi leur arrogance face aux difficultés : avant de reconnaître leurs erreurs, ils ont hésité, tenaillés par l'angoisse d'avouer par leur action une forme de défaite idéologique.

Et nous, Français, notre tradition gauloise nous conduit à agir tous azimuts. Nous y sommes aidés par une formidable équipe d'hommes autour du président, de Claude Guéant à François Pérol ou Henri Guaino, en passant par Stéphane

Richard et par la qualité des bras armés de l'État comme la Caisse des dépôts qui, autour d'Augustin de Romanet, a su se montrer réactive et active sans compter. Lorsqu'on regarde les mesures prises, figurent dans notre plan toutes les dispositions adoptées à travers le monde… plus quelques autres. Un seul exemple, nous avons ajouté un débat sur la création d'un fonds souverain à la française. Nous avons conclu qu'il nous en fallait un aussi, que nous ne pouvions pas nous passer d'un outil qui, aujourd'hui, prend de plus en plus de poids et d'utilité dans les pays du Golfe et d'Asie. Excellents élèves, nous voulons briller dans toutes les matières, quitte parfois à piquer les idées des voisins. Cela symbolise aussi la France décomplexée qui apparaît au travers de cette crise.

L'État aux banquiers : « Tais-toi et signe là »

L'exécution de tous ces plans, à partir d'une base commune de réaction à la crise, a donc révélé la nature profonde des peuples et leurs caractères. Mais le poids des interventions des États dans les mesures d'urgence les a tous conduits à agir de manière extrêmement agressive et brutale vis-à-vis des banques – ces interventions représentent plusieurs années de création de richesses mondiales, plusieurs années du PIB de chaque pays, gagées dans des programmes de restauration de la confiance et de solvabilité. Le mot d'ordre qui a fait le tour de la planète est le suivant : « Tais-toi et signe là. »

Quel meilleur exemple que la réunion qui s'est tenue chez Henry Paulson, le secrétaire au Trésor américain, le lundi 13 octobre dans l'après-midi ! Les Anglais ont annoncé leur plan la semaine précédente. Les Européens viennent de le faire pendant le week-end. Paulson comprend qu'il doit réagir et en passer par la prise de participation de l'État dans le capital des banques américaines. Il a décidé en urgence de réserver

250 milliards de dollars pour ces prises de participation. Comment cela va-t-il se passer ? On peut facilement imaginer des négociations longues avec chacune des banques pour déterminer celles qui en ont besoin, les montants nécessaires, les conditions d'intervention, les prix, etc. Tout faux ! Dans les faits, les présidents des neuf banques les plus importantes des États-Unis reçoivent une convocation dès le lundi matin suivant pour se retrouver dans une petite salle du Trésor à 15 heures. Cette réunion épique va durer trois heures et demie. À l'entrée de la salle, à leur plus grand étonnement, chaque banquier reçoit un document d'une page qui dit, en gros, qu'il accepte de vendre des actions au gouvernement. Le montant que chacun va vendre y est aussi précisé. Henry Paulson accueille les neuf patrons en leur disant : « C'est très simple, vous devez avoir signé avant de partir. » Il s'ensuit, bien entendu, des discussions farouches entre les banquiers – soucieux de leur indépendance, de leur gouvernance, désireux de ne pas prendre une décision à la va-vite, mais néanmoins intéressés par l'aubaine – et Henry Paulson, qui ne veut rien céder, ni rentrer dans le détail et entend obtenir, avec une signature, une nécessaire victoire politique. Les termes des investissements sont précisés : un dividende de 5 % pour l'État américain qui augmente jusqu'à 9 % après cinq ans pour pénaliser les banques qui ne se seraient pas remises à flot dans ce délai-là et des actions gratuites données à l'État si le redressement ne se fait pas suffisamment vite. Ces décisions unilatérales sont ressenties par les banquiers comme une punition. Le moins que l'on puisse dire, c'est qu'ils ne sont pas cajolés.

Le plus courageux d'entre eux s'appelle Kovasevich, patron de Wells Fargo, à San Francisco. Il explique qu'il y a trois ans, il a pris la décision de ne pas rentrer dans le marché des subprimes, qu'il n'a donc aucun investissement à risque de cette nature et qu'il n'a absolument pas besoin de capital supplémentaire. Il souligne qu'une entrée de l'État américain dans son capital, à des prix bradés, se ferait au détriment de ses actionnaires. Et que, par ailleurs, les restrictions que le gouvernement américain entend imposer en matière de gouvernance, de bonus, ou plus exactement de disparition des bonus pour les dirigeants des banques dans lesquelles l'État va prendre une participation, lui paraissent excessives et inadaptées au cas particulier de Wells Fargo. Peut-être a-t-il en tête que, proche de la retraite, l'attend un package de retraite de 43 millions de dollars, sans oublier 140 millions de dollars accumulés en stock-options…

Pas plus que ses huit partenaires, Kovasevich ne sera entendu et n'aura droit à la parole. Comme le résumera l'un d'entre eux, c'était « une offre à prendre ou à prendre ». Chacun comprend donc assez vite qu'il n'y a qu'une seule solution : signer. Au bout de deux heures, les neufs présidents, dont certains se réjouissaient malgré tout de voir arriver cette masse de capital au secours de leurs propres turpitudes, se sont posé néanmoins quelques questions de gouvernance. Peut-être faudrait-il qu'ils aient l'accord de leur conseil d'administration avant de parapher le document ? Il est aux alentours de 17 heures. Paulson a fixé une heure limite à la réunion : 18 heures. Les neuf géants de la banque américaine, transformés en nains, quittent la salle, téléphone portable à la main, et cherchent des petits bureaux tranquilles pour passer des appels. Qui à son directeur général, qui à ses administrateurs, qui à son responsable de la communication. Mais il n'y a pas neuf salles disponibles à l'étage du Trésor où se tient la réunion. Du coup, certains d'entre eux sont obligés de quitter le bâtiment pour passer leurs coups de fil ultraconfidentiels depuis leur voiture. Une heure plus tard, cependant, tout le monde regagne la salle de réunion.

À 18 h 30, les neuf présidents ont signé la feuille scellant leur destin. Comme l'un d'eux le dira : « Nous avions beau passer des coups de fil, nous précipiter dans nos voitures, il n'était pas utile d'en parler beaucoup, ou en tout cas pas beaucoup plus, car nous savions tous que nous devions signer. »

Ce « Signez là » a sa version française, naturellement plus révolutionnaire et sanglante : promesse de la guillotine pour les réfractaires ou la tête sur une pique pour ceux qui commettent une erreur dans cette période. Il est vrai que la responsabilité du système financier et bancaire dans son ensemble est telle que la colère continue d'enfler contre les banquiers, « égoïstes et cupides ». Pour justifier les efforts demandés aux contribuables, les responsables politiques ne peuvent pas ne pas prendre des mesures exemplaires en matière de gouvernance ou de rémunérations. D'autant plus que les mécanismes de rémunération des banques aboutissent parfois à des absurdités. On estime aux États-Unis que, sur les 250 milliards de dollars consacrés au capital des banques en difficulté, 40 milliards environ devraient être redistribués en bonus aux dirigeants et aux traders. Le record du paradoxe est pour Goldman Sachs : 10 milliards de dollars d'aides fédérales pour conforter son capital mais tout autant de bonus à redistribuer en interne. Et même si les sept principaux dirigeants de Goldman Sachs, poussés par la révolte de l'État et du citoyen américain, vont finalement renoncer à leurs bonus, et même si les bonus des autres sont largement contractuels, ces chiffres portent la caricature choquante, révoltante, de la dérive du capitalisme financier. En quelque sorte, dans un raccourci saisissant, les banques ont failli et les contribuables paient les bonus !

Comment s'étonner, alors, de cette montée des critiques qui, comme souvent aujourd'hui, trouve rapidement une expression populaire sur Internet ? Ainsi sur YouTube, parmi les hits de fin 2008, figure le rap des banquiers cupides. La capacité des citoyens à accepter le coût de ces plans va aussi beaucoup dépendre de la crédibilité des mesures de gouvernance imposées par les États aux banques ou que les banques s'imposeront à elles-mêmes. L'une d'entre elles varie beaucoup selon les pays : faut-il que les États prennent des actions dans les banques, ou simplement des obligations ? Faut-il qu'ils soient représentés ?

Une timidité étrange de l'État français

Derrière ce problème de gouvernance, est en fait posée la question des garanties offertes aux contribuables sur l'argent, « leur » argent, utilisé pour recapitaliser les banques : fera-t-il l'objet d'un suivi ? Plus précisément encore, l'État, au nom de ses propres actionnaires, c'est-à-dire les contribuables, pourra-t-il peser sur la stratégie des banques et sur leurs décisions ? Et cet argent, le reverront-ils ? Avec intérêts ? Avec plus-values ? Sur ce sujet, la France, il faut le souligner, a fait un peu bande à part, notamment en Europe, en décidant de ne pas se faire représenter au sein des conseils d'administration et de ne pas avoir de droit de vote dans les assemblées générales des banques qu'elle recapitalise. Les Anglais ont prévu d'être représentés au Conseil des banques soutenues par l'État. Les Allemands le décident au cas par cas. Pour les Français, c'est non. Les Anglais investissent directement en actions ou en actions préférentielles comme les Américains. Les Allemands décident au cas par cas. Mais, pour les Français, il s'agit non pas d'actions mais de dette, et encore de dette subordonnée, donc remboursée après les autres. Pour les banques, cela permet de renforcer les fonds propres. Mais, pour l'État, cela exclut de pouvoir peser sur la stratégie en conseils ou de voter en assemblées. Alors même que les décisions demandées par l'État aux banques sur le changement radical des rémunérations des dirigeants, ou les exigences de départ de certains dirigeants, ont été brutales. Comment expliquer cette soudaine timidité ? Ingérence pour la Société générale ou les Caisses d'épargne, mais non-ingérence pour les autres. Curieux, non ? Certains y voient l'offensive de banquiers influents auprès du président et, notamment, le poids de l'homme-orchestre, le patron des patrons du moment, le président de la BNPP, Michel Pébereau, qui récolte au passage 2,5 milliards d'euros d'aide. De bonnes raisons sont avancées : la crise immobilière est moindre en France ; les banques françaises, plus raisonnables, ont été moins touchées, etc. Tout cela est vrai. Mais le crédit reste bloqué et plus le temps passe, plus la nécessité pour l'État de peser, de contrôler l'efficacité de l'argent investi se fera jour. Ce sera la prochaine étape. Ma conviction personnelle, c'est qu'en allant au bout de la logique de ces interventions de l'État, au bout donc de la logique de Nicolas Sarkozy, donner des garanties aux contribuables est indispensable. Et la meilleure manière d'y parvenir, pendant le temps où l'État soutient financièrement ces banques, est de pouvoir voter en assemblées, comme d'être représenté au sein des conseils d'administration. On exige beaucoup indirectement des contribuables, qui se demandent d'où vient cet argent et qui voudraient le voir revenir. La moindre des choses ne serait-elle pas qu'ils aient un droit de regard ? Préparer pour plus tard le retrait de l'État, c'est bien. Mais, surveiller, tout de suite, l'utilisation des fonds mis à disposition, c'est une nécessité.

On peut reprocher à beaucoup d'investisseurs, notamment institutionnels, d'avoir été purement passifs dans les prémices de la crise. De ne pas avoir exercé leur droit de vote en assemblées générales ni influé sur le cours des événements. D'avoir refusé de prendre leurs responsabilités au côté du management. Ne faut-il pas que l'État français s'applique à lui-même ce principe de responsabilité et en accepte toutes les conséquences ?

Sur la gouvernance, inspirées également par ma propre expérience de patron, deux autres remarques. Tout d'abord, il est profondément anormal de voir les taux d'abstention dans les assemblées générales. Bien souvent, aujourd'hui, moins d'un tiers des actionnaires y sont représentés, y participent et y votent. On ne peut pas dénoncer l'irresponsabilité des dirigeants et la stratégie d'une entreprise si l'on pratique, soi-même, l'abstention systématique au lieu d'exercer un pouvoir de contrôle sur cette stratégie. Dans la refondation du capitalisme, le niveau de participation et d'engagement des actionnaires sera l'une des données principales. On voit bien, dans le domaine politique, que des présidents élus avec des taux records de participation, comme Nicolas Sarkozy et Barack Obama, y puisent une légitimité renforcée. Il en va de même dans l'entreprise. Pourquoi l'État, amené à intervenir dans le capital des banques au milieu de cette crise dramatique, ne commencerait-il pas à montrer l'exemple en jouant pleinement son rôle d'actionnaire actif et votant ?

Deuxième remarque, il faut bien comprendre que la gouvernance concerne aussi les débats des conseils d'administration. Contrairement à l'image caricaturale qui a été donnée du conseil de Vivendi Universal, l'un de ses atouts était d'avoir des administrateurs de cinq nationalités différentes, représentant une vraie diversité. L'un de ses inconvénients a été, à un moment donné de son histoire, après la fusion encore fraîche avec Seagram, une rupture entre les Nord-Américains d'un côté et les Européens de l'autre. Cette guerre de tranchées, camp contre camp, véritable bataille rangée à l'intérieur du conseil, n'a évidemment pas facilité les choses dans la période de crise. Fort de cette expérience vécue, je plaiderai donc pour que l'État, lorsqu'il est actionnaire, participe activement aux conseils d'administration. Pas pour gérer mais pour peser sur la stratégie et demander des comptes.

Dans les règles de gouvernance, on a souvent mis l'accent, ces dernières années, sur l'indépendance des administrateurs.

Mais l'indépendance, c'est comme le principe de précaution : poussé au bout de sa logique, il peut devenir complètement contre-productif. Je ne crois pas que l'administrateur idéal soit, au nom de l'indépendance, un homme qui ne connaît pas l'entreprise, ni les marchés, qui ne connaît pas les dirigeants, ni les stratégies, qui n'a pas de responsabilités d'affaires. On a trop tendance à confondre indépendance et responsabilité. Ainsi est-on en train de transformer les conseils d'administration en chambres d'enregistrement et d'autoprotection juridique des administrateurs contre les éventuelles attaques des actionnaires privés et minoritaires. Il ne faut pas prendre le risque de perdre le caractère entrepreneurial qui suppose des prises de risque au sein du conseil d'administration. Un administrateur engagé est le meilleur des administrateurs, qu'il soit ou non indépendant.

Les États, figurant aujourd'hui dans le capital des banques, représentent des dizaines ou des centaines de millions de contribuables mis à contribution pour ces prises de participation. Cela justifie amplement qu'ils deviennent des acteurs engagés, représentés par des administrateurs actifs au sein des conseils d'administration.

Est-ce suffisant ?

Autre souvenir personnel : de 1986 à 1988, aux côtés du ministre des Finances, ministre d'État, Édouard Balladur, et d'un certain Nicolas Sarkozy très présent sur ce dossier, j'ai eu la responsabilité du premier programme de privatisations en France. À peine plus de vingt ans plus tard, Nicolas Sarkozy, partisan et artisan actif de ce premier programme de privatisations, se retrouve dans la situation de rentrer au capital des banques françaises, pour les sauver cette fois. Curieux retour de l'Histoire, clin d'œil plein d'ironie. Inutile de dire que je suis très spontanément candidat, dans quelques années, lorsqu'il faudra remettre ces participations sur le marché, pour reprendre mon bâton de pèlerin privatiseur. Car je crois, fondamentalement, que, dans la durée, l'État n'est pas le meilleur des actionnaires possibles. Les États ne sont pas, eux-mêmes, exemplaires lorsque l'on regarde la gestion des déficits budgétaires, sociaux ou commerciaux. Ils ne sont pas non plus les meilleurs industriels ou financiers. Ça se saurait et ça se serait vu dans l'Histoire ! Bien entendu, il y a, dans la situation actuelle, un mélange des genres inévitable pour sortir de la crise, mais il posera, immanquablement, des problèmes difficiles s'il se prolonge dans le temps Que la réaction à l'implosion du capitalisme financier ait impérieusement nécessité l'intervention massive, immodérée des États : oui. Qu'elle se traduise par le triomphe du politique : oui. Mais finalement, les plans mis en œuvre jusqu'à présent ont été des plans d'urgence qui, à défaut d'arrêter la crise, ont permis d'éviter une catastrophe plus grave encore. Mais il nous faudra sortir du provisoire et songer à un règlement définitif.

Avant, cependant, de s'interroger sur ces « mais d'avenir », il y a encore un « mais » à regarder de plus près. On assiste, pour faire face à la crise, au retour en force, impérieux, du politique et des États. Des moyens exceptionnels, que chacun aurait considérés comme totalement irréalistes il y a quelques mois encore, des centaines de milliards d'euros pour chaque grand pays sont mobilisés. Et, pourtant, en cette année 2009, ça ne redémarre pas, une profonde récession, avec son cortège de chômage, de difficultés sociales, nous est annoncée partout. Pourquoi ? Et la question légitime à se poser, au vu de l'écart énorme entre les moyens sans précédent et nos difficultés actuelles, c'est : va-t-on vraiment s'en sortir ? Et comment ?

CHAPITRE 6

Pourquoi tout cet argent ? Et va-t-on s'en sortir ?

« La vraie générosité envers l'avenir consiste à tout donner au présent. »

ALBERT CAMUS

New York, Thanksgiving 2008

Nous sommes à New York à la fin du mois de novembre 2008, en plein *Thanksgiving*, le Noël américain. Le temps est pluvieux, le ciel bas, un brin déprimant. Mais la grisaille de la météo n'a rien à voir avec la noirceur qui a envahi la ville qui souffre déjà de plus de 100 000 licenciements à Wall Street. Ce matin-là, j'ai rendez-vous avec Barry Diller, le patron d'IAC, InterActiveCorp, une société qui multiplie les développements innovateurs dans le domaine d'Internet et des médias digitaux. Une foultitude de bonnes idées exploitées par un Barry Diller qui, tout au long de sa carrière, a toujours été un précurseur : hier dans le cinéma et la télévision, aujourd'hui dans Internet. Barry a été mon partenaire dans les années Vivendi Universal. D'apparence parfois un peu rugueuse ou brutale, cet homme est en réalité un remarquable chef d'entreprise, visionnaire, très direct et d'une totale loyauté. J'ai adoré travailler avec lui et j'aime le rencontrer régulièrement.

Je suis en ce matin brumeux de novembre 2008 en compagnie de Barry Diller, dans l'une des salles de son superbe siège social tout en verre, dominant l'Hudson. Sa vision est très pessimiste. Il pense que nous sommes loin d'avoir touché le fond de la crise. Le chômage américain a bondi avant l'été de 4 à 6 % et pourrait bien atteindre les 10 % dans le courant de l'année 2009. Il considère que l'avenir des constructeurs automobiles américains, General Motors, Ford et Chrysler, est bien compromis. Les marques qui ont fait le XXe siècle soudain à l'encan ! Qui aurait pu l'imaginer quelques mois plus tôt ? Il estime, également, que les revenus publicitaires s'effondreront en 2009 et que même Internet souffrira.

Quelques heures plus tard, j'ai une réunion de travail avec Lew Frankfort, le charismatique patron de Coach, célèbre marque de sacs, incarnation du luxe accessible, qui fait un malheur aux États-Unis et au Japon. Lew constate que la fréquentation de ses magasins en cette fin d'année 2008 a baissé de 30 % par rapport à 2007. Son chiffre d'affaires souffre en conséquence. Il s'interroge sur les menaces de faillite qui pèsent sur certains de ses concurrents directs et sur certaines chaînes de grands magasins que l'on dit en grande difficulté : Neiman Marcus, Macy's, etc.

Au cours de ces quelques jours, vont s'égrener les rencontres et les pronostics, tous plus sévères les uns que les autres sur l'économie en 2009 et l'ampleur de la tâche qui attend le nouveau président Barack Obama. On prédit même la faillite des finances de la ville de New York. Entre les licenciements massifs à Wall Street et la disparition de multiples fonds, les impôts ne rentrent plus. Seule maigre consolation, dans ce New York où, il y a encore quelques mois, il était si difficile de réserver au dernier moment une table dans les bons restaurants tous suroccupés, désormais règne le *walk in*. Vous arrivez et on vous assoit sur-le-champ !

Pourquoi est-ce que ça ne redémarre pas ?

Décembre 2008, cela fait maintenant deux bons mois que les principaux pays du monde ont annoncé des mesures sans précédent de soutien à l'économie financière, que les États ont décidé de garantir les dépôts des particuliers, de recapitaliser massivement les banques, de mettre une liquidité quasiment infinie sur les marchés pour relancer les échanges interbancaires ou le crédit et, surtout, pour restaurer la confiance. Deux mois que les États multiplient les initiatives : plans de relance au travers des aménagements fiscaux, projets d'investissements dans les infrastructures, baisses des taux d'intérêt, etc. Un G20 inédit, des vingt pays représentant plus de 80 % de la production mondiale, s'est tenu à Washington le 15 novembre et a entériné une très forte déclaration de lutte contre la crise financière et de relance des économies mondiales. Des milliers de milliards d'euros ou de dollars ont été mis sur la table. Et, pourtant, le crédit et les échanges entre les banques sont à peine repartis. Plus personne ne se hasarde, donc, au moindre pronostic pour 2009, sauf à dire qu'elle sera dramatiquement mauvaise. Les perspectives de récession et d'augmentation du chômage se précisent dans le monde entier. Malgré l'ampleur considérable des mesures adoptées, la confiance n'est pas au rendez-vous : le moral des consommateurs, des industriels et des citoyens est partout en berne. Du jamais vu depuis des décennies.

Une inquiétude, légitime, se lève et se répand comme un virus : pourquoi l'économie ne repart-elle pas alors que les mesures adoptées par les gouvernements sont en apparence les bonnes et, surtout, mobilisent des montagnes d'argent ? Cette question taraude tous les esprits et perturbe toutes les opinions.

Avant même d'en venir aux considérations économiques qui expliquent pourquoi les mesures prises par les États n'ont pas encore réellement mordu sur la crise, tout en évitant malgré tout le pire, il faut insister sur l'une des caractéristiques essentielles de la situation : nous sommes face à une crise réellement virtuelle. Au XIXe siècle, l'Amérique a connu une crise liée au développement de ses chemins de fer avec la création d'une bulle et son explosion. Comme toujours dans les crises, certains ont alors gagné de l'argent, d'autres en ont perdu mais, lorsque cette bulle a explosé, les États-Unis disposaient d'une infrastructure ferroviaire qui a facilité et permis d'abaisser considérablement les prix des voyages transcontinentaux et du fret marchandises. À la fin des années quatre-vingt-dix, une autre bulle s'est formée avec l'irruption dans notre vie d'Internet, des médias et des nouvelles technologies. Certains, là encore, ont fait de l'argent, d'autres en ont beaucoup perdu, mais cette bulle, après avoir éclaté, nous a laissé le réseau Internet haut débit et les infrastructures qui ont permis la révolution du mobile et l'avènement de cette société de la convergence à laquelle si peu croyaient lorsque je l'annonçais il y a près de dix ans.

La crise du capitalisme financier actuelle, provoquée par le boom des produits financiers sophistiqués, est bien différente. Il faut redouter, en effet, les traces qu'elle laissera une fois surmontée. Le diagnostic de Thomas Friedman, l'éditorialiste du *New York Times*, triple prix Pulitzer, est sans doute juste : « J'ai bien peur que la crise actuelle ne laisse uniquement derrière elle qu'un ensemble de maisons ou d'immeubles en Floride, désespérément vides, et qui n'auraient jamais dû être construits ; de vieux avions d'affaires que beaucoup de gens riches, devenus moins riches, ne pourront plus entretenir ; des contrats de produits dérivés morts qu'en tout état de cause personne ne peut comprendre. » Il ajoute : « Le pire, c'est qu'en plus nous avons emprunté largement l'argent de cette bulle à la Chine et que, maintenant, nous allons devoir le repayer avec intérêts et sans en tirer le moindre bénéfice… »

Par son ampleur et son objet, la crise donne, il est vrai, le sentiment d'être d'abord une crise du virtuel. Mais pas du « vrai virtuel », c'est-à-dire de l'économie d'Internet qui est bien réelle. C'est le « faux virtuel » qui est au cœur de cette tempête : la finance pour la finance, la finance pour la spéculation, la finance pour le profit sans impact économique et sans véritable création de valeur, sauf pour celui qui encaisse le fruit de sa spéculation. De ce point de vue, cette crise n'a pas de précédents et son engrenage est dévastateur. Chasser « le faux virtuel » avec des plans de relance ne fera pas revenir le réel au galop. À la différence des crises précédentes, la création puis l'explosion d'une bulle spéculative se traduisent par un appauvrissement global, considérable, de toute l'économie réelle car le prix à payer pour éponger les pertes d'un capitalisme financier qui travaillait en cercle fermé est tout simplement colossal. Pas de trains ou d'Internet dans les décombres, que des trous, du vide et des dettes. Le redémarrage ne peut pas être instantané car, sous le capitalisme financier, la terre s'est dérobée.

La purge va durer, nous n'en sommes pas au bout

La purge sera donc longue, très longue. La bulle a révélé l'ampleur d'un surendettement général qui frappe les ménages, notamment américains, certaines entreprises, les banques, les institutions financières, les fonds, etc. La liste des acteurs économiques qui ont maintenant l'obligation de se désendetter et doivent vendre pour se procurer des liquidités est interminable.

Dans la panique, ils cèdent leurs actifs en dessous de leur valeur sans trouver preneur. Quand il y a trop d'actifs à vendre, rien ne se vend ! Cédant à la peur et contraints de trouver de l'argent, les banques qui ne trouvent plus crédit auprès de leurs pairs, les fonds à qui les investisseurs demandent le retour de leur argent, les investisseurs eux-mêmes victimes d'appels de marge retirent, par exemple, leurs avoirs investis dans les pays émergents qui, du coup, souffrent du retrait de ces capitaux venus de l'étranger pour soutenir leur développement. Ils bradent des actions sur les marchés boursiers qui s'effondrent. Tous n'ont, il est vrai, pas d'autre choix pour affronter leurs propres obligations de liquidité. Pour faire face à ces fameux « appels de marge », c'est-à-dire l'obligation de verser du cash afin de couvrir une partie des risques pris, ils retirent les fonds qu'ils ont placés dans les hedge funds. Ces hedge funds, fonds spéculatifs, ou fonds d'investissement tout court, liquident, du coup, en toute hâte une partie de leurs actifs, y compris à perte, pour rembourser le cash demandé en urgence par leurs investisseurs. Ce mécanisme de purge, qui conduira à des faillites ou des cessations d'activité, notamment chez les hedge funds, se poursuivra au moins tout au long du premier semestre 2009. La braderie entraîne la braderie. Or les échéances de retrait du capital des hedge funds sont souvent au 1er décembre et au 1er mars. Les résultats 2008 seront annoncés en mars/avril 2009. Pas beaucoup d'espoir donc de voir la purge se terminer avant. C'est à ce moment-là que l'on verra si la paille de fer est passée partout.

Et puis, en 2009, on a le risque de nouvelles difficultés liées à la dette bancaire. En particulier, certains rachats d'entreprises effectués ces dernières années avec de la dette, et particulièrement agressifs, risquent de ne pas pouvoir honorer leurs échéances de paiement. Les LBO les plus « tendus » risquent de se retrouver défaillants face aux montagnes de dettes à refinancer, devant lesquelles les banques renâcleront. Le cercle vicieux encore.

Force est de constater enfin que, faute de confiance et de visibilité sur les nouvelles règles qui mettront des mois à voir le jour, faute aussi d'analyses réciproques de leurs risques, la confiance entre les banques n'est pas revenue. Les outils du marché interbancaire et du marché du crédit demeurent grippés malgré les afflux de liquidités et les garanties offertes par les États. Les dispositions prises par les gouvernements n'ont pas été, cependant, totalement inefficaces. Sur le marché interbancaire, les primes à payer se sont détendues. Certains des taux qui régissent les conditions du crédit, comme le Libor (*London interbank offered rate*), ont également très fortement diminué après l'annonce des mesures des États. Mais la défiance règne encore entre les banques. Les entreprises s'interrogent, en outre, sur leur comportement en 2009 et, peut-être, au-delà. Depuis des décennies, les grands groupes, solides et bien gérés, ne se faisaient pas trop de soucis sur leurs dettes bancaires. Lorsqu'une dette arrivait à son terme et devait être remboursée, on savait qu'en en renégociant les conditions on retrouverait un crédit du même montant, voire supérieur, auprès de la même banque ou d'autres établissements. Ce dialogue pouvait être abrupt, mais les entreprises en bonne santé s'en sortaient toujours. Cette époque-là est révolue. On ne compte plus les entrepreneurs, grands ou petits, qui se demandent, aujourd'hui, si leurs lignes de crédit ou leurs emprunts arrivant à échéance en 2009-2010 seront renouvelés ou s'ils devront, et même pourront, en négocier d'équivalents auprès d'autres banques. Les banques n'ont pas encore repris leur métier de base, prêter ! Comment peut se débrouiller une PME lorsque l'on voit une banque française refuser une nouvelle ligne de crédit à un très grand groupe européen, hautement profitable ? Ce groupe se financera en émettant des obligations directement sur le marché. Moins chères et de plus longue durée que les « non-propositions » de son banquier. Mais les petits qui n'ont pas ce recours ? Tout cela va laisser des traces durables sur l'image et la crédibilité des banques !

D'où ce réflexe général de prudence : au lieu d'investir et de poursuivre leurs projets de développement, les entreprises gardent précieusement leur cash pour parer à une défaillance de leurs banques. En frappant le système bancaire au cœur, la crise a grippé et gelé l'ensemble de l'économie, et se répercute sur toutes les entreprises, mettant en cause leurs capacités futures à agir, entreprendre, se développer, croître et investir.

Ainsi sommes-nous entrés dans un terrible cycle d'appauvrissement et d'anticipations négatives dans lequel la crise nourrit la crise. Les entreprises constatent une baisse de la fréquentation et des achats dans les magasins et les risques de défaillance et de faillite d'entreprises se multiplient. Dans tous les pays développés, le chômage repart en flèche. Et l'attentisme partout prévaut : on se met à la cape et on construit des budgets 2009 sur fond de récession. La défiance, c'est une certitude, sera durable car nul ne peut dire, dans l'immense jungle des « dérivés », où sont les produits toxiques et les risques. Personne ne sait quand s'achèvera la nécessaire grande lessive. Et au fur et à mesure que la crise financière se propagera à l'économie réelle, les défaillances d'entreprise vont se multiplier, les demandes de crédit diminuer, autant de risques en plus et de recettes en moins pour les banques. C'est hélas cette spirale qui reste la plus probable pour 2009.

Pour toutes ces raisons, ni l'économie ni les marchés ne redémarrent. Plus grave, les signaux de récession s'accumulent, confirmant la thèse du cercle vicieux. Pour la première fois de son histoire, la zone euro dans son ensemble est entrée en récession. Les perspectives américaines se dégradent à toute vitesse. Dans les pays émergents, même si l'on y parle plus de moindre croissance que de disparition totale de la croissance, le ralentissement est là, et bien là. Un freinage général, brutal, important, massif parce que plus personne ne sait comment juguler la crise de confiance.

À propos de confiance, terminons la boucle par le consommateur. Que va-t-il faire s'il reçoit de l'argent sous forme d'aides fiscales, notamment liées à un plan de relance ? S'il craint que la crise ne se poursuive ou ne s'aggrave ; s'il craint pour son emploi ; s'il craint qu'au travers du chômage partiel engendré le slogan présidentiel « travailler plus pour gagner plus » ne se termine en « gagner moins car obligé de travailler moins » ; s'il a peur en un mot… il va épargner au lieu de dépenser et l'effet de relance attendu va tomber à l'eau. Caricatural ? Pas tant que cela. Comment chacun de nous réagit-il ? Si je peux différer une dépense aujourd'hui, je le fais en attendant d'avoir la certitude que le pire est derrière.

Alors pourquoi continue-t-on de s'enfoncer ? Pourquoi ça ne redémarre pas avec tout l'argent mobilisé ? Simple, en vérité. Tant qu'il y aura des pertes à prendre, tant que la purge ne sera pas terminée, la crise ne connaîtra pas de répit. Tant que les banques ne reprêteront pas, les entreprises seront frileuses. Tant que la confiance ne sera pas rétablie, l'essentiel de l'effet de relance sera différé.

Tous les pays sont-ils logés à la même enseigne ?

On aimerait dire que non, dire que les Américains par lesquels la crise est arrivée sont les plus mal lotis. Et certes, il y a un peu de cela. C'est aux États-Unis que la récession est la plus violente et la plus rapide. La plus effrayante aussi pour les ménages car ils n'ont pas d'épargne. Ils vivent à crédit. Leur seule épargne, c'est leur maison et quelques actions en Bourse. Si les deux s'effondrent, ce sont les économies et le patrimoine qui disparaissent ensemble.

A priori, la France est un peu plus protégée. Pourquoi ? Parce que nous épargnons plus ? Parce que l'immobilier ayant été moins spéculatif, les crédits subprimes n'ont pas atteint en direct notre pays et la déstabilisation de l'économie est moindre ? Tout cela est vrai et tant mieux. Mais, hélas, la réalité de la globalisation est que notre économie est pour l'essentiel dépendante du monde extérieur. L'interdépendance est une réalité. Aujourd'hui, on ne peut plus se porter bien tout seul, au milieu d'un océan de difficultés. Nous paierons donc, malgré tout, notre dû à la récession mondiale, bien au-delà de notre responsabilité. C'est une autre expression de la contagion qui caractérise le monde actuel. Cela nous donne aussi un vrai droit de regard vis-à-vis des États-Unis : puisque leurs erreurs nous ont mis en difficulté, la moindre des choses est d'organiser la concertation avant qu'il ne soit trop tard.

La réalité est là. Bien que nous soyons un peu mieux protégés, nous souffrirons comme les autres. Cela amène à une autre question brutale : l'économie mondiale étant entrée dans une récession profonde malgré les sommes gigantesques mobilisées par les États, était-ce bien utile de mobiliser de telles sommes ?

Et si on n'avait rien fait pour les banques ?

Une question, naturellement, s'impose alors que cette avalanche de milliards semble, au moins provisoirement, inutile : et si l'on n'avait rien fait pour les banques, que se serait-il passé ? Était-il indispensable de sortir tout cet argent ? Je parle là des mesures spécifiques au système financier, c'est-à-dire des garanties de dépôts et des crédits entre banques, d'une part, et des fonds pour leur recapitalisation, d'autre part. Pour la France seule, respectivement 320 milliards d'euros de garanties et 40 milliards pour le capital des banques. La réponse, hélas, est oui. Il fallait que les États mettent la main à la poche. S'ils étaient restés les bras croisés, la situation serait aujourd'hui pire, catastrophique. Pour une fois, nous avons tiré une leçon de l'Histoire. La crise de 1929 a déclenché la plus grande et la plus longue dépression que le monde ait connue sur des siècles. S'ajoutant aux effets désastreux du traité de Versailles après la fin de la Première Guerre mondiale, elle a produit un dictateur, Hitler, et la Seconde Guerre mondiale. Nous connaissons les erreurs commises au cours de cette période-là : le refus d'intervention des États pour donner de la liquidité à l'économie et aux banques, le protectionnisme, le repli sur soi de ces mêmes États et l'absence de prise en compte du social, tout cela a fait le lit de cette profonde dépression. Il fallait éviter ces trois fautes. C'est bien ce qu'ont fait les États. Ne pas agir eût été la pire des attitudes ! Difficile de croire, quand on se sent au fond du gouffre, qu'on aurait pu tomber plus bas. Mais telle est la réalité. Sans ces interventions, nous serions toujours en chute libre.

Et, concrètement, voici le scénario tel qu'il se serait déroulé. Après la faillite de Lehman Brothers, les financiers de l'immobilier américain Freddie Mac et Fannie Mae puis l'assureur AIG auraient déposé le bilan. Par un effet d'enchaînement inéluctable, faute de savoir où étaient ces risques disproportionnés et dilatés, les banques et les compagnies d'assurance du monde entier auraient coulé les unes après les autres. Tour à tour, elles auraient été amenées à renflouer des risques dont elles avaient perdu la trace. Elles auraient en même temps dû encaisser les pertes liées aux crédits, aux créances qu'elles détenaient sur chaque nouvelle mise en faillite. Et comme ces risques représentent plusieurs fois l'économie réelle, le problème était insoluble. Tout le capital du capitalisme financier n'y aurait pas suffi ! Jusqu'au moment où nous aurions été incapables, et pour longtemps, de faire fonctionner les marchés financiers. Le financement à court terme des besoins des entreprises aurait cessé et nous aurions assisté immédiatement à une succession de faillites qui auraient, cette fois, très largement dépassé le secteur bancaire, à une explosion incontrôlable du chômage et, à n'en pas douter, à une explosion sociale comparable à celle de 1929. Il n'y a pas d'économie sans liquidités, les États ont compris qu'il fallait en remettre, comme le carburant dans une voiture. Ils n'avaient pas le choix. Guère le choix non plus des montants à mettre en jeu. En matière de garanties, il n'y a pas de demi-mesure : soit vous garantissez les échanges entre les banques et les dépôts, soit vous ne le faites pas. Garantir à 50 % n'a pas de sens, car dans un climat de défiance absolue personne ne prendra le risque de perdre 50 % de ses avoirs ou prêts. Quant au capital des banques, même chose. Quel montant prévoir ? Autant que nécessaire pour éviter une autre faillite comme celle de Lehman Brothers ! On peut ainsi penser que les 700 milliards de dollars du premier plan américain y passeront dans leur intégralité, que la France devra rallonger ses 40 milliards d'euros, que les Anglais atteindront sans doute les 100 milliards de livres. Mais pas le choix ! En face d'un risque systémique, c'est tout ou rien. C'est comme le talon d'Achille, si vous laissez la moindre faille dans la protection, c'est par là que sera porté le coup mortel.

Et pourquoi ne pas avoir aidé les citoyens en difficulté au lieu des banques ?

Certains se demandent aussi s'il n'aurait pas été plus efficace de prendre en charge, dès le départ, la crise des subprimes en aidant directement les familles en difficulté plutôt que de se porter au secours des banques. L'idée est séduisante et crédible : les banques auraient été contraintes de renégocier immédiatement les emprunts accordés, d'en allonger la durée, d'en abaisser les taux, des subventions auraient même pu être accordées pour éviter les expulsions et les ventes forcées. Il est bien difficile, cependant, de savoir si ce dispositif aurait été plus efficace. Car personne, en particulier aux États-Unis, ne s'est rendu compte de l'ampleur qu'allait prendre ce problème des subprimes. À la différence de nos organisations sanitaires ou alimentaires, les institutions financières mondiales n'ont pas pu prévoir l'ampleur de l'épidémie, les voies qu'elle allait emprunter et ses conséquences. Personne n'a pensé, quand elle s'est déclenchée à l'été 2007, que la crise des subprimes justifiait une intervention immédiate et inhabituelle. L'intérêt qu'a porté Barack Obama à la situation de ces centaines de milliers, voire ces millions de ménages américains susceptibles d'être expulsés et de perdre leur maison, redonne une actualité à de telles mesures : le réaménagement des emprunts, la diminution des taux et l'allongement des durées de remboursement sont actuellement envisagés. J'ai, en ce qui me concerne, la conviction que de telles mesures, prises plus tôt, auraient non seulement permis de mieux traiter la dimension sociale de la crise des subprimes, mais aussi d'en limiter l'ampleur pour le système financier. La renégociation de ces emprunts pour les rendre plus réalistes par rapport aux capacités des ménages qui les ont souscrits aurait évité bien des expulsions ! Tout ce qui peut encore être fait aujourd'hui en vaut la peine. Des estimations récentes montrent que plus de 7 millions de foyers américains pourraient cesser de rembourser leurs emprunts d'ici à 2010, et plus de 4 millions pourraient encore perdre leur maison. Ces saisies dramatiques pour les propriétaires sont, par ricochet, dommageables pour les banques. Quand une banque se retrouve propriétaire d'un bien immobilier, elle peine toujours à le revendre et enregistre, en moyenne, une perte de près de moitié du montant prêté. Les dispositifs actuellement envisagés aux États-Unis pour endiguer ce désastre social sont, cependant, encore bien timides par rapport à l'étendue du problème.

La lucidité est, parfois, cruelle : cette approche sociale immédiate aurait permis de limiter l'ampleur du désastre des subprimes mais elle n'aurait pas beaucoup modifié le problème de fond. Si les subprimes sont le point de départ de la crise, ils sont loin d'en résumer tous les tenants et aboutissants. Les subprimes, c'est la motrice de tête qui cache le reste du train fou. C'est le premier maillon d'un chapelet de bâtons de dynamite fait de pratiques dangereuses, de produits de plus en plus sophistiqués, de risques de plus en plus inconsidérés et de plus en plus difficiles à maîtriser ou à suivre, autant de caractéristiques du capitalisme financier des dix ou quinze dernières années. L'éclatement de la bulle des subprimes a provoqué l'explosion en chaîne de toutes les autres. La crise était inéluctable, inscrite dans les gènes du capitalisme financier, et ne rien faire pour les banques et le marché interbancaire nous aurait précipités dans un recul de plusieurs générations.

D'où vient tout cet argent ?

Comment expliquer que l'on est prêt à dépenser énormément pour guérir une crise, mais non pour l'éviter ni pour faire face à des besoins essentiels ? Bonne question qui, compte tenu de l'ampleur des sommes en jeu, provoque tout autant l'indignation du contribuable que son incrédulité. La multiplication des reportages sur toutes les télévisions, les radios, les journaux, rapportant la révolte et l'indignation des millions de contribuables américains face à l'effort qui leur était demandé pour secourir les banques est, sans aucun doute, l'une des explications de l'échec du premier plan américain devant le Congrès. Il faut se mettre à la place de ces millions de familles américaines expulsées, incapables de payer leur dette, à qui l'on dit : « En tant que contribuable, vous allez maintenant devoir payer des sommes considérables pour recapitaliser les banques, celles-là mêmes qui sont à l'origine de vos ennuis en vous ayant consenti des prêts qui n'étaient pas raisonnables par rapport à votre situation. » Leur réaction est naturelle : « Je viens de me faire expulser et je me retrouve à la rue. En plus, vous avez l'indécence de me demander de l'argent pour le donner aux banques qui m'ont mis dans la panade ! » À défaut de reposer sur une analyse économique sophistiquée, l'argument a une très grande force et une réelle pertinence. Celle du bon sens et de la réalité vécue.

Les réactions, au demeurant, sont analogues dans les autres pays, même si tout le monde n'est pas confronté directement au remboursement d'une dette personnelle ou à une expulsion. Combien de fois chacun d'entre nous a-t-il entendu, ces derniers mois, un ami ou un collègue dire : « Et quand je vois la facilité avec laquelle on trouve ces centaines de milliards d'euros en l'espace d'une nuit, comment se fait-il qu'il soit si difficile de trouver cent millions d'euros pour embaucher plus de profs dans l'Éducation nationale, améliorer la sécurité, recruter des chercheurs, etc. » Souvenez-vous de la difficulté en France pour financer les 2 milliards du Revenu de solidarité active, le RSA. Toutes les revendications régulièrement repoussées, au niveau national ou local, au nom de la rigueur budgétaire ou fiscale, ressortent et alimentent ce leitmotiv : « Pourquoi tant d'argent pour les banques qui ont failli ? Pourquoi est-il si difficile de trouver de l'argent pour des objectifs plus nobles, qui amélioreraient très directement ma vie ? »

Soyons clairs : le flot d'argent déversé par les États revient à faire fonctionner la planche à billets dont ils ont le contrôle. Seule la peur du pire peut encore justifier ce manque de vertu ! Pour faire face aux conséquences de la récession, à la baisse des rentrées fiscales, au financement des mesures de relance, à la recapitalisation des banques, à l'éventuelle mise en œuvre des procédures de garantie, il n'y a pas de botte secrète : les États n'ont pas d'autre solution que de laisser filer leurs déficits, emprunter ou créer de l'argent. J'y reviens : d'une façon ou d'une autre, c'est bien la planche à billets qui servira. Est-ce grave ? Il faut être conscient que la survie même de nos économies est en jeu. Il fallait éviter dix ans de galère totale, comme après 29. En période de récession, l'inflation étant faible (la baisse des coûts de l'énergie qui accompagne ce début de récession en est la preuve), les entorses aux principes de l'orthodoxie financière sont un moindre mal. Une stratégie de survie – et nous en sommes là – justifie le recours à des moyens « extraordinaires ». Cette pétition de principe faite, la réalisation n'en fera pas moins l'objet d'un équilibre difficile. Car les États devront emprunter sur les marchés dans les années qui viennent, plus qu'ils ne l'ont fait jusqu'à présent. Dans un monde incertain, leurs émissions seront bien accueillies. Une obligation d'État est ressentie comme sûre, car un État développé peut difficilement être imaginé en faillite – encore que le récent exemple de l'Islande devrait inciter à la prudence ! Mais si les investisseurs répondent présents, leurs ressources ne sont pas illimitées. Il faut donc éviter les effets d'éviction. Les émissions des États ne devront pas être telles qu'elles affectent les émissions des entreprises par exemple. Car sinon on reperdra d'un côté ce que l'on aura repris de l'autre… Or, rien que pour les mesures déjà annoncées, les États-Unis vont devoir lever 1 200 milliards d'euros (près de 1 600 milliards de dollars), l'Europe 850, l'Angleterre 150. Déjà 2 200 milliards d'euros !

Aujourd'hui, tout se passe bien. Dans le désert actuel, les investisseurs se tournent vers les émissions étatiques, sorte de valeurs refuges de la crise. On se bat pour en avoir, on se dit que les États n'ont pas beaucoup de risque, eux, de faire faillite. À moyen et long terme, les États-Unis empruntent en ce moment à 3 % et l'Europe à 2,5 %, c'est-à-dire très peu cher. On a même vu fin 2008 des emprunts à court terme, quatre semaines, du Trésor américain avoir un taux nul ou légèrement négatif. Par crainte des autres placements, les investisseurs paient pour avoir des bons du Trésor ! Mais si l'appétit des investisseurs ou tout simplement leur capacité se ralentit, si d'autres émissions privées redémarrent, cela pourrait devenir plus délicat. Exercice périlleux qui va peser lui aussi sur la reprise. Si nous retrouvons et redonnons un équilibre à l'économie mondiale, alors les garanties n'auront pas à être mises en jeu. Si nous tardons trop à le retrouver, les États devront financer ces garanties. Ils le feront à un coût de plus en plus élevé, sensiblement supérieur vraisemblablement à ce qu'ils refacturent au secteur financier. Nouveau risque, auquel s'ajouterait un effet d'éviction des acteurs encore plus grand.

Et il faut ajouter enfin que le propre mode de financement des États a un côté « spéculatif », dans la mesure où ils remboursent rarement leurs dettes ; ils la roulent sans arrêt, c'est-à-dire remboursent pour réemprunter le même montant. On voit donc combien la gestion de cet équilibre va être périlleuse. Il fallait cet argent pour éviter le désastre absolu. Et seuls les États étaient en mesure de le faire. Mais prenons garde à ce que la prochaine bulle du capitalisme ne soit pas celle de la dette des États !

Comment remettre les banques au travail ?

Les États ont donc garanti les échanges interbancaires. Les taux d'intérêt ont baissé. Mais les banques sont toujours aussi réticentes à se remettre à leur métier d'origine : prêter de l'argent. Nous sommes donc dans une situation paradoxale : l'argent est bon marché mais il n'y en a pas ! Comment faire repartir la machine ?

Sans aucun doute en incitant les Banques centrales à continuer à baisser les taux d'intérêt. Arriver à une politique de taux zéro ou voisins de zéro pendant le temps nécessaire à la sortie de récession n'aurait rien de choquant, comme on l'a vu au Japon. Les États-Unis s'en rapprochent déjà. Pour au moins trois raisons : la baisse des taux réduit globalement le stress du système financier ; la baisse des taux se transmet très rapidement à l'économie réelle et constitue une vraie incitation à l'investissement industriel ou des ménages ; des taux courts voisins de zéro permettent enfin de recréer une véritable courbe des taux avec des taux long terme plus élevés. Ce dernier point est important car la mission d'une banque, c'est la transformation : elle emprunte elle-même l'argent à court terme et le reprête à des taux plus élevés à moyen ou long terme. Pendant des années les taux étaient presque les mêmes, quelles que soient les durées. Mais une banque ne peut pas gagner d'argent avec une courbe des taux plate. C'est pourquoi la poursuite de la baisse des taux et le retour à des conditions permettant aux banques de faire du profit sur leur métier de base sont déterminants.

Pour le reste, le redémarrage des prêts par les banques dépend de leur propre retour à la confiance : la certitude qu'aucune d'entre elles ne fera plus faillite est déterminante. Le sauvetage américain de Citigroup fin novembre 2008 est crucial et me rend un peu plus optimiste pour un redémarrage – lent et progressif – du marché du crédit en 2009. Il faut aussi que les banques aient le sentiment que les pertes ont été prises par tout le monde. La fin de l'été 2009 devrait autoriser une meilleure visibilité. Sans attendre de miracles néanmoins, car les banques seront plus prudentes : avec moins de capital et moins de levier, leurs volumes de prêts ne retrouveront pas tout de suite les niveaux d'avant la crise. Par ailleurs, les stocks de prêts des opérations antérieures à la crise, avec lesquels elles sont collées, représentent toujours environ un an d'activité normale. La digestion, ou plutôt l'indigestion, sera donc très progressive…

En France, l'instauration d'un médiateur du crédit participe plus de la création d'un environnement de confiance pour les PME que d'une efficacité réelle. Bien sûr, les banques ne seront pas indifférentes à la menace du « pilori public » si le médiateur estime qu'elles ne prêtent pas assez. Mais soyons honnêtes : une participation au Conseil des banques et un vote des actions acquises grâce au capital de l'État seraient plus efficaces. Pour le reste, les banques prêteront d'autant plus que la situation leur paraîtra stabilisée et qu'elles pourront gagner de l'argent grâce à leur métier de base !

L'arrogance des banques explique aussi en partie la non-reprise du crédit. Celles qui sont les mieux portantes essayent de profiter de la faiblesse de leurs concurrents sur le carreau pour obtenir des conditions de prêts plus favorables ; elles remontent leurs marges et leurs taux, exigent plus de garanties… Il y a une limite aussi à cette arrogance. Avec la réouverture progressive des marchés obligataires, certaines entreprises peuvent trouver sur le marché plus d'argent, plus long, moins cher. Si les banques cherchent trop à pousser leur avantage, elles vont se trouver « désintermédiées ». Cela va laisser des traces…

Au début des années soixante-dix, la loi américaine a interdit le *tying marketing*, le marketing lié, c'est-à-dire la possibilité pour une banque de faire du « quasi-chantage » à un client, en liant l'obtention d'un crédit bancaire, son montant, son prix à l'obtention d'autres avantages de l'entreprise : un mandat de fusion-acquisition ou de conseil stratégique, une position de leader pour les opérations de marché de l'entreprise. Il va nous falloir aussi en Europe nous préoccuper de ce problème, préparer des dispositions contre ces « ventes bancaires "packagées" forcées » et surtout les tracer et les punir. Voilà un beau sujet de réflexion qui n'a pas encore été ouvert…

Le redémarrage du crédit bancaire dépendra donc tout à la fois de l'environnement extérieur et des pressions qui leur sont adressées…

Reverrons-nous l'argent mis à disposition des banques ?

Il le faut. À l'image du gouvernement suédois, au début des années quatre-vingt-dix, les États devront être rigoureux, voire agressifs, dans l'obtention des contreparties, et exigeants, au nom de tous les citoyens, pour récupérer avec intérêts, et partage de la plus-value, leurs mises de fonds initiales lorsque la situation sera rétablie. Le retrait de l'État sera donc tout aussi essentiel que son entrée.

La baisse du pétrole, au moins ça va dans le bon sens ?

Depuis l'accélération de la crise, on a vu les prix de l'énergie plonger, et celui du pétrole passer de 150 à 40 $ le baril, mais aussi celui de certaines matières premières et agricoles. Bien sûr, cela va dans le bon sens, à première vue. Les baisses se traduisent par une forte diminution de l'inflation « importée » dans nos pays. Elles concourent donc à la modération des prix et à nous redonner des marges de manœuvre, en matière de taux par exemple. Mettons cette situation à profit.

Quant au pétrole, je ne me hasarderai pas à un pronostic, sauf à faire remarquer que les hoquets ne sont sans doute pas terminés. En effet, pour certaines matières premières comme pour le pétrole, le fait que le marché soit essentiellement fondé sur des opérations virtuelles a contribué à l'envolée des prix, nombre de fonds spéculatifs ne voulant pas être à la traîne. Mais, comme pour les actions, ces fonds se sont retirés. Et, là encore, la purge devra aller à son terme.

Bien sûr, la récession, en réduisant la demande, pèse à la baisse sur les prix, et tant mieux pour notre facture de chauffage ou d'essence. Mais certaines cordes de rappel fondamentales existent : les pays du Moyen-Orient, notamment l'Arabie Saoudite, premier producteur mondial, ont lancé de grands projets, et un baril à 75-80 $ est nécessaire à leur équilibre budgétaire. C'est aussi le prix d'équilibre pour les exploitations les plus difficiles techniquement. La Russie, repliée sur elle-même, a besoin de sa rente pour survivre. Ne croyons donc pas trop au miracle d'une énergie durablement très bon marché !

Que peut-il encore nous tomber dessus ?

Maintenant que les mesures d'urgence sont derrière nous, on voit bien ce qui pourrait contribuer à dégrader encore la situation de l'économie mondiale ou à retarder une sortie de crise, forcément timide. Trois tuiles supplémentaires peuvent nous tomber dessus. À nous de les éviter.

Les banques vont finir leur purge, passer leurs pertes, continuer de détruire leur capital. Si certaines venaient à connaître en 2009 un problème majeur sur leur propre refinancement, on retournerait immédiatement à la glaciation du crédit. Les régulateurs et les États devront rester très attentifs et continuer à ne pas lésiner sur les moyens de liquidité. Mais, au-delà de soubresauts inévitables, ce risque devrait pouvoir être évité.

L'effondrement du dollar est aussi un risque. Le gouffre des déficits américains s'accroît encore, la confiance dans leur économie est minimale, les collectivités locales – de la Californie à New York – y sont en difficulté de financement. Si les ressources extérieures de financement venaient à se tarir ou même à se réduire, le dollar n'y résisterait pas. Un effondrement du dollar déstabiliserait un peu plus encore l'économie mondiale. Il se traduirait aussi, pour nous Européens, par un handicap supplémentaire de compétitivité, dramatique dans ces circonstances. Peut-on être sûr de l'éviter ? Non, bien sûr, si ce n'est d'imaginer une formidable coalition de l'Europe et des pays émergents pour faire pression sur les États-Unis et les sortir de leur splendide isolement si nécessaire.

Le protectionnisme est le troisième danger. Seule la Russie y est tombée. L'évolution récente se tourne vers une solidarité et une coordination mondiales, mais elles restent fragiles. La Chine, malgré son appui impeccable à ce jour, peut décider de se faciliter la tâche par la dévaluation de sa monnaie, renforçant la difficulté de tous les autres. Les leçons de l'Histoire sont suffisamment fortes pour mettre en garde les uns et les autres. Mais il y faudra beaucoup d'attention et un volontarisme politique de chaque instant.

Le pire est-il derrière nous ?

Hélas, sans doute non. Tout au moins, pas encore. Quelle que soit la validité des mesures prises par les gouvernements pour restaurer la confiance ou faire repartir le crédit, la purge va se poursuivre. Il est d'ailleurs nécessaire qu'elle aille à son terme. Elle ne s'achèvera que lorsque les actifs, dont la valeur était excessive, reviendront à des niveaux réalistes. Quand seront identifiées, autour du globe, toutes les pertes des banques et des établissements financiers. Quand le système financier sera recapitalisé. Quand les investisseurs seront sortis de tous les placements qui les inquiètent. La tâche est immense et nul doute qu'il faudra une bonne partie de 2009 pour la mener à bien.

C'est pour cela qu'en ce début d'année 2009, les États, qui croient avoir restauré la confiance par leur action, n'en voient pas poindre les résultats sur les marchés. Ils pensaient avoir relancé le crédit mais le comportement des banques dément leurs espérances. N'y voyons cependant pas un échec. C'est surtout le signe que la reconstruction sera longue et difficile. C'est pour cela qu'au-delà des mesures immédiates, il est impératif de trouver des réponses définitives. Régler la crise ne suffira pas, il faut reconstruire. La peur, la défiance sont telles qu'il faudra prendre des mesures nouvelles, de rupture, pour retrouver un semblant de confiance.

Risque-t-on des crises sociales ?

Oui, sans aucun doute. Les premiers signes sont là. Partout. En Chine avec des manifestations liées aux fermetures d'usine, aux États-Unis où avant même la prise de fonctions d'Obama des occupations de sites ont eu lieu, y compris dans sa ville à Chicago… Partout les risques existent et même s'accentueront avec la montée du chômage.

Il faudra pour y faire face toucher aux règles d'indemnisation du chômage pour les allonger et les adapter à la gravité de la crise ou encore développer les plans de relance déjà décidés qui ont peu de chance d'être suffisants.

Que peut-on attendre des plans de relance ?

Pour reconstruire, il faut revenir au réel. Si la finance était une voiture, le système bancaire en serait la transmission et l'industrie, le moteur. Investir des fortunes dans la réparation de la transmission, c'est bien. Ne pas se préoccuper du moteur en train de rendre l'âme, en y ajoutant dès à présent un peu d'huile, serait dramatique. Les mesures financières d'urgence permettent de s'acheter un répit, pas un futur. Qui exige, lui, de reconstruire, de revenir au réel le plus tangible, c'est-à-dire l'activité quotidienne sur le terrain.

Keynes a toujours été un économiste du réel. Durant cette crise, j'ai pensé à son amusante métaphore sur les concours de beauté aux États-Unis dans les années vingt. Pour gagner, il fallait voter pour la photo de la participante qui allait recevoir le plus de votes. Les participants ne portaient pas de jugements sur la photo en elle-même mais raisonnaient pour trouver les critères du plus grand nombre. C'est à partir de telles démarches que les investisseurs en sont arrivés à se désintéresser de la valeur intrinsèque de l'entreprise, pour ne songer qu'à anticiper la valorisation de son action sur le marché. Ainsi est née la dérive virtuelle, jusqu'à la catastrophe. Mais l'économie réelle exige, aujourd'hui, des plans de relance à court terme. Ils doivent être à la mesure de la récession engendrée par l'implosion du capitalisme financier pour redonner de la vigueur à la croissance et retrouver tous ces points que nous venons de perdre, tous ensemble, brutalement. Le « trou » créé par la finance virtuelle atteint plusieurs fois la taille de l'économie réelle. C'est pour cela qu'on a « failli y passer ». C'est pour cela que c'est tellement dur. La théorie peut dire ce qu'elle veut : au point mort auquel nous sommes arrivés, il faut relancer, et massivement.

A priori, le plan de relance le plus efficace et rapide, le mieux adapté à nos problèmes actuels vient… de la Chine. « Quand la Chine s'éveillera, le monde tremblera », avait dit Napoléon Ier. Il y a bientôt quarante ans, Alain Peyrefitte avait fait de cette formule le titre d'un best-seller. Aujourd'hui, il faut écrire : *Chine, tu n'as pas fini de nous étonner*. L'empire du Milieu est, à présent, le principal soutien du système capitaliste mondial, grâce à ses excédents de réserves, à sa participation au financement des pays qui creusent des déficits commerciaux, au soutien accordé à nos banques et à l'État américain, mais aussi grâce à l'ampleur de son plan de relance. La Chine est devenue le Samu mondial grâce à l'injection de ses réserves dans le sauvetage du capitalisme financier et un plan de 600 milliards de dollars environ sur deux ans, ciblant dix secteurs essentiels pour le pays, de l'énergie aux infrastructures, en passant par toutes les activités touchant plus directement la vie quotidienne.

Même si les Chinois les premiers ont frappé fort avec un plan représentant plus de 7 % de leur PIB, ils ne sont pas les seuls, tout le monde s'y est mis.

Barack Obama, trois semaines après avoir été élu et près de deux mois avant d'entrer en fonctions, a déjà annoncé deux plans de relance de respectivement 700 et 800 milliards de dollars supplémentaires. L'un, classique, pour investir dans de grands chantiers d'infrastructures, dans la santé, l'énergie, l'éducation, avec comme objectif de créer 2,5 millions d'emplois. L'autre, sous la direction de la Réserve fédérale, pour retirer de la dette sur le marché afin d'inciter les banques à prêter de nouveau et relancer le crédit à la consommation. Oui, décidément, il y a un pilote dans l'avion américain et les marchés l'ont bien compris. Son capital confiance est énorme.

Tous les pays européens, France en tête, Allemagne en queue, ont leur plan. Au total « seulement » 200 milliards d'euros et 15 % « seulement » d'origine européenne. Les Japonais à eux seuls ont déjà remis dans leur économie deux fois plus que toute l'Europe réunie. Nicolas Sarkozy n'aura pas eu sur la relance l'effet d'entraînement obtenu par les mesures pour les banques. En raison de la frilosité allemande – si marquée par les idées de monnaie forte et de zéro déficit – et de l'incapacité d'initiative de la Commission européenne. Je suis prêt à prendre le pari que les pays européens devront y revenir en 2009 pour combattre la récession. Il faudra faire plus gros, plus lisible, en mettant notamment l'accent sur le social, et prendre des mesures à effet plus rapide sur l'économie, en privilégiant les baisses d'impôt et de TVA, soit globales comme en Angleterre, soit ciblées sur les secteurs et les produits que l'on veut relancer en priorité. Et l'Allemagne devra bouger. Ses excédents commerciaux dépassent 7 %. C'est elle qui a la plus grande marge de manœuvre et qui peut faire une relance forte par la consommation. Il faudra l'y amener, pour elle et pour l'Europe.

Je suis prêt à parier que les tensions seront vives au sein de l'Europe. Oui, décidément, l'Europe n'avancera qu'en étant bousculée. Suivre la voie normale de ses institutions la fera toujours arriver après la bataille. Au diable l'Europe institutionnelle ! Seule l'Europe de l'initiative et du leadership nous fera avancer.

Tous ces plans éparpillés sont un patchwork de mesures fiscales, de dépenses publiques décidées localement pour chaque pays, sans aucune cohérence globale, et dont le volume, à mon sens, se révélera rapidement insuffisant. Il s'agit plus d'un saupoudrage de mesures anciennes. Pas sûr qu'elles soient à la vraie mesure du défi qui nous attend !

Chacun s'accorde à les reconnaître indispensables, car, oui, nous sommes en récession ; oui, les anticipations des entreprises comme des ménages aggravent et amplifient cette récession ; oui, l'absence de reprise réelle du crédit rend l'arme monétaire, arme anti-récession par excellence, inefficace ; oui la relance est indispensable pour éviter de plonger plus bas encore.

À cela s'ajoute le fait que, sur le terrain, l'impact des plans de relance peut aussi être limité. Sur l'argent annoncé combien va-t-il vraiment en arriver dans l'économie ? Et quand ? Les pertes en ligne peuvent être importantes. Tant que la confiance ne sera pas rétablie, la prime à la prudence l'emportera sur tout le reste : les entreprises afficheront leur préférence pour la liquidité contre l'investissement, les ménages leur préférence pour l'épargne contre la consommation. L'impact des risques de chômage, ou du chômage ponctuel, accentuera cette prudence. On déteste se faire pincer les doigts deux fois de suite dans la même porte ! La persistance d'une récession de la prudence et de la peur nous guette. Et une politique de grands travaux met du temps à se mettre en place : choix des projets, autorisations multiples, réticences locales, etc.

Si l'on veut éviter la déflation qui combine la baisse des prix à la décroissance économique et crée une spirale d'appauvrissement, il ne faut donc pas hésiter à voir grand. Aujourd'hui, il vaut mieux voir trop grand que compter au plus juste et s'y reprendre à plusieurs fois.

Combien est assez ? Trop peu, c'est la déflation. Trop, c'est l'inflation. Avec la baisse constatée de l'inflation importée, pas d'hésitation : trop est préférable à pas assez. D'autant plus que, pour une fois, cela profite plus aux ménages et aux entreprises qu'au système financier ! Soyons clairs : hier l'ennemi c'était la dette et l'inflation, aujourd'hui c'est la dépression… sans reprendre la phrase de Truman : « La récession c'est quand le voisin perd son emploi, la dépression c'est quand je perds le mien ! »

Ces plans de relance, pour indispensables qu'ils soient, et qui finiront par avoir un impact fin 2009-2010, manquent de cohérence et de sens. Relancer pour faire quoi ? En dehors de parer au plus pressé ?

Nul besoin de se lancer dans des raisonnements économiques sophistiqués. Seuls des plans de relance massifs, et diffusant rapidement dans les économies, nous aideront à traverser la période de récession, pendant laquelle nous opérerons – espérons-le – des changements indispensables dans le fonctionnement et la régulation mondiale du capitalisme financier. Une politique budgétaire de grande ampleur dans tous les pays développés est indispensable pour contrer la chaîne de la dépression. En 2009, les plans de relance devront être élargis, gagner en cohérence, gagner en efficacité immédiate. Il faudra plus et ensemble. C'est au sein du G20 que la relance 2009 devra être organisée.

S'acheter un futur ?

Mais s'en tenir là serait agir à courte vue. Il faut aller plus loin. Il va falloir changer les règles du jeu. Toutes les règles. C'est ce qui est amorcé par les États et dans les sommets internationaux qui se succèdent. Ma conviction profonde est qu'il faut aller beaucoup plus loin pour s'acheter un futur. Et si l'action politique a été dans un premier temps décisive, et le restera, seule elle n'est pas viable à long terme. Elle ne peut pas être une substitution à une réflexion approfondie sur l'avenir du capitalisme et la transparence des règles. On va s'en sortir, mais il faut faire plus, différemment, et donner du sens également. Au leadership et à la vision du politique, il faut ajouter la vision des entreprises, des associations, des individus, des blogueurs. Le monde multipolaire n'est pas celui de la seule politique.

S'acheter un futur c'est s'assurer que les assassins du système actuel ne pourront pas renaître de leurs cendres, que les risques seront suivis, anticipés et maîtrisés. C'est assumer, bien au-delà des pistes engagées, que la globalisation se traduira bien par la reconnaissance d'un monde et de pouvoirs multipolaires. C'est changer les règles du jeu du capitalisme en en refondant les valeurs.

S'acheter un futur c'est reconnaître la valeur de chacun et sa réelle capacité d'entrepreneur. C'est restaurer la confiance et faire en sorte que chacun puisse savoir où sont les risques et ce qui l'attend. Casser la peur, casser la défiance nécessitera une réforme de la finance et de son fonctionnement en profondeur.

Comment construire ce futur ?

C'est le chemin que je vous invite à prendre dans les prochains chapitres de ce voyage au centre du capitalisme financier.

CHAPITRE 7

Pour en sortir : tuer les assassins ?

> « Les systèmes économiques qui négligent les facteurs moraux et sentimentaux sont comme des statues de cire : ils ont l'air d'être vivants et pourtant il leur manque la vie de l'être en chair et en os. »
>
> GANDHI

Dans tout bon polar, que ce soit des films mythiques comme *Borsalino*, *Le Parrain* ou des séries comme *Les Incorruptibles*, figurent les mêmes recettes pour que l'histoire prenne forme. Il y faut cinq grands ingrédients : un, des bandes rivales, quel que soit le trafic dont elles s'occupent ; deux, des passeurs, les petits, qui rendent ce trafic possible ; trois, des policiers corrompus qui ferment les yeux ; quatre, du pouvoir, de l'argent et du sexe ; cinq, un Parrain, personnage incontournable que l'on ne voit pas nécessairement, mais dont la parole est d'or. On retrouve ces cinq ingrédients dans la crise du capitalisme financier :

– Les bandes rivales, ce sont les hedge funds, et plus généralement les institutions financières, plus ou moins sauvages, plus ou moins agressives, mais en compétition directe.

– Les policiers, qui ferment les yeux ou qui assistent à la crise, impuissants faute de moyens, ce sont les autorités de régulation et, surtout, les agences de notation.

– Les passeurs, qui permettent au trafic de se développer, ce sont les paradis fiscaux.

– L'argent, ce sont les rémunérations qui donnent aussi du pouvoir.

– Le parrain, c'est en fait la rumeur, car les mots qu'elle véhicule sont exécutés à la lettre.

Ils ont tous en commun ce que l'on pourrait appeler la touche de Midas. Dans la mythologie, Midas accueille un jour dans son château de Phrygie, Silène, compagnon de Dionysos, et le protège. Celui-ci pour le remercier décide d'exaucer son vœu le plus cher : « Que tout ce que je touche se transforme en or. » Ainsi fut fait. Lorsqu'il rentre chez lui, Midas touche le pont-levis : en or massif ; un cheval dans la cour : en or massif… Inutile de dire que sa femme fuit instantanément se réfugier dans une autre aile du château et que le réveil le lendemain matin est douloureux : froid comme l'oreiller en or sur lequel il repose et écrasant comme le poids de la couverture en or. Mais lorsque boisson et nourriture se transforment en or avant d'être ingérés, Midas comprend qu'il n'a pas d'autre choix que de renier son vœu. Dionysos, grand seigneur, l'autorise à renoncer en allant se baigner dans le fleuve Pactole qui, depuis ce jour-là, transporte des paillettes d'or… Toute analogie avec un certain capitalisme financier de ces dernières années ne serait pas fortuite.

On pourrait aussi penser à cet épisode de *Chapeau melon et Bottes de cuir* d'il y a une vingtaine d'années, intitulé « Le baiser de Midas » et que l'on avait surnommé « *Touch of death* » puisque tout ce que touche Midas se transforme en poison, amenant la célèbre réplique de John Steed à Michael Gambit : « *Yes, Mister Gambit, they died of everything* » (Oui, monsieur Gambit, ils sont morts de tout à la fois).

Ce cocktail détonant, efficace au cinéma ou à la télévision, est au cœur de la crise actuelle, dont nous sommes bien loin de connaître le dénouement. Qui va triompher ? Nul ne peut le dire encore. Nous n'avons, pour l'heure, qu'une certitude : dans ce thriller, nous ne sommes pas au bout de nos surprises et les rebondissements promettent d'être nombreux. Si la fin du scénario n'est pas écrite, les acteurs, en revanche, seront les mêmes jusqu'au bout. Jusqu'à ce que nous comprenions qu'il faut revoir leur rôle, voire supprimer ceux qui incarnent les assassins du capitalisme. Car avant de reconstruire le capitalisme financier, il faut en éliminer les tueurs.

En effet, une fois écarté l'écran épais des questions techniques, une chose saute aux yeux : nous sommes face à une formidable crise d'irresponsabilité à tous les niveaux. Qui s'est engagé sur les risques ? Qui les a diffusés ? Qui en porte la responsabilité ? Qui s'est engagé dans la durée, comme doit le faire tout vrai entrepreneur ? Personne. Il n'y a pas d'abonné au numéro des responsables de la catastrophe. Et, pourtant, le management des risques a bel et bien été désastreux, les rémunérations folles ont été un formidable pousse-au-crime, la règle « Je prends un risque et je l'assume » a été remplacée par cette autre loi, « Je prends un risque et je m'en défausse le plus loin et le plus vite possible ». Nous payons très chèrement les conséquences de cette irresponsabilité généralisée et de ces comportements sans sanction. Et, pour l'avenir, rien ne sera possible si nous ne disons pas : « Plus jamais ça ! » Recherchons sans faiblesse les fautifs ! Il faut taper du poing sur la table et agir, tout de suite. Les raisons de ne pas bouger sont toujours nombreuses. La gravité sans précédent de la crise doit nous donner le courage de décider, de trancher, d'agir.

Les agences de notation : l'irresponsabilité portée au rang de système

L'histoire des agences de notation, c'est d'abord celle d'un colossal échec. Reportons-nous quelques années en arrière. Ces acteurs sont les policiers du système. Les agences sont chargées de dire si l'entreprise notée prend trop de risques ou si le produit financier évalué comporte trop de dangers. Pourtant, quatre jours avant la retentissante faillite d'Enron en 2000, elles continuent à donner des notes favorables à cette société. En 2007-2008, elles n'ont pas, non plus, vu venir la crise et n'ont déclenché aucun signal d'alarme sur les difficultés de notre capitalisme financier. Et, dans le même temps, Dieu sait si elles ont profité du système !

Sans le moindre doute, les agences de notation ont porté le premier coup mortel au capitalisme financier. Qu'elles s'appellent Standard & Poor's, Moody's ou Fitch, les trois sociétés qui dominent ce marché, elles ont fait des gains considérables et érigé l'irresponsabilité en œuvre d'art. Pendant que l'explosion du capitalisme financier se préparait, non seulement leur chiffre d'affaires doublait, passant de 3 milliards de dollars en 2002 à plus de 6 milliards en 2007, mais leurs profits quadruplaient. Moody's détient même un record du monde : pendant cinq années de suite, cette agence peut se vanter d'avoir eu la marge opérationnelle la plus élevée des cinq cents plus grandes entreprises du monde. En 2007, elle représentait plus de 50 % de son chiffre d'affaires. Et son profit net après impôts dépassait alors 700 millions de dollars pour 2,2 milliards de chiffre d'affaires. Record du monde absolu, également, pour les rémunérations : les trois présidents des trois agences de notation ont encaissé en 2007 un peu plus de 80 millions de dollars !

Des profits gigantesques, des rémunérations énormes pour exercer un métier qui a failli. Standard & Poor's a dû changer deux tiers de ses notes en 2008. De son côté, au cours de l'été 2008, Moody's a modifié la note de plus de 5 000 émissions de produits liées à des placements immobiliers. Même les patrons de ces sociétés commencent à reconnaître leur irresponsabilité. Entendu par une commission du Sénat américain, Raymond McDaniel, le patron de Moody's, a admis que le marché ne se préoccupait guère de la qualité des ratings (les notations) et même que la qualité était pénalisée car « elle avait très peu d'amis ». De fait, ceux qui émettent et placent des produits recherchent la meilleure note possible. Les investisseurs qui les souscrivent ne veulent évidemment pas que la note soit revue à la baisse. Bref, dans ce système, c'est donner la meilleure note possible, même si elle n'est fondée sur aucun travail sérieux. Conséquence, en 2004, 2005, 2006, 2007, alors que couvait l'explosion, les notes ont flambé. Les notes A, soit entre 17 et 20 si on était à l'école, représentaient 85 % des notes attribuées par les agences. Comme le disait l'un des analystes de Standard & Poor's dans un document adressé à sa direction : « Si on nous présentait un produit financier structuré par des vaches, nous lui donnerions également une excellente note. »

Irresponsabilité propre, irresponsabilité liée à la compétition entre les trois agences, irresponsabilité de l'incompétence ? Incompétence, au demeurant, assumée : comment peut-on noter des produits de prêts d'emprunt sans connaître le profil de risque des emprunteurs ? Comment justifier de notes, pour le long terme, délivrées sans toujours établir de véritable scénario catastrophe ? Irresponsabilité aussi par appât du gain. Une anecdote en témoigne. Avant d'attribuer une note à un produit dans lequel les prêts avaient été découpés en petits morceaux pour les refiler à d'autres investisseurs, un analyste d'agence de notation s'était inquiété de savoir qui étaient les emprunteurs, quels étaient leurs qualité et profil, et s'ils avaient la capacité de rembourser. La réponse du numéro deux de l'agence est édifiante : « Toute demande pour connaître le contenu de chaque prêt est totalement déraisonnable. La plupart des investisseurs n'ont d'ailleurs pas cette information et ne peuvent donc pas la fournir. Néanmoins, nous devons donner un estimé de crédit et une note. C'est notre responsabilité de fournir ces notes et votre responsabilité de trouver une méthode pour y arriver. » Traduction grand public : vous n'avez pas les moyens de faire votre travail mais faites-le quand même, puisque c'est ce qu'on vous demande !

Les conflits d'intérêts sont aussi venus s'ajouter à l'irresponsabilité. Deux exemples.

L'émetteur d'un produit financier compliqué, sophistiqué, lourd de risques, que lui-même sans doute ne maîtrise pas totalement, paie l'agence de notation qui va accorder la note. Mise en compétition avec d'autres, l'agence qui se montrerait plus curieuse ou plus critique que ses concurrentes a donc la certitude de perdre le contrat. Quand celui qui donne la note est payé par celui qui la demande, le conflit d'intérêts est inévitable et l'irresponsabilité assurée. Imaginez un système scolaire dans lequel, pour obtenir leurs notes, les élèves paieraient des profs n'ayant de comptes à rendre à personne ? C'est exactement ce qui se passe avec les agences de notation.

Deuxième exemple : les agences ont développé une activité de conseil, autant dire qu'elles peuvent à la fois donner une note et faire des recommandations à ceux qui les réclament. Bref, elles sont juges et parties et peuvent dire : « Si vous me payez deux fois plus, non seulement je vous donnerai une note mais je vous conseillerai pour vous dire ce qu'il faut que vous disiez pour avoir la meilleure note possible. » Impensable mais vrai. Ainsi, lorsque tout a explosé, nous avions un système complètement pervers dans lequel les agences de notation surestimaient totalement les notes qu'elles attribuaient, ne faisaient pas un examen rigoureux des risques et des scénarios catastrophes pouvant s'ensuivre, bref ne remplissaient pas leur rôle fondamental.

Mon point de vue est tranché : il faut changer du tout au tout le mode de fonctionnement des agences de notation. Oui, elles ont été des policiers irresponsables. Non, on ne peut se contenter d'aménager leur mode de fonctionnement à la marge. Non, on ne peut pas se contenter de leur parole pour se réformer. Plus un produit est sophistiqué, plus l'investisseur a besoin d'une expertise extérieure sur sa qualité. Comment y parvenir ?

Un principe simple, d'abord, devrait être établi : quand on ne fait pas correctement son métier, on perd sa rémunération et son profit. Il convient, donc, de prévoir de vraies sanctions quand les agences sont défaillantes. Leur responsabilité doit être au cœur de leur réforme. Cinq mesures peuvent concrétiser ce principe :

1. Toute entreprise, tout investisseur, tout émetteur doit pouvoir mettre en cause la responsabilité d'une agence de notation et demander une indemnisation si la note fournie ne répond pas à des standards professionnels de qualité suffisante. Cette réforme indispensable est réaliste puisque ce système s'applique déjà aux sociétés d'audit.

2. Une agence de notation ne peut plus être juge et partie pour le même client. Si elle lui donne une note, elle ne peut plus le conseiller. Si elle le conseille, elle ne peut pas lui attribuer une note.

3. Les agences de notation, qui sont en fait des juges, doivent être indépendantes de leurs clients. Une règle devrait donc

interdire à tout employé d'agence de suivre un client pendant plus de deux ou trois années. Le juge doit être indépendant et l'indépendance passe par une limitation du mandat de notation dans le temps, ce qui donne la liberté de tout dire.

4. Employés et dirigeants des agences de notation ne doivent pas être rémunérés en fonction du nombre de dossiers qu'ils traitent. Seule compte la qualité de leur travail, qu'il faut, en permanence, évaluer.

5. Instaurer un contrôle des agences de notation. Il faut, en quelque sorte, l'équivalent d'une inspection générale de la police. Les Banques centrales sont, sans doute, les mieux placées pour exercer ce contrôle de qualité. Ce contrôle devra aussi veiller à ce que les agences ne répondent pas à la mise en cause de la qualité de leurs travaux par la bureaucratie, autrement dit en noyant les entreprises de demandes pour se défausser de leurs responsabilités. L'ouverture permanente du parapluie n'est pas non plus la bonne réponse-qualité.

Cinq idées simples pour sortir du colossal échec des agences de notation.

Je me réjouis que la Commission européenne s'engage résolument dans cette voie. Mais tant que nous n'aurons pas convaincu les Américains…

Et pourquoi ne pas aller plus loin encore en favorisant la création d'une nouvelle agence de notation dirigée ou parrainée par des personnalités incontestables du monde économique, accueillant en son capital et en son conseil des entreprises publiques ou privées, des institutions chargées de la reconnecter à la réalité des entreprises ? Il s'agirait de faire en matière de note sur la dette ce que Nicole Notat a fait avec Vigeo pour la notation sociale et le développement durable.

Si les arbres ne montent pas au ciel,
les rémunérations non plus

Comme les agences de notation, les rémunérations sont devenues folles dans le secteur financier ces dernières années. En 2007, plus d'une dizaine de présidents de banques ont touché des sommes supérieures à 100 millions de dollars pour l'année. Plusieurs centaines de traders ont encaissé en 2007-2008 des bonus de plus de 10 millions de dollars ou d'euros. Or les traders sont souvent des jeunes de 20 à 30 ans, sans réelle expérience professionnelle, extrêmement habiles en mathématiques financières et en modélisation, mais qui n'ont ni recul ni capacité de jugement.

Non, le monde ne peut pas être peuplé d'autant de génies que de traders recevant plus d'un million de dollars de bonus chaque année ! Oui, en même temps, une rémunération fortement variable en fonction des profits est légitime dans toute entreprise, y compris celles du secteur financier. Mais le profit instantané ne peut pas être le seul ressort de cette rémunération. Elle repose aussi sur des critères de responsabilité et de durée.

Revenons à des notions simples. Au bon sens.

Du président au guichetier en passant par le trader, le but dans la finance est de faire des profits. Le fait d'en générer ne justifie pas en soi, cependant, un bonus. C'est la responsabilité normale de chacun de faire gagner de l'argent à l'entreprise qui l'emploie ! Ce surcroît de rémunération ne peut s'appliquer qu'à des performances exceptionnelles et solides. Il faut introduire dans l'ensemble des rémunérations du secteur financier, trois idées très simples.

1. Fixation d'un cap, d'une limite haute.

Au-delà d'un certain niveau, les rémunérations variables n'ont plus de sens. La performance instantanée d'une entreprise, d'une action de trading, d'un placement de produits financiers, doit alors plus au marché et à l'environnement qu'au génie de son créateur. Tout n'est pas possible et rien ne peut croître à l'infini. Quelle que soit la qualité du travail, un bonus ne peut excéder deux ou trois fois le salaire. Si l'on fait mieux, tant mieux pour l'entreprise. Il faut rappeler aux jeunes traders sans expérience que, même en matière de rémunération, les arbres ne montent pas jusqu'au ciel.

2. Évaluer la performance dans la durée.

Les métiers financiers reposent sur un acte commercial (« Je vends un produit, je fais une opération ») instantané, mais les conséquences de cet acte se jugent dans la durée. Il faut donc que la rémunération s'étale dans le temps. Prenons quelques exemples simples. Lorsqu'un commercial place un prêt, qu'il soit subprime ou pas, à un ménage pour acheter sa maison, il le lui consent en fonction d'une analyse du risque, c'est-à-dire de la capacité de ce ménage à le rembourser dans la durée. Est-il normal que celui qui négocie le prêt touche sa commission le jour où celui-ci est placé et s'en lave les mains ensuite ? Ce système-là pousse au crime. Il faut donc réintroduire la notion de la durée dans la plupart des métiers financiers. Concrètement, une rémunération sous forme de commission pour avoir placé un prêt sur dix ans peut se découper : 30 % de la commission seraient payés au moment de l'acte commercial, les 70 % restants versés année après année si le prêt est remboursé normalement. Lorsque le produit placé connaît un problème, si, par exemple, le ménage arrête de rembourser son prêt, le versement de la commission s'interrompt également. Les intérêts de celui qui vend le placement financier sont ainsi liés à l'intérêt économique qui le sous-tend. Ce principe de lier le versement de la rémunération dans le temps au constat du résultat réel est applicable et ajustable à nombre de transactions financières. Il doit devenir la règle.

Les résultats de nombre de produits financiers complexes ne sont souvent connus que lorsqu'ils sont dénoués : six mois, un an, dix-huit mois ou deux ans après leur création. Là aussi, et de manière encore plus vigilante, la commission doit être liée au résultat final. Si je monte une opération dont je sais qu'elle comporte un risque élevé, je ne peux percevoir ma commission ou mon bonus que si le dénouement est conforme à ce que j'en attendais au départ. Dans le cas des crédits sophistiqués, du type produits dérivés, la règle devrait même être : versement d'une petite partie de la commission au moment où l'opération est conclue, la majeure partie du bonus venant à son échéance si elle se dénoue normalement et de façon définitive.

3. Dans de nombreux métiers financiers, on peut réintroduire le risque d'entrepreneur, le risque en capital. Du projet de financement aux fonds d'investissement, les gestionnaires devraient être forcés de réinvestir une partie de leurs gains précédents en capital sur les projets ou investissements en cours.

Ces mesures qui chassent le virtuel pour revenir au réel exigent un changement d'état d'esprit radical. Goldman Sachs est la banque d'investissement qui a le mieux résisté, sans doute parce que, jusqu'à une période très récente, elle fonctionnait comme une maison d'associés, dans laquelle chacun se sentait responsable sur ses biens propres du résultat final. Certes, on ne transformera pas demain toutes les banques en *partnerships*, en sociétés constituées d'associés responsables sur leurs biens propres, mais il faut traduire cette philosophie dans les rémunérations.

Outre le dossier des salaires et des bonus, il est impératif d'ouvrir aussi celui des stock-options. Elles ont donné lieu à des abus mais, personnellement, je les juge saines dans leur principe. Cet outil a été conçu pour associer des dirigeants au capital et rapprocher leurs intérêts de ceux de leurs actionnaires.

C'est légitime et, en fait, on a dérapé dans la façon dont on les a distribuées et utilisées. Là encore, trois règles simples peuvent être imposées par la loi.

1. L'interdiction, en cas de baisse du cours de Bourse, de repackager les stock-options et d'en distribuer de nouvelles à des prix moins élevés. Ce qui se pratique énormément aux États-Unis et un peu en Europe.

2. Les accorder à la même date chaque année afin de ne pas pouvoir jouer sur le marché en les accordant, par exemple, à un moment où le cours est particulièrement bas.

3. La réalisation de ces stock-options devrait être mécanique pour éviter toute manipulation. Chaque patron définirait, en début d'année, combien de titres il veut vendre et le rythme de ces ventes, afin qu'on ne puisse pas l'accuser d'avoir choisi, en fonction des informations qu'il possède, le meilleur moment pour les céder, sur le dos en outre de ses actionnaires. Dans le secteur des technologies, des patrons célèbres comme Bill Gates ou Steve Jobs ont recours à cette procédure. Ce serait, avec l'élimination des rémunérations les plus folles, un engagement de bon comportement qui pourrait ramener un tant soit peu de raison. Il n'est que temps.

Les mesures que je viens d'évoquer peuvent permettre de couper court à certains excès. Elles ne seront pas un remède miracle à l'absence d'éthique que l'on constate dans certains métiers. Pour cela, il n'y a pas de loi, pas de régulation, mais des réponses moins formelles qui s'appellent l'éducation et l'esprit d'entreprise. Il revient aux dirigeants eux-mêmes d'imposer ce dernier de la manière la plus charismatique possible.

Hedge funds, le monde n'est pas peuplé que de génies

Comme vu plus haut, sous ce nom mystérieux de « hedge funds » se trouvent des fonds d'investissement, souvent à vocation spéculative, supposés plus malins que tous les autres. Le savoir-faire qu'on leur attribue consiste à tirer parti des faiblesses et des anomalies des marchés pour obtenir des performances supérieures au marché. Ces dernières années, leur nombre a explosé et, pourtant, il n'y a pas autant de Warren Buffett (l'homme le plus riche du monde) ni autant d'investisseurs avisés que de hedge funds. Quand tout le monde prétend faire beaucoup mieux que le marché en profitant de ses failles, on finit rapidement dans une impasse ou on crée une situation irréaliste. À ce jeu-là, il est évident que tout le monde ne peut pas gagner. Et nous sommes au point où beaucoup vont perdre énormément.

L'industrie des hedge funds a flambé parce que les performances des premiers ont été exceptionnelles. Et quand je dis flamber ! Les propriétaires de Knebworth House se souviennent encore, en 2007, de la facture de 500 000 € de champagne payée à l'issue d'une fête organisée pour 4 000 « hedgeurs ». Tout le monde a, alors, voulu créer le sien et tous les investisseurs ont voulu y placer de l'argent. Du coup, le nombre d'acteurs est devenu trop important et leur compétence incertaine. Et les investisseurs classiques n'ont pas réellement perçu le niveau de risques qu'ils prenaient.

Parallèlement, le développement des hedge funds s'est fait sans aucune forme de régulation et de contraintes. Pour que ces fonds d'investissement puissent exploiter les défaillances du marché, il fallait qu'ils n'aient pas à rendre de comptes et ne soient pas soumis aux règles imposées aux autres fonds. Leur multiplication, et celle des capitaux qu'ils gèrent, a transformé cette absence de régulation en une anomalie de plus en plus criante du capitalisme financier. Mais, dans ce domaine-là comme dans d'autres, les bénéficiaires de l'anomalie constituent vite un lobby puissant pour la maintenir et la pérenniser. C'est ce qui s'est produit. Finalement, ces hedge funds sont des animaux libres dans un système où ils peuvent prendre des positions extrêmement agressives, très spéculatives, sans en référer à personne. Cela a conduit, naturellement, à une fuite en avant. Entre 1990 et 2008, les actifs qu'ils gèrent ont été multipliés par 50, au point d'approcher aujourd'hui 2 trillions de dollars, c'est-à-dire 2000 milliards de dollars, six fois le budget de la France ! Alors qu'ils se comptaient sur les doigts des deux mains au début des années quatre-vingt-dix, ils étaient plus de 7000 au début de l'année 2008. Force est de reconnaître que cette population est hétéroclite et qu'il est bien difficile de mettre tout le monde dans le même sac. Leur manque de transparence est cependant un point commun à tous !

Accélérateurs de la partie la plus spéculative de la crise, les hedge funds, à présent, se retrouvent eux aussi pris à contre-pied. Les contraintes de leurs investisseurs les saisissent à la gorge. Devant faire face à des crises de liquidités, ces derniers ont besoin de réaliser des actifs et demandent à se retirer des hedge funds. Ces retraits massifs obligent les hedge funds eux-mêmes à liquider certaines de leurs positions, y compris à perte. Le système, là encore, accroît le cercle vicieux de la spéculation, mais à la baisse. La violence des retraits de capitaux de ces fonds n'est pas sans conséquence. De 20 milliards de dollars de retrait en octobre, on estime que 600 milliards partiront avant la fin de la purge. Face à ces vagues de retraits, les hedge funds cherchent à imposer à leurs investisseurs des restrictions, voire des interdictions temporaires de retrait. Cela évitera peut-être la faillite de certains mais prolongera la purge. Les retraits se produiront plus tard mais dès que possible en 2009. Et les ventes d'actifs par les hedges pour y faire face se poursuivront aussi. Nul doute que cela ne change profondément la vision des investisseurs vis-à-vis des hedges. L'absence de liquidité est en effet leur crainte première. Pour survivre, certains fonds tirent une balle dans le pied de l'ensemble de la profession.

Bien des tracas encore à venir sur les marchés ! L'ampleur de cette purge entraîne une mortalité spontanée et exceptionnellement élevée des hedge funds. Près de la moitié sans doute de ces fonds est appelée à disparaître d'ici la fin de l'année 2009. 50 % de mortalité en l'espace de dix-huit mois, c'est impressionnant, mais à la mesure des excès commis. N'étant pas régulés, les hedge funds ont pu prendre des positions extrêmement concentrées, donc spéculatives et risquées. En attirant des investisseurs de moins en moins sophistiqués et de moins en moins conscients du type d'instrument dans lequel ils investissaient, ils se sont fragilisés et exposés à ces retraits massifs. Mais, au-delà de cette mortalité subite, il faut tuer le germe qui les a amenés à accélérer la crise dans laquelle nous nous trouvons.

La défense de l'industrie des hedge funds est de plaider la non-responsabilité. Et curieusement ils ont en partie raison, mais cela ne suffit pas. Il y a quelques mois, le Congrès américain a auditionné les cinq d'entre eux qui avaient gagné plus d'un milliard de dollars – excusez du peu –, dont le célèbre Georges Soros. Image formidable des « vautours », comme on les appelle parfois, alignés en rang d'oignons, main droite sur la Bible… Leur discours était uniforme : nous sommes acteurs mais pas responsables, nous n'avons ni créé les subprimes ni pris la décision de mettre Lehman Brothers en faillite. Acteurs donc, mais pas responsables. Un peu court et inacceptable. Car par leur certitude d'avoir la fameuse « touche de Midas », par la violence de leurs attaques sur certaines valeurs, par la débandade de leurs ventes en catastrophe pour rembourser leurs investisseurs en recherche de liquidité, nombre de hedges ont incontestablement accéléré la crise de manière violente sur les marchés. Les volumes qu'ils manipulent et la concentration avec laquelle ils peuvent les utiliser les dotent en fait d'une véritable « arme nucléaire ». Et comme ils ne sont pas traçables à cause de leur localisation majoritaire dans des paradis fiscaux ou par l'absence de transparence de leur stratégie, ils sont bien au cœur du risque systémique des marchés. Volontaires ou pas, initiateurs ou pas, peu importe finalement. Les hedge sont bien des acteurs engagés, majeurs, et donc responsables du désastre actuel. Il faut, à leur tour, les bousculer, les mettre en situation de devoirs à la hauteur de leur responsabilité. Cela n'enlève rien aux aspects positifs de certaines interventions de ces fonds qui ont aussi globalement contribué à la liquidité des marchés et à leur capacité à couvrir ses risques. Mais on ne peut clairement pas en rester là. À nouveau, trois idées simples.

1. Il n'y a plus aucune raison que les hedge funds échappent à la régulation.

C'est une anomalie totale. L'effondrement de l'un d'entre eux, LTCM, en 1998, avait déjà nécessité de remettre des milliards de dollars sur la table. Pourtant, rien n'a changé depuis. Il faut, maintenant, leur imposer un plafond aux effets de levier qu'ils recherchent. Autrement dit, qu'ils ne puissent pas travailler avec quasiment zéro de capital et un montant illimité de dettes sur les opérations spéculatives. Il faut leur imposer des obligations de transparence et de déclaration. Être malin et agile, oui. Multiplier les braconnages, non. Une régulation des activités et des obligations des hedge funds est une priorité à l'échelle internationale.

2. Fixer des limites à la concentration des risques.

Un hedge fund peut jouer l'essentiel des fonds qui lui sont confiés par ses investisseurs sur une seule opération ou mettre, comme l'un d'entre eux, plus de la moitié de ses actifs chez Madoff. C'est excessif et dangereux. On ne peut pas faire tapis tout le temps ! Obliger les hedge funds à répartir les risques, comme à diffuser l'information, limiterait cette dérive. Ils défendaient jusque-là l'opacité, expliquant que dévoiler une information justifiant leurs investissements pouvait ruiner leur stratégie. Vieux principe selon lequel une information divulguée n'a plus de valeur. Dans la pratique, ce raisonnement se heurte à deux limites fortes : d'abord l'information peut être une simple rumeur, lancée par certains gestionnaires malintentionnés, ensuite, ne pas soumettre les hedge funds à des obligations d'information, c'est précisément donner une prime à la rumeur.

Par ailleurs, lorsqu'un hedge fund liquide massivement certains de ses actifs, aujourd'hui le marché ne sait pas s'il agit à partir d'une information particulière ou s'il y est contraint par ses investisseurs. La transparence permettrait d'éviter la panique de certains intervenants. Il est donc nécessaire de soumettre les hedge funds à des obligations d'information plus élaborées.

3. Encadrer les outils qui sont à leur disposition.

Comme expliqué plus haut, les hedge funds disposent, avec les produits dérivés et les ventes à découvert, d'armes de destruction massive. Il faut en limiter l'utilisation.

Au début de l'année 2002, alors que Vivendi Universal était soumis à des critiques incessantes venant de l'extérieur, certains hedge funds ont tout mis en œuvre pour faire de l'argent sur le dos de VU et de ses actionnaires en recourant à des ventes à découvert. La stratégie est toujours la même, simple et efficace. Lorsqu'une société est en situation de faiblesse, on lance le matin à Londres une rumeur et on vend en même temps des titres à découvert, qu'on ne possède pas. Si la rumeur prend, on augmente sa mise, sans limites puisque, de toute manière, ce sont des titres qu'on ne détient pas et qu'il n'est pas nécessaire de posséder physiquement pour pouvoir les vendre. Le marché alors s'effondre et on rachète, massivement, en fin de journée. Certes, le cours remonte alors un peu mais l'essentiel a été fait : il y a une perte nette très substantielle de la valeur sur la journée qui se traduit pour le vendeur à découvert en un gain inversement proportionnel à la baisse du titre. Pour le spéculateur, c'est un jeu gagnant/gagnant lorsque la société est en position de faiblesse et la proie des rumeurs, mais c'est une forme d'escroquerie à l'encontre de l'actionnaire stable, impuissant quand le cours perd toute réalité et n'a plus de relation avec la valeur réelle de l'entreprise.

L'éclatement de la bulle Internet en 2001-2002, que j'ai vécu dans ma chair en tant que patron de Vivendi Universal tout au long du premier semestre 2002, a été la première illustration grandeur nature de la stratégie prédatrice de certains fonds et vendeurs à découvert. On les a vus se développer par la suite alors même que leur démarche n'a plus rien à voir avec le marché. Pour une opération de ventes à découvert utilisée à juste titre pour lutter contre une anomalie du marché, on en compte dix, cinquante, cent dans lesquelles il s'agit de spéculation pure et dure.

Une petite anomalie ne lasse pas de me surprendre dans les ventes à découvert. Pour couvrir leurs risques lorsqu'ils y recourent, nombre de hedge funds font ce qu'on appelle un emprunt de titres. Ils sollicitent un institutionnel, une banque ou un gestionnaire de fortune, qui possède, par exemple, des titres Vivendi Universal, et ils lui demandent, moyennant une toute petite rémunération, de les lui prêter pour une journée, une semaine, un mois, le temps de mettre en œuvre une stratégie prédatrice. Le prêteur de titres gagne très peu. L'emprunteur peut, en revanche, gagner énormément si l'action baisse. Ce qui détruit en fait le patrimoine du prêteur ! Bilan pour l'institutionnel : « petits profits et gros dégâts » ! Dans la période récente, nombre d'institutions, comme les banques et les compagnies d'assurance, ont été les principales victimes de ces prêts devenus courants, qui ne leur font rien gagner sur leurs propres titres mais coûtent énormément au marché. Pour réagir, il n'est pas nécessaire d'élaborer une réglementation, il suffit d'en appeler au bon sens. Il serait temps que les grandes institutions bancaires, les compagnies d'assurance et les fonds s'aperçoivent que le prêt de titres à des fonds spéculatifs est un jeu suicidaire dans lequel ils retournent l'arme contre eux-mêmes.

Il est évident que ces ventes à découvert sont à l'origine d'une destruction colossale de valeur et qu'elles ont accéléré à la fois la crise globale et des crises particulières sur certains titres. Faute de retour spontané au bon sens, il faudra appliquer la peine maximale, c'est-à-dire l'interdiction pure et simple de ces ventes à découvert « nues », comme cela a été fait sur certains marchés, pour des périodes limitées, au plus fort de la crise boursière en 2008. Ce serait, certes, se priver d'un instrument financier générateur d'activité, de rémunérations, de commissions et de profits, et cela réduirait sans aucun doute l'activité de nombre de fonds spéculatifs, accroissant encore leur mortalité très élevée. Mais, en face d'un capitalisme financier tout à la fois globalisé et fragilisé, la disparition de cette arme spéculative serait salutaire.

Tuer la rumeur

Les marchés financiers, aujourd'hui, ne sont pas préparés à lutter contre la rumeur. Il n'y a rien de plus angoissant pour le patron d'une société cotée que de découvrir un matin une rumeur et de voir son titre s'effondrer alors qu'il fait son travail correctement. En quelques heures, il lui faut donner l'information correcte au marché, mais le mal est déjà fait, le cours a baissé, la confiance est ébranlée et l'information juste ne compensera jamais les effets de la rumeur. En particulier dans les périodes de crise, le « il n'y a pas de fumée sans feu » est dévastateur. Il faut donc en finir avec la rumeur.

Le déséquilibre entre l'auteur de la rumeur et sa proie est terrible. Celui qui lance la rumeur a tous les moyens, il joue avec toutes les armes du temps : la vitesse et la patience. En revanche, la cible court après le temps : elle doit informer les autorités de marché, préparer un communiqué, le faire valider. Durant ces précieuses heures, l'attaquant, lui, agit. Nous sommes dans un match de boxe où l'un des combattants aurait une main liée dans le dos. Pas besoin d'être grand clerc pour en pronostiquer l'issue.

Les exemples pullulent. Ils sont quotidiens. Et bien sûr ils s'accélèrent avec la crise, car les occasions de faire du profit face à des sociétés affaiblies se multiplient. La SEC (Securities and Exchange Commission), le gendarme du marché américain, vient d'ailleurs de convoquer une vingtaine de fonds spéculatifs accusés d'avoir propagé pendant la crise des rumeurs totalement infondées sur des institutions financières, uniquement pour alimenter et « sécuriser » leurs ventes à découvert. Le résultat de cette enquête sera intéressant à suivre. Espérons qu'il donnera enfin des idées aux autorités de marché européennes, et notamment françaises.

La rumeur est devenue un sport illégal sans risque. Il faut que cela cesse. Et il n'existe qu'une seule solution pour ce faire : il faut adopter, de manière coordonnée à l'échelon mondial, des législations beaucoup plus dures, faisant du lancement de rumeurs un délit pénal, accompagné de sanctions financières extrêmement lourdes. Celui qui y recourt doit non seulement risquer dix fois le montant du gain qu'il a fait, mais plus que cela encore. Une sanction pénale s'impose, par exemple l'interdiction d'exercer sa profession, et elle doit être prononcée et exécutée. Il n'y a rien de plus difficile que de lutter contre cette arme de destruction massive qu'est la rumeur. Seul le caractère exceptionnellement lourd, disproportionné des sanctions peut être dissuasif. Dans l'exercice de mon métier de patron de Vivendi Universal, j'ai été, un certain nombre de fois, victime de ces rumeurs, et ma plus grande frustration a été de ne pouvoir réagir. Il y a les erreurs que l'on commet, les injustices que l'on subit et la frustration absolue que provoque l'impact de la rumeur.

Éliminer le trou noir des paradis fiscaux

Dernier assassin à combattre : le club des paradis fiscaux. Ces passeurs permettent la diffusion des produits toxiques et des risques sans que l'on puisse les suivre. On peut les tracer avant leur entrée dans ces lessiveuses, après on les perd.

Il existe des organisations mondiales du commerce, de la santé mais il n'y a pas d'organisation mondiale de la finance. Le domaine financier et fiscal est le seul dans lequel on est incapable de suivre un risque. Un trou noir, en quelque sorte.

Un paradis fiscal se définit, normalement, par des critères simples. C'est un pays qui octroie à ceux qui y déposent leurs fonds une fiscalité faible. C'est aussi un pays qui pratique le secret bancaire et n'échange aucune information avec les États qui lui en font la demande.

La liste de ces trous noirs est longue mais le décalage est énorme entre la réalité et le recensement qui en est fait par les organisations internationales – en fait des dizaines de pays sont des paradis fiscaux d'une manière ou d'une autre. Par exemple, pour l'OCDE, seuls Monaco, Andorre, le Lichtenstein en sont, alors que les îles anglo-normandes britanniques Jersey et Guernesey, ou encore les îles des Caraïbes, les Bahamas, les îles Caïmans, Belize, les îles Vierges du Royaume-Uni, etc., n'en sont pas.

Des oublis curieux mais compréhensibles. Les paradis fiscaux sont, en effet, bien commodes. Ils permettent le blanchiment, ils facilitent l'évasion fiscale, car ils rompent la chaîne de la traçabilité de l'argent. Preuve de leur utilité pour les spéculateurs, les hedge funds s'y précipitent. Ils offrent, il est vrai, la possibilité d'agir sans contraintes et sans régulation. Les deux tiers des hedge funds sont donc accueillis par des paradis fiscaux. Près de 400 banques et 2 millions de sociétés écrans y ont trouvé refuge. C'est dire que le phénomène n'est plus marginal. C'est une des dérives du capitalisme financier ces dernières années. Comme dans l'univers et l'espace, ces trous noirs attirent et aspirent de plus en plus de matière. Mais il y a une prise de conscience face aux risques qu'ils représentent.

En France, Nicolas Sarkozy s'est clairement prononcé pour l'élimination de ces zones d'ombre de la finance mondiale, en soulignant que les paradis fiscaux « compromettent les efforts de coordination des États ». Il a fait savoir que les banques françaises qui feront appel au plan de sauvetage du gouvernement devront arrêter de travailler avec eux.

Plus intéressant encore, aux États-Unis, on trouve la trace d'un projet de loi, introduit en février 2007, pour stopper les abus liés aux paradis fiscaux. Il a été présenté par un sénateur républicain du Minnesota et deux sénateurs démocrates, l'un du Michigan, l'autre de l'Illinois, le sénateur… Barack Obama. Obama qui souligne : « C'est un enjeu essentiel et élémentaire de justice et d'intégrité. On doit tout faire pour tomber sur le dos des individus ou des entreprises qui abusent de nos lois fiscales, et qui abusent donc de ceux qui travaillent dur et qui sont désavantagés en appliquant les règles. » Souhaitons que le président Obama soit aussi actif sur la question que le sénateur Obama !

Cette réactivité politique est nouvelle mais il faut être bien conscients que les intérêts en jeu sont si considérables et la complicité des États telle dans la fabrication de ces paradis, qu'il règne sur ce sujet une énorme hypocrisie. D'ailleurs beaucoup pensent qu'au-delà des grands mots, l'action sera menée avec lenteur.

Très traditionnellement, l'Angleterre, qui bénéficie avec Guernesey et Jersey de « paradis fiscaux de proximité », s'est toujours opposée à des mesures radicales les visant. Soyons-en certains, nos amis anglais seront un frein plus qu'un moteur dans cette lutte. Il va donc falloir à la fois beaucoup de courage politique et un solide soutien des opinions publiques pour que ce combat soit véritablement engagé.

Mais face aux désordres actuels du capitalisme financier, l'action contre les paradis fiscaux est une œuvre de salut public. Elle est impérative si l'on veut reconstruire ce capitalisme dans des conditions de transparence.

Concrètement, que peut-on faire ? Quelles sont les mesures efficaces qui doivent être engagées et imposées sur le plan international ?

La première réticence viendra, naturellement, des pays qui constituent ces paradis fiscaux et dont l'économie, sinon toute la richesse, repose sur cette activité et sur l'attractivité de leurs banques pour des dépôts extrêmement importants. Mais on peut agir. Voici un plan d'attaque.

Première idée. Cesser d'être dupes et de faire comme s'ils n'existaient pas. Tous les États peuvent dénoncer les conventions fiscales qui existent entre eux et un ou plusieurs paradis fiscaux. Ces conventions les aident, supprimons-les ! Taxons, également, tous nos ressortissants disposant de revenus importants cachés dans un paradis fiscal. De la même manière, tous les États qui viennent d'offrir des garanties pour les dépôts peuvent exclure les paradis fiscaux du périmètre de cette protection. Pratiquons la stratégie de l'étouffement progressif. Elle est souvent diablement efficace.

Deuxième idée. Se donner plus de moyens pour identifier l'argent qui prend la destination de ces paradis fiscaux. En ce qui concerne l'Europe, il existe une directive sur la fiscalité de l'épargne qui traite des paradis fiscaux, mais elle ne concerne que les particuliers. Les personnes morales, qu'il s'agisse de sociétés, de trusts ou de fondations, ne sont pas concernées. Il suffit donc d'étendre les directives fiscales européennes en matière d'épargne aux personnes morales de quelque nature que ce soit. Autre disposition pour nous aider à mieux appréhender ce qui nous échappe aujourd'hui : imposer aux paradis fiscaux un péage sur leurs turpitudes et leur secret bancaire en exigeant qu'ils procèdent à un prélèvement fiscal à la source sur les fonds localisés chez eux. C'est, là encore, une manière, efficace, de comprendre ce qui s'y passe, d'y imposer des obligations d'information et d'éclairer le trou noir.

Troisième idée. Instaurer un renforcement du contrôle sur les banques installées dans les paradis fiscaux. On peut y parvenir en leur refusant les aides que l'État accorde en matière de recapitalisation aux autres banques. Est-ce que cela crée une inégalité entre banques ? Oui, absolument. Est-ce que c'est justifié ? Je le crois profondément.

Il existe un autre moyen de renforcer ce contrôle qui ferait couler beaucoup d'encre. Tout le monde a entendu parler de l'affaire Clearstream, cette banque basée au Luxembourg, chambre de compensation internationale, dont certains fichiers ont été trafiqués pour faire apparaître de faux comptes à des fins politiques. Au travers de cette société, comme au travers d'une autre société basée en Belgique, Swift (Society for Worldwide Interbank Financial Telecommunication), la société pour la télécommunication financière interbancaire mondiale, on peut retracer l'essentiel des transferts de fonds dans le monde. Placer ces sociétés sous la surveillance d'une commission de contrôle mandatée par les institutions mondiales, que ce soit la Banque mondiale ou le FMI, serait d'une efficacité redoutable.

On pourrait même doter cette institution de capacités d'intervention, pouvant aller jusqu'à l'interdiction du transfert des fonds sans procédure judiciaire lourde, dès lors qu'il y aurait une suspicion avérée d'évasion fiscale majeure, de blanchiment, etc. Cette mesure radicale permettrait de tracer les fonds transférés, y compris à l'intérieur et à la sortie des paradis fiscaux.

Disons-le sans prendre de détours : les paradis fiscaux sont le principal trou noir dans l'organisation de la planète, quel que soit le domaine d'activité auquel on se réfère. Ils peuvent avoir des justifications économiques mais ce sont des casinos qui truquent tout et jettent un voile opaque sur la finance mondiale. L'enjeu en vaut donc la chandelle. Si l'on veut enfin dire « Plus jamais ça », il faut se donner les moyens d'agir.

La lutte contre les paradis fiscaux sera le vrai test de la détermination politique des États à tirer toutes les leçons de la crise actuelle, de leur volonté de ne pas faire simplement du replâtrage mais d'effectuer un retour vers le réel et le bons sens. Cela implique de connaître et de maîtriser les risques et, par conséquent, d'éliminer ces zones d'ombre qui portent en elles-mêmes les germes de l'explosion future.

Le capitalisme n'en est pas à sa première crise. Mais, sans le moindre doute, il traverse la plus grave qu'il ait connue depuis un siècle, celle dont la propagation est la plus rapide et la plus dangereuse. Il a su démontrer, dans le passé, sa capacité à se réformer. C'est, sans conteste, l'une de ses supériorités, par rapport aux autres formes d'organisation. Mais il est vrai qu'il procède toujours de la même manière. La logique du profit y est toujours poussée jusqu'à l'excès, jusqu'à la création de bulles, jusqu'au moment où ça explose. Le système alors s'effondre, se réforme et repart. Mais force est de constater que ce phénix capitaliste, à travers sa globalisation, est de plus en plus fragile, que les crises sont de plus en plus profondes et que les coûts de la réforme seront de plus en plus élevés. Les dégâts de 2008 seront tout simplement sans précédent. Il ne faut pas que la volonté politique faiblisse. Elle doit éliminer au maximum les germes de l'irresponsabilité propres au capitalisme financier. Oui, il faut éliminer les assassins avant de reconstruire.

CHAPITRE 8

Pour en sortir : assumer la globalisation

> « Le nationalisme est une maladie infantile. C'est la rougeole de l'humanité. »
>
> ALBERT EINSTEIN

Automne 2008, Tianjin, en Chine

Sans être Pékin ou Shanghaï, ce port, qui fournit son accès à la mer à la capitale chinoise, compte tout de même 12 millions d'habitants. Tous les ans s'y déroule le Davos chinois, une réunion qui mêle dirigeants d'entreprise et politiques pour réfléchir sur l'état du monde. Aujourd'hui, surprise, Liu Mingkang, patron de la commission chinoise de régulation bancaire, sort du discours très huilé, stéréotypé et classique servi dans les grandes réunions chinoises. Devant une brochette de banquiers et d'hommes d'affaires, il a recours à ce proverbe chinois pour qualifier la crise : « Le poisson pourrit rarement par la queue. »

Stupeur dans l'assistance. Stupeur parce que Liu Mingkang s'adresse directement aux dirigeants de Wall Street et du capitalisme américain pour illustrer leur rôle dans le chaos financier qui a envahi le monde. Il déclare qu'ils ont perdu le sens des responsabilités et conduit des politiques « ridicules ». Au cours de ce Davos chinois, comme dans nombre de réunions publiques en Chine à l'heure actuelle, la fine fleur du PC chinois ne manque pas d'ironiser sur les leçons reçues des professeurs occidentaux dans le passé. Les Chinois, qui ont subi des pressions pendant des décennies pour libéraliser leurs marchés financiers, ne boudent pas leur plaisir. Qui songerait à le leur reprocher ?

Mais, au-delà du plaisir instantané qu'ils ont de rappeler leur vision longue, leur conscience de la durée, leur volonté d'évoluer progressivement sans se précipiter et leur souci de définir leurs propres règles sans appliquer des recettes importées de l'Occident, les Chinois s'inquiètent, eux aussi, des conséquences de la crise. Dans un sommet sino-américain, le 3 décembre 2008, les Chinois expriment à nouveau leur inquiétude de la dérive continuelle de la crise. Le vice-Premier ministre Wang Qishan, après avoir rappelé que la Chine est devenue le plus gros détenteur de bons du Trésor américain devant le Japon, se fait plus pressant : « Nous espérons que les États-Unis vont prendre les mesures nécessaires pour stabiliser leur économie et les Bourses, mais aussi pour garantir la sécurité des actifs et des investissements chinois aux États-Unis. » Suivi, avec encore plus de précision, par Zhou Xiaochuan, gouverneur de la Banque centrale chinoise : « En tant qu'économie la plus importante du monde, les États-Unis devraient prendre l'initiative d'ajuster leur politique, d'augmenter leur taux d'épargne et de réduire leurs déficits commerciaux et fiscaux. » Difficile de cacher qu'en quelques mois, depuis l'épisode de Tianjin, l'inquiétude chinoise s'est accrue. Coopératifs toujours, mais inquiets de plus en plus. Alimentée par la globalisation, la croissance chinoise repose sur la capacité du pays, d'une part, à financer les déséquilibres des pays développés, notamment des États-Unis, et, d'autre part, de produire à bas coûts pour développer son activité industrielle en exportant.

La crise confronte donc la Chine communiste à cette question : doit-elle sauver le capitalisme pour sauver son marché intérieur ? Ce paradoxe illustre la réalité. Au cours des vingt dernières années, la globalisation est, d'une manière générale, à l'origine de la croissance de l'ensemble des pays de la planète. En dépit des débats sur les délocalisations et malgré les transferts d'activité d'un pays à un autre, le fait est incontestable : dans son ensemble, le monde a connu une croissance de 3 à 5 % ces dernières années. Un peu plus faible dans les pays développés mais suffisante pour y contenir, voire y réduire, le chômage. Beaucoup plus forte dans les pays émergents dont les plus actifs – la Chine, la Russie, le Brésil, l'Inde, etc. – ont souvent connu une croissance à deux chiffres permettant d'augmenter le pouvoir d'achat et le niveau de vie de leur population ; de réduire également les écarts entre pays développés et émergents ; de favoriser l'apparition d'une classe moyenne, élément déterminant du développement. Il ne faut pas oublier ces bienfaits d'une globalisation au sein de laquelle la crise est arrivée comme un éléphant dans un magasin de porcelaine, renversant tout sur son passage. Au moment où il a explosé et, disons-le, « pété les plombs », le capitalisme a naturellement provoqué le chaos et déclenché une épidémie qui n'a épargné personne. Les dégâts sont d'autant plus grands que, face à un capitalisme financier globalisé, vivant à l'heure de l'instantanéité et d'Internet, les réactions des États et des autorités de régulation sont restées fragmentées et parfois empreintes d'un grand archaïsme nationaliste.

Face à l'unité globale du capitalisme financier, il va falloir trouver, pour surmonter la crise, des contre-pouvoirs globaux faits de leaderships clairs et d'organisations multinationales efficaces. Il est nécessaire que voie le jour un équilibre différent, multipolaire, qui modifierait radicalement la situation que nous connaissons depuis quelques décennies, situation marquée par la domination économique des États-Unis. Les chocs que subissent les grands acteurs géopolitiques de notre planète rendent inévitable ce grand remue-ménage mondial.

Les États-Unis sont toujours là mais ils doivent en finir avec leurs propres archaïsmes

La puissance économique et financière des États-Unis ne sera pas totalement remise en cause. Leur puissance et leur influence ne vont pas se dissoudre, en quelques mois, dans la crise. La force de l'industrie américaine, la force de ses capitaux, la force de la consommation outre-Atlantique demeureront. Les États-Unis resteront, au moins quelque temps encore, la première puissance économique mondiale. Mais s'il faudra toujours compter avec eux, ils ne seront plus les seuls. Car, au-delà des faiblesses d'un développement fondé avant tout sur l'endettement des ménages et de l'économie en général, la crise met au jour les formidables archaïsmes qui subsistent dans la société américaine.

Les États-Unis offrent, en matière financière, l'image trompeuse de pionniers avec Wall Street, première place mondiale. En fait, dans bien des domaines, financier et énergétique notamment, ce pays souffre d'une véritable obsolescence avec un État fédéral mal assumé. Dans le secteur financier, comme dans le secteur de l'énergie, cette démocratie a beaucoup de mal à trouver un point d'équilibre entre un État fédéral centralisateur et des États locaux attachés à des prérogatives propres. Ce tiraillement permanent entre le local et le fédéral explique la fragmentation, souvent méconnue, des organes de contrôle et de régulation américains, et un éparpillement du pouvoir pour agir, contrôler et modifier la trajectoire du système financier.

Comment être la force qui domine la réflexion sur les moyens à mettre en œuvre face à une crise globale quand on connaît une telle situation intérieure ?

Revue de détail

Commençons par l'industrie bancaire américaine pour illustrer la fragmentation insoupçonnée de l'organisation politique et administrative américaine. Les organes de régulation y constituent un grand inventaire à la Prévert. Il y a d'abord la Réserve fédérale, l'équivalent de notre Banque de France. Mais elle dispose, elle-même, de douze banques régionales. Chacune d'entre elles a un président, un conseil d'administration, une équipe de recherches et peut émettre des recommandations propres.

Outre la Réserve fédérale, deux composantes indépendantes constituent le Trésor américain. Un premier organisme, l'OCC (*Office of the Comptroller of the Currency*), est chargé d'assurer la stabilité de l'ensemble des banques américaines. Il a la responsabilité de porter une attention particulière aux marchés du crédit et des fonds d'investissement et aux risques qui les menacent. Le second, l'OTS (*Office of Thrift Supervision*), supervise les caisses d'épargne qui font l'objet de réglementations spécifiques et ne ressortent pas de l'OCC.

S'ajoute à ces organismes le FDIC (*Federal Deposit Insurance Corporation*), créé en 1993 après une première vague de faillites de banques et de caisses d'épargne. Son rôle est de garantir que l'épargne individuelle populaire ne partira pas en fumée si une banque tombe en faillite. Cette agence assure et garantit jusqu'à 100 000 $ par déposant. Elle a la possibilité d'imposer un certain nombre de règles aux banques pour atteindre cet objectif.

La CSBS (*Conference of the State Bank Supervisor*) regroupe, elle, au niveau fédéral, tous les organismes de régulation des banques régionales.

Le NCUA (*National Credit Union Administration*), qui duplique assez largement les fonctions du FDIC et de l'OCC, a, lui, la tâche particulière de surveiller toutes les organisations, associations, fondations à but non lucratif participant aux actions de financement de l'économie.

La très fameuse SEC (*Securities and Exchange Commission*) est l'équivalent de notre AMF (Autorité des marchés financiers). Elle peut aussi émettre des recommandations destinées aux banques dans le domaine des actions mais c'est la CFTC (*Commodity Futures Trading Commission*) qui édicte les règles pour tout le marché des obligations ou le marché dit des produits dérivés. N'en jetez plus !

Dans ce labyrinthe, entrelacs d'autorités de régulation, chaque institution empiète sur le territoire des autres, lutte autant pour sa survie et son périmètre propre que pour l'intérêt et la cohérence globale du système. Deux anecdotes illustrent les conséquences de cet imbroglio.

Après le scandale Enron, le Congrès américain, pour restaurer la confiance dans les marchés, s'est préoccupé des règles à définir en matière d'audit. Au lieu de confier cette mission à la SEC, il a créé un nouveau régulateur : le PCAOB (*Public Company Accounting Oversight Board*). Les membres de son conseil d'administration sont, aujourd'hui, les mieux payés parmi les régulateurs fédéraux. En très peu d'années est ainsi née une bureaucratie de plus de cinq cents personnes.

De la même manière, lorsque s'est posée la question de réunir la CFTC et la SEC, pour unifier les règles du marché, le président du Comité de banques du Sénat américain, Philip Gramm, s'est opposé à toute fusion, arguant que le président de la CFTC, Mme Wendy Gramm, son épouse, faisait du bon travail !

Ce qui est vrai pour le secteur bancaire l'est aussi pour le secteur de l'assurance. L'inventaire dans ce secteur est même impossible car il n'y existe, y compris au niveau fédéral, aucun régulateur. Conséquence : encore aujourd'hui, cinquante régulateurs, un par État, édictent les règles de comportement et les contraintes imposées aux différentes compagnies américaines. On imagine les coûts qu'induit cette complexité pour les compagnies mais aussi les incohérences d'un État à l'autre. Cette absence de tout régulateur fédéral exaspère une compétition sauvage pour attirer les compagnies d'assurance dans un État plutôt que dans un autre, favorise le développement anarchique des produits et met à mal tout effort de rigueur. La faillite d'AIG, qui a frappé le secteur de l'assurance américaine dans des proportions qu'aucun autre pays n'a connues, est le fruit « pourri » de cette mosaïque de régulateurs.

Dans ce panorama, l'émiettement et la fragmentation expliquent pourquoi les États-Unis ont manqué de cohérence et réactivité dans la crise par rapport à d'autres pays, notamment en Europe. Cela signifie aussi qu'il n'y a pas non plus de décideur clairement identifié. On s'y renvoie la responsabilité de l'un à l'autre parce qu'aucune instance fédérale n'est assez légitime pour représenter l'ensemble des intérêts américains dans une discussion internationale. Face au capitalisme financier global, il va falloir que les États-Unis en finissent avec cet archaïsme de leur système de contrôle et de régulation financière.

Comment ne pas faire le parallèle, d'ailleurs, avec la situation dans le domaine de l'énergie ? Là encore, les règles sont avant tout locales, différentes d'un État à l'autre pour la production d'électricité et sa distribution. Cela aboutit à un éparpillement du contrôle et des règles, et explique la faiblesse des groupes américains dans ce secteur. Avec pour résultat des aberrations comme ces pannes majeures et ces effondrements de réseau qui ont imposé des nuits noires à New York – ces *black out nights* très profitables à la natalité ! – et provoqué faillites et déficit d'électricité en Californie, malgré une envolée des prix de l'électricité aux heures de pointe…

Dans le monde qui va émerger de cette crise, l'un des handicaps des États-Unis, et certainement l'une des raisons qui les conduira inéluctablement à un affaiblissement de leur rôle, est lié à cet archaïsme de leur système éclaté, fragmenté de contrôle et de régulation. Les États-Unis ne pourront plus à l'avenir, et de moins en moins, s'abriter derrière l'idéologie néo-libérale pour couvrir leurs propres défaillances. D'autant moins que, derrière, ça pousse !

Pays émergents : encore un patchwork, mais l'avenir leur appartient

Bien sûr, la crise a des conséquences lourdes sur l'ensemble des pays émergents. Notamment, les BRIC (Brésil, Russie, Inde et Chine), dont les Bourses ont souvent perdu en 2008 plus des deux tiers de leur valeur. Autrement dit, leur effondrement a été encore plus rapide.

Les raisons de la démultiplication de cet impact sont identifiables. La première, c'est le retrait massif par les pays développés de leurs avoirs dans ces pays, déjà en situation de fragilité. Mais un rapide tour du monde s'impose tant les situations varient d'un pays à l'autre.

À l'évidence, les pays les plus menacés et les plus touchés par la crise financière sont ceux dont l'économie dépend le plus des capitaux étrangers, les États sans réserves en énergie et qui finançaient jusque-là leur croissance grâce à l'argent des pays industrialisés, tout en affichant un déficit de leurs paiements courants. En revanche, quelques grands pays, comme la

Chine et la Russie, disposent d'excédents substantiels et sont capables de financer à la fois leur croissance et une partie des déficits du reste du monde.

Parmi les plus exposés se trouvent les pays d'Europe centrale et d'Europe de l'Est. Ainsi a-t-on vu la monnaie hongroise perdre la moitié de sa valeur par rapport au dollar dans la seconde moitié de 2008. Les pays Baltes, qui affichent des déficits extérieurs importants (20 % du PIB en Lettonie), ont connu les mêmes problèmes. Les nations d'Amérique du Sud sont, également, sur la corde raide. Leur redressement, grâce à la maîtrise de l'inflation, la stabilité retrouvée de leurs monnaies, l'aide du FMI, l'adoption de politiques économiques et de développement judicieuses, était l'une des bonnes nouvelles de la décennie quatre-vingt-dix et du début de ce siècle. Mais le développement de l'Amérique du Sud n'était pas encore suffisant pour la rendre immune face à la crise. Et le choc est d'autant plus profond qu'il était inattendu. Le président brésilien Luiz Inácio Lula da Silva disait au début du mois d'octobre 2008 : « Si la crise vient ici, elle sera rapidement surmontée. » Ou encore : « Je suis sûr que nous aurons un très bon Noël, le Brésil est vacciné contre la crise. » Malgré cet optimisme, né de la qualité de l'action de Lula à la tête du Brésil, la réalité est malheureusement différente. À Sao Paulo, la Bourse a perdu plus de la moitié de sa valeur, et aucun titre n'a progressé dans le courant de l'année 2008. Frappés par la dévaluation du real, la monnaie brésilienne, face au dollar, de grands groupes, dans les secteurs du bois, de la construction, du transport aérien, ont annoncé des pertes se chiffrant en milliards de dollars.

Ce qui est vrai au Brésil l'est aussi au Mexique ou en Argentine. Ainsi, le géant du ciment mexicain, Cemex, la plus grosse société mondiale des pays émergents, s'est effondré en Bourse. Les plus grandes chaînes de retail (la vente au détail) comme CCM, toujours au Mexique, sont tombées en faillite après le plongeon du peso mexicain au mois d'octobre 2008. Ces pays d'Amérique latine voient revenir le spectre du chaos financier des années 1997-1998. Après avoir beaucoup progressé, ils sont touchés par la crise au milieu du gué. Avec la perspective inquiétante de voir s'ajouter à la crise économique des risques de déstabilisation politique, en raison du retour de vieux réflexes nationalistes et protectionnistes, dont on sait les conséquences désastreuses qu'ils ont eues dans le passé.

Lorsque je pense à la situation de ces pays d'Amérique latine ou de certains pays d'Asie, je ne peux m'empêcher de me rappeler ma propre expérience à la tête de Vivendi en 2002. Lorsque vous menez une action de transformation, forcément, vous traversez une période de fragilité. C'est le pire moment pour être attaqué de l'extérieur. Ces pays connaissent et continueront de connaître un ralentissement brutal. Leur boom interne était facilement financé par l'augmentation de la dette auprès des banques des pays industrialisés. Avec la raréfaction du crédit et le renforcement de son coût, cette mécanique se grippe. Du Mexique au Brésil, en passant par la Hongrie, la Roumanie, la Bulgarie mais aussi la Turquie ou le Vietnam, nombre de pays émergents sont concernés, frappés de plein fouet, voire mis à genoux.

Une place particulière doit être faite à l'Inde, ce pays continent, guidé par ses ethnies, sans véritable structure fédérale, sans véritable épine dorsale autre que la constitution de quelques groupes internationaux, maîtrisant l'*outsourcing* comme nul autre. L'Inde également prend la crise de plein fouet. Certes, avec une perspective de croissance 2009 de 6 % qui nous ferait pâlir de jalousie, mais venant de plus de 9 %... Et surtout, les capitaux étrangers refluent massivement. Là où, en 2007, l'Inde avait reçu 20 milliards nets de capitaux étrangers, en 2008 ce sont plus de 11 milliards nets qui auront été rapatriés à l'étranger. Affichant le même volontarisme que le Brésil – « Notre pays est à l'abri de la récession grâce à des fondamentaux macro-économiques et des banques solides » –, le Premier ministre Manmohan Singh a dû reconnaître que l'Inde allait traverser sa plus grave crise depuis 1929.

Les attentats islamistes de Bombay, fin novembre 2008, ne font qu'ajouter à ce constat amer. Ils fragilisent un pays continent fondé sur un équilibre religieux, ethnique, culturel fragile. L'Inde vient de connaître son 11 septembre. Dramatique nouvelle pour un pays dans lequel crises économique et politique vont s'additionner, comme les peurs, alors même que plus de 500 millions de personnes y vivent encore avec moins de 1,50 $ par jour. Dans ce pays très traditionnel où l'administration est souvent l'ossature locale, la relance passe par le relèvement des salaires des fonctionnaires. L'Inde, voisine du pays du prix Nobel Yunus, inventeur bangladais de la micro-finance – qui tire la population de la pauvreté par la responsabilité en incitant hommes et surtout femmes à s'impliquer dans des micro-entreprises de terrain –, va avoir bien des difficultés à affronter ses contradictions internes et externes. Et l'Inde est en plein essor mais, en même temps, terriblement fragile. Heureusement, une véritable élite d'ingénieurs, d'entrepreneurs a été formée depuis vingt ans et fournira un rempart aux retours en arrière, à la tentation de l'isolement.

Certains pays émergents, en revanche, disposant de réserves financières ou énergétiques et d'excédents considérables, sont capables de résister. Les stocks de devises étrangères qu'ils ont amassés au fil des dernières années sont leur armure anti-crise. Au premier rang d'entre eux figurent, donc, la Russie et la Chine, acteurs importants de cette crise. Mais leur comportement est radicalement différent. La Russie se referme et provoque une attrition des capitaux étrangers. À l'opposé, les Chinois, forts de leur expérience millénaire, malgré quelques commentaires acerbes sur les Occidentaux, participent, on l'a vu, à la survie du capitalisme mondial. Pour compenser la chute de leurs exportations, ils injectent des sommes énormes dans leur propre économie. Leur objectif est clairement de renforcer la croissance et de la maintenir au-dessus des 10 % nécessaires chaque année pour absorber dans les villes chinoises les millions de nouveaux entrants du marché du travail, un flot grossi à la fois par la pyramide des âges chinoise et un exode rural massif. Sous 9 % de croissance en rythme annuel, le fragile équilibre social chinois serait remis en cause.

Mais ce plan ultraclassique est aussi la démonstration que la prudence est de mise à Pékin. Les dirigeants chinois sont affolés par la tournure que prend la crise et les dangers intérieurs et extérieurs qu'ils courent. Même si leurs investissements dans les banques et les compagnies d'assurance occidentales sont moindres que ceux d'autres fonds souverains, le seul assureur Ping An a perdu près d'un milliard d'euros dans la déconfiture de Fortis ! La Chine joue décidément gros jeu !

Les pays du Golfe figurent, naturellement, parmi les pays émergents. La crise est, bien entendu, tout aussi cruelle pour ces États richissimes, vivant sur la rente pétrolière ou gazière, enviés pour leurs fonds souverains. Par l'intermédiaire de ces fonds et des investissements en capital direct, ces pays sont intervenus très tôt pour soutenir les banques américaines. À ce jour, ils auraient perdu plusieurs dizaines de milliards de dollars sur leur entrée dans le capital de la finance américaine. La chute des Bourses du Golfe a eu, également, des conséquences patrimoniales. La dégringolade du prix du pétrole complète ce tableau très sombre. Mais ce n'est pas tout. Préoccupés de leur devenir après la manne pétrolière, ces États ont tous entrepris des projets pharaoniques dans le tourisme et l'immobilier, en recourant massivement à la dette. Or la valeur de ces projets s'effondre et la capacité d'émettre de la dette diminue. Il faut donc rajouter du capital pour poursuivre ces investissements et les pertes vont être terribles. Les fonds souverains de ces États ont certes les moyens de supporter ces difficultés, mais les familles princières et royales de la région, les *family offices*, qui ont cru à l'Eldorado ces dernières années, et investi massivement en suivant les recommandations des grandes banques d'investissement, notamment américaines, réagissent aujourd'hui très mal, car elles voient fondre leur patrimoine à toute allure. Les remises en cause vont être terribles. Dans le maelström de la crise, la taille des pays joue aussi. Aussi assiste-t-on, à l'intérieur même de ce petit groupe de pays émergents, à une extraordinaire redistribution des cartes. Le Qatar est soudain trop petit. Dubaï s'est brûlé les doigts. Et Abu Dhabi est en train de se porter au secours de ses voisins du Golfe, au grand dam de certains bien entendu. La crise apparaît, du coup, comme un élément géopolitique déterminant : elle redéfinit la puissance économique des uns et des autres et, par ricochet, leur influence politique.

Même s'ils agissent en ordre dispersé et ne parlent pas d'une seule voix, en raison de la disparité de leurs situations économiques et du manque de concertation entre eux, les pays émergents pèseront beaucoup plus dans les débats de demain. D'abord parce qu'ils commencent à s'organiser entre eux. Avec l'initiative de Chiang Mai, les pays qui se retrouvent dans cette dernière institution ont décidé la création d'un fonds commun doté de 80 milliards de dollars, financé pour l'essentiel par le Japon, la Corée et la Chine, pour instaurer un mécanisme de prêts automatiques entre Banques centrales. De telles mesures continueront de voir le jour, mais, surtout, la voix des pays émergents retentira d'autant plus que, dans cette première crise globale du capitalisme mondial, les pays développés ne s'en sortiront pas sans l'aide des plus solides d'entre eux.

Pour la première fois sans doute de notre Histoire, la contradiction d'intérêts Nord/Sud, pays développés/pays en développement se fissure. Qu'on aime ou pas cette idée, l'interdépendance concerne tout à la fois les marchés financiers et les marchés économiques. Quoi qu'ils en pensent, les Américains dépendent désormais de la Chine pour traverser la crise. Si, demain, Pékin refusait de financer le plan de sauvetage des banques, il ne verrait tout simplement pas le jour. De la même manière, les Chinois sont dépendants de Washington et tributaires du maintien d'un minimum d'activité avec l'Amérique pour soutenir leur propre croissance interne et l'émergence de leur classe moyenne. La crise va donc contribuer à réévaluer le rôle des pays émergents et à repenser les différentes institutions internationales, largement inadaptées car elles ne leur font pas la place qu'ils peuvent légitimement revendiquer. Il va falloir bousculer la gouvernance mondiale pour représenter les pays émergents à la hauteur de leur poids et de leur contribution à la sortie de crise. Ne pas le voir et le promouvoir serait une profonde erreur.

Une Europe, qui commence à exister, au-delà de ses institutions

Des États-Unis freinés par certains de leurs archaïsmes. Des pays émergents au poids croissant mais agissant en ordre dispersé. Et l'Europe ? Touchée par la crise, comme les autres grandes forces de la planète, elle en sortira néanmoins renforcée et différente.

Le premier gagnant n'est d'ailleurs pas l'Europe mais l'euro. Sept ans après son introduction, l'euro, par sa taille et son statut désormais de monnaie de réserve, a résisté comme aucune des monnaies nationales n'aurait pu le faire auparavant. Il ne faut pas être grand clerc pour comprendre que, sans l'euro, les fonds spéculatifs se seraient attaqués aux monnaies européennes nationales les unes après les autres. Ceux qui n'ont pas fait le choix de l'euro en ont, d'ailleurs, très directement souffert. C'est le cas de la Hongrie dont la monnaie a perdu près de 50 % et qui a dû avoir recours à un prêt du FMI. La très forte dévaluation du forint hongrois, alors même que le pays entrait en dépression, a contraint la Banque centrale de Budapest à relever ses taux directeurs pour tenter de le protéger. Il est arrivé la même chose en Serbie, où les taux se sont rapprochés de 20 % ! Sans parler de la Pologne. De son côté, le Danemark, dont la monnaie est pourtant indexée sur l'euro, a dû appeler à son chevet la Banque centrale européenne. Et, surtout, l'Islande, dont l'État a fait faillite, a dû lancer un SOS à son grand frère, protecteur et dominateur, la Russie, et au FMI.

Sans la protection de l'euro, ces différents pays n'ont pas eu d'autre choix que de défendre leur monnaie, fût-ce au prix d'une aggravation de la récession qui les frappera pour les années à venir. En effet, en voyant leur degré de détresse et les risques qui se profilaient, les investisseurs ont rapatrié leurs capitaux et converti leurs devises locales en euros, dollars ou yens. Non pour faire tomber ces pays, mais pour préserver leurs intérêts.

L'euro a donc fait la preuve de sa capacité de résistance grâce à sa taille et sa force. Il est le symbole le plus grand de cette nouvelle Europe qui émerge. À tel point que l'on pourrait même se demander si nos amis Anglais ne vont pas finir, un jour, par se reposer la question de l'absorption de leur monnaie, la livre, par l'euro… Mais nous les connaissons, nous n'en sommes pas encore là.

Il faut prendre conscience de l'impact de cette affirmation :

« Pour la première fois, l'Europe et, en particulier, sa monnaie, l'euro, ont pu démontrer aux citoyens européens l'utilité de l'institution. » Ah, si nos politiques étaient capables d'expliquer et de faire sentir aux centaines de millions d'Européens le rôle déterminant de leur monnaie dans cette crise, le développement et l'accélération de l'intégration économique et politique de l'Europe en seraient améliorés. De manière un peu cynique, on peut dire que, dans la réalité économique, la crise et l'effondrement du capitalisme financier auront fait plus pour l'Union européenne que des dizaines de traités de Lisbonne !

Un autre grand débat est né de cette crise : oui ou non, un gouvernement économique européen est-il susceptible de se mettre en place ? Et comment ? J'ai la conviction que ce débat va agiter de soubresauts toute la classe politique européenne pendant des années, alors qu'il a largement été tranché dans les faits. Les institutions européennes, pour nécessaires qu'elles soient, ont montré leurs limites, à commencer par la Commission européenne, incapable d'anticiper la crise et de réformer à temps le secteur bancaire. Tant et si bien qu'elle sert plus aujourd'hui de médiateur entre les pays membres que de moteur de l'Union. Elle a incarné, tout au long de cette crise, une forme d'apologie du dogme ultralibéral de la non-intervention de l'État dans l'économie. Sous la pression, elle n'a pu faire autrement que d'autoriser les aides publiques destinées aux établissements financiers et aux banques, mais la preuve des limites de son action aura été donnée. En vérité, peu importe. Des institutions comme la Commission européenne, il en faut. Des règles du jeu, permettant de fixer les conditions d'adoption d'un certain nombre de mesures par l'ensemble des vingt-sept pays européens, sont également nécessaires. Mais, bonne nouvelle, le pragmatisme politique a triomphé des institutions et des règlements durant cette période.

Ce pragmatisme politique doit beaucoup au président français, Nicolas Sarkozy. Il a compris que, face à une crise se propageant de manière contagieuse à la vitesse d'Internet, il fallait agir avant de s'inscrire dans les institutions. Il a, du coup, tout bousculé, les institutions et, avant toute chose, les états d'âme nationalistes. Réunir à Paris l'Angleterre, l'Allemagne, la France et l'Italie pour faire bouger les choses avant la réunion, huit jours plus tard, des quinze chefs d'État des États membres de la zone euro, était la bonne stratégie. Mobiliser la Belgique, le Luxembourg et les Pays-Bas fin septembre pour sauver Fortis était le bon choix. Coordonner l'action des gouvernements français et belge pour sauver Dexia était la bonne solution. Associer l'Angleterre et reconnaître le bien-fondé de son plan de sauvetage, au point de le prendre comme modèle pour l'ensemble des plans européens, était la voie de la raison. Bien sûr, des tensions et des désaccords sont apparus au grand jour. Angela Merkel a bien souvent, durant ces derniers mois, commencé par dire « *nein* » avant de bouger dans la bonne direction. La convergence dans les plans de relance s'avère plus délicate à mettre en œuvre. Cela ne doit pas nous arrêter. Bien au contraire.

La proposition du président français de mettre en place un véritable gouvernement économique européen, réunissant régulièrement les chefs d'État et de gouvernement de l'Eurogroupe en lieu et place des ministres des Finances, a été violemment critiquée par Jean-Claude Junker, le ministre des Finances luxembourgeois, président de cet Eurogroupe. Mais au diable les états d'âme ! Avec la meilleure volonté du monde, la République tchèque, dont les problèmes économiques sont très loin de refléter ceux de la zone européenne, et la Suède, qui lui succédera à la présidence de l'Union européenne en juillet 2009 et n'a pas adopté l'euro, ne pèseront guère par elles-mêmes sur le destin de l'Europe. On voit bien, là, les limites de notre organisation institutionnelle à vingt-sept.

Sous les coups de boutoir de Nicolas Sarkozy, soutenu de manière inattendue par Gordon Brown, l'Europe, finalement, a précédé les États-Unis dans l'action. Qui l'eût imaginé ? Sous les mêmes coups de boutoir, les règles de l'Europe à vingt-sept, trop subtiles en période de crise, ont été emportées par des décisions ciblées, prises à quelques-uns dans l'urgence avant d'être ensuite portées à la délibération des vingt-sept. D'une certaine façon, peu importe que le traité de Lisbonne n'ait pas été adopté, peu importe désormais le refus des Irlandais en 2008. Au travers de la crise, l'Europe a pris une maturité, pragmatique, inattendue et bienvenue. Certes, les tensions et les réticences ne manqueront pas de s'exprimer dès que le climat sera un peu calmé. Les revendications des uns et des autres et les différends referont surface. Mais il n'y aura pas de retour en arrière. Le pragmatisme dans la gestion de l'Europe vient de faire un immense pas en avant. Et l'Europe se retrouve en bien meilleure position face aux États-Unis pour l'avenir.

Ce n'est pas un hasard si c'est l'Europe qui a proposé et obtenu la réunion d'un sommet mondial pour discuter des réformes à apporter au système bancaire et au capitalisme financier, parlant même de sa refondation. Les États-Unis ont, d'une certaine manière, fermé les yeux sur les investissements les plus sophistiqués et les plus risqués des banques et du secteur financier. Le laisser-faire l'a emporté sur toutes les tentatives de régulation, qu'elles aient été initiées en leur temps par l'Allemagne ou la France. Aujourd'hui, tout le monde revient sur terre et sait qu'il faut agir pour surveiller et réguler les agences de notation, les fonds spéculatifs et les produits toxiques. Tout le monde comprend qu'en face d'un capitalisme totalement interconnecté, qui entraîne l'interdépendance des économies, il faut trouver une forme de coopération mondiale permettant de superviser les plus grands établissements financiers de la planète et le jeu des échanges entre les marchés. Aucun produit, aucune zone géographique ne doit y échapper. L'Europe aura bien besoin de sa force nouvelle et de son poids renforcé pour surmonter les résistances américaines à tout ce qui peut ressembler, de près ou de loin, à du multilatéralisme dans le domaine économique. Pour y arriver, il va falloir passer sur le corps de dizaines d'années de convictions libérales américaines.

Face à la crise, assumer la globalisation, c'est favoriser l'émergence d'un monde réellement multipolaire

Sur l'échiquier mondial, nous avons des pays qui, à l'image des États-Unis, de l'Angleterre et de la plupart des pays européens, s'endettent pour consommer et importer. Nous avons, également, des pays qui épargnent pour investir, développer leur propre économie et exporter, à l'image de la Chine avant tout, mais également du Japon, de la Corée ou plus traditionnellement de l'Allemagne. Nous avons, enfin, des pays qui font confiance à l'apport de capitaux étrangers pour démarrer et favoriser leur émergence. Or personne n'est épargné, preuve que c'est l'ensemble du capitalisme globalisé qui est mis à mal. La crise a considérablement accéléré l'évolution vers un monde multipolaire et provoqué une cristallisation impressionnante.

Bien sûr, chacun, dans ce nouveau monde, aura la tentation de tirer la couverture à soi, de protéger ses intérêts, de maintenir son arrogance. Bien sûr, des tiraillements seront perceptibles dans chaque bloc. Ils seront politiques entre l'État fédéral et les cinquante États de l'Union du côté américain. Ils seront perceptibles entre des pays émergents aux philosophies bien différentes et aux situations très contrastées. Ils seront inévitables en Europe entre ceux qui veulent aller de l'avant en érigeant le pragmatisme en principe de conduite et de décision, et ceux qui voudront préserver, quelles qu'en soient les lenteurs, les modèles institutionnels traditionnels. Bien sûr, il y aura aussi des tensions entre ces différents pôles. Il n'en demeure pas moins que ce multilatéralisme est la seule réponse à l'interconnexion effective de nos réseaux d'information, de nos réseaux industriels, de nos réseaux financiers, de nos réseaux de décision. Il est indispensable pour répondre à la réalité du monde et du capitalisme.

Abandonner le rôle de soliste pour se fondre au sein d'un orchestre n'est jamais facile. Nous connaîtrons bien des péripéties avant de surmonter cette difficulté. Nos hommes politiques devront faire preuve d'une détermination sans faille pour maintenir le cap de la construction de ce monde multipolaire. La crise ne nous donne pas l'opportunité de l'édifier, elle nous en fait l'obligation.

Une gouvernance mondiale et multipolaire, tout de suite

Après le premier sommet du G20, à Washington, à la mi-novembre 2008, certains ont demandé du temps, affirmant que plusieurs années seront nécessaires pour accoucher des bonnes décisions de gouvernance mondiale. Je suis d'un avis radicalement contraire. Il faut pousser les feux tout de suite. C'est au milieu de la crise, en effet, que l'on peut bousculer les intérêts et les positions acquises. Une fois le calme revenu, même s'il n'est que relatif, et la stabilisation apparemment acquise, le risque est grand de voir ressurgir une alliance entre les défenseurs d'intérêts constitués, professionnels ou nationalistes, et les sceptiques toujours enclins à une certaine complaisance intellectuelle devant la difficulté qu'il y a à changer le monde. Cette coalition des conservateurs du modèle ancien trouvera toujours toutes les justifications possibles pour qu'on renonce à construire sur de nouvelles bases et qu'on n'agisse qu'à la marge.

Pourtant, rester les bras ballants, ce serait prendre le risque de transformer la crise actuelle en une grande dépression comparable à celle des années trente. L'une des raisons essentielles de la gravité et de la durée de la crise de 1929 a été la désintégration de l'économie mondiale. Elle a favorisé l'émergence ou la résurgence de différentes formes de nationalisme et de protection des intérêts constitués. Il nous faut retrouver l'esprit du « Plus jamais ça » des accords de Bretton Woods, qui ont fixé et défini les nouvelles institutions financières mondiales en juillet 1944 alors que la Seconde Guerre mondiale entrait seulement dans sa phase terminale. Si l'on a pu redéfinir les règles de l'économie mondiale au milieu d'une guerre, pourquoi ne serions-nous pas capables, aujourd'hui, de combattre la crise en reconfigurant radicalement les institutions mondiales et la gouvernance de la planète ? C'est vers cet « impératif vital », selon la formule de Martin Wolf, célèbre journaliste, « commentateur en chef » au *Financial Times*, qu'il nous faut aller avec une détermination sans faille.

On connaît les réticences. Au-delà de la difficulté de coordonner des pôles aussi différents que les États-Unis, l'Europe, les pays émergents, il y a, d'une part, la crainte anglaise du trop de régulation, d'autre part, le refus américain de reconnaître la fin de sa domination sur l'économie mondiale au travers d'une gouvernance multipolaire. Toutes les raisons sont donc réunies pour aboutir à une nouvelle régulation molle plutôt qu'à la construction d'un nouvel ordre capitaliste. Peut-on transiger ? Non, sauf à voir, demain, le capitalisme imploser une nouvelle fois dans un monde multipolaire encore plus interconnecté, encore plus interdépendant. Le prix à payer pour toutes les économies, c'est-à-dire pour des milliards de personnes, serait encore plus fort qu'aujourd'hui. Oui, la détermination doit être totale car on ne peut pas se contenter de multiplier les intervenants et les institutions *ad hoc*, aussi utiles soient-elles. Il faut surtout des engagements durables des États les uns vis-à-vis des autres. Il est nécessaire de définir et d'accepter des disciplines communes. Il est impératif de les imposer à des marchés et à des acteurs totalement interconnectés. Ces contraintes représentent, forcément, une diminution des marges de manœuvre nationales, elles n'en sont pas moins la condition de l'efficacité.

Ne croyons pas que les oppositions à l'instauration d'une organisation supranationale, globale, multipolaire, dotée d'une véritable autorité et d'un leader, viendront exclusivement des États-Unis. Ce sujet, bien sûr, est politiquement très sensible du côté américain mais il l'est tout autant du côté européen – on voit combien l'Union a du mal à instaurer un modèle d'organisation pourtant encore bien loin du fédéralisme ! – et du côté des pays émergents peu disposés à abandonner des parcelles de leur souveraineté.

Pascal Lamy, le président de l'Organisation mondiale du commerce, rappelait récemment qu'il avait fallu quinze ans pour que la Chine accepte que les juges siégeant à Genève, dans le cadre de l'OMC, puissent trancher les litiges qui la concernent et imposer leurs décisions.

Barack Obama confiait, lui, lors de l'un de ses derniers discours de campagne : « La dernière des choses que nous pouvons nous payer, c'est quatre ans supplémentaires durant lesquels personne à Washington ne surveillerait qui que ce soit à Wall Street, parce que les politiciens et les lobbyistes ont tué les régulations, les lois et les réflexes de bons sens. » En paraphrasant le nouveau président des États-Unis, j'ai envie de dire que la dernière chose que le monde puisse s'offrir, ce sont des années d'attente pendant lesquelles personne ne surveillerait le capitalisme financier, au nom de la préservation d'intérêts nationaux. Nous ne pouvons nous payer le luxe de laisser primer longtemps encore les ego nationalistes de chaque État sur l'intérêt général, sauf à accepter la perspective de désastres plus grands encore que celui que nous traversons.

Assumer la globalisation, c'est lui fixer des règles et choisir des arbitres « supranationaux »

Pour mettre au point cette gouvernance mondiale, il va falloir suivre un certain nombre de lignes directrices simples, efficaces et explicables.

La première, c'est le contrôle des armes de destruction massive. Il faut en limiter les risques et le volume. Il s'agit d'empêcher le recours sans limites aux effets de levier pour que plus personne ne puisse agir sans capital en utilisant uniquement de la dette. Les banques centrales doivent revoir les règles du jeu des marchés de dérivés et d'options et exiger des mises de fonds plus importantes au départ pour que les paris sur l'avenir ne reposent plus sur des sables mouvants. Sans doute convient-il, aussi, de revoir, par catégorie d'actions et de produits financiers, les règles de consommation de capital imposées aux banques et les sécurités qu'on leur demande de mettre en place face aux risques pris. Évidemment, plus les risques sont élevés, plus cette précaution doit être grande. Cela peut être fait au sein du FSF, le Forum de la stabilité financière, et repris ensuite par chaque banque centrale dans son pays.

La deuxième, c'est empêcher le développement du volume des produits financiers « virtuels », beaucoup trop disproportionné par rapport à l'économie réelle. L'imagination financière est sans limites et les revers de fortune à sa mesure. Lorsque ça casse, on le voit aujourd'hui, ça fait mal ! Il faut donc contrôler ce volume et le cantonner strictement.

Même chose avec les ventes à découvert. Quand elles servent à couvrir des risques et protéger certaines opérations, elles sont légitimes. Mais, le plus souvent, ce sont des actes de prédation dont l'unique objectif est de réaliser un profit instantané à partir de titres que l'on ne possède pas. Il faut très sérieusement encadrer les conditions dans lesquelles ces ventes à découvert sont utilisables, et les interdire purement et simplement dès lors qu'elles sont spéculatives.

Autre disposition simple : l'amélioration de la transparence, c'est-à-dire de la capacité à identifier et manager les risques. La première action, dans ce domaine, concerne naturellement les paradis fiscaux. Elle doit être menée avec détermination. Mais la transparence, c'est aussi la régulation des hedge funds. On ne peut accepter que ces institutions financières, qui sont à la fois détecteurs et exploiteurs des défauts du système capitaliste et du marché, se transforment sans le moindre contrôle en accélérateurs des désastres. Une information obligatoire sur les positions, les critères, les actions de ces fonds serait à l'évidence un pas majeur dans le domaine de la transparence. Leurs règles de communication doivent être revues et redéfinies. Et toutes ces dispositions doivent être débattues et adoptées dans le cadre du G20.

La troisième, c'est le rétablissement dans notre système financier du sens de la durée. La durée concerne la conception et le mode de paiement des rémunérations des dirigeants pour qu'ils ne se transforment pas en spéculateurs. Elle suppose, également, de réformer les règles comptables : en faisant réévaluer, comme actuellement, les actifs trimestre après trimestre en fonction d'une valeur instantanée de marché (ce qu'on appelle le *marked-to-market*), elles ont provoqué des effets de cycles dramatiques. Quand le marché forme une bulle, elles incitent à aller encore plus loin dans l'excès et poussent à dégager des profits artificiels. En période de baisse du marché, elles conduisent à enregistrer des pertes et à valoriser certains actifs à des niveaux qui n'ont plus rien à voir avec leur valeur réelle à moyen terme. Elles déclenchent alors un cercle vicieux dépressif pour la valeur des actifs et catastrophique pour les marchés financiers. Ces règles comptables du *marked-to-market* doivent être rapidement revues.

La quatrième, c'est avoir des arbitres qui le sont réellement. Pour cela, une règle simple s'impose, valable quel que soit le sport pratiqué. Un arbitre doit être au-dessus de tout soupçon et doit couvrir l'ensemble du terrain de jeu. Imagine-t-on qu'il ne s'occupe que du côté gauche, tandis qu'un autre ne s'intéresserait qu'à la surface de réparation et le troisième qu'à la ligne médiane ? Le terrain de jeu s'appelle, aujourd'hui, la planète. Il faut donc un certain nombre d'arbitres la couvrant en totalité. Ils peuvent, naturellement, être assistés de juges de touche exerçant un contrôle particulier (une zone géographique ou un secteur du capitalisme financier), mais il est impératif d'avoir, désormais, des arbitres supranationaux et mondiaux.

On pourrait débattre à l'infini de leur choix ou décider d'en créer de toutes pièces. Là encore, le bon sens doit prévaloir pour éviter les conflits de compétences. Même si aucune institution n'est parfaite, prenons d'abord appui sur celles qui existent pour désigner deux arbitres mondiaux.

Le premier a plusieurs visages : ce sont les Banques centrales. Au vrai, elles ont déjà pris l'habitude de se coordonner. Elles doivent formaliser leur coopération au travers d'instruments existants comme le Forum de la stabilité financière, dont le niveau de représentation doit être élevé et dont les recommandations devront à l'avenir s'imposer. En parallèle, il serait utile de redéfinir les missions des banques centrales : maintenir l'objectif de lutte contre l'inflation, évidemment, mais y inclure, partout dans le monde, la promotion de la stabilité financière, la lutte contre les défauts de transparence et le respect de la limitation des opérations virtuelles.

Le deuxième arbitre pourrait être le FMI. Pour cela, il faudra redéfinir ses moyens, trop faibles actuellement, et poursuivre la réforme interne de sa gouvernance engagée par son actuel directeur général, Dominique Strauss-Kahn. Elle a pour but que chaque pays dispose, en termes de voix, d'un poids réellement représentatif de la force de son économie dans l'économie mondiale. Cet objectif est certes susceptible de provoquer nombre de tensions et des batailles de chiffonniers mais, à un monde multipolaire, doit correspondre un arbitre dont la pondération interne soit également multipolaire. Le FMI peut jouer ce rôle de gendarme multilatéral de la finance, de superviseur des superviseurs, de superarbitre, dont la mission, avec les moyens adéquats, évidemment, serait d'assurer un meilleur encadrement des acteurs financiers mondiaux.

Il est temps de s'habituer à l'idée que la Chine ou l'Inde puissent contrôler ou influer sur certaines pratiques américaines ou européennes. La réforme récente des règles du FMI a été adoptée par 175 pays, représentant 93 % des voix à l'intérieur de l'institution. Elle a rééquilibré le poids des grands pays émergents en tenant compte de leur rôle réel dans l'économie mondiale et augmenté l'influence de plus des deux tiers des 185 membres du FMI à l'intérieur des processus de décision. Elle a renforcé la représentation et la participation des pays à faibles revenus. Une évolution complémentaire des règles de vote au sein du conseil d'administration du Fonds serait utile pour conforter cette instance de régulation : l'instauration d'une double majorité – en poids économique d'une part, en nombre de pays d'autre part – pour les décisions cruciales. Dans ce cadre, l'Europe devra accepter un processus de désignation du directeur général le plus ouvert possible pour qu'il bénéficie du soutien international le plus large, sans la moindre référence à sa nationalité. Ce poste revient traditionnellement à un Européen, le temps des concessions est venu dans l'intérêt de la planète. Ces conditions sont indispensables pour régler plus aisément le problème de l'augmentation des ressources du FMI, affronter l'ampleur des besoins à moyen terme et disposer des outils les plus adaptés aux problèmes de liquidités à court terme de certaines économies. La mise en place d'une gouvernance mondiale, assumant réellement la globalisation, est au prix de semblables concessions.

Tout le monde est plutôt d'accord sur ces pistes de réflexion pour le FMI. Mais peut-être faudrait-il envisager des réformes plus audacieuses. Pour cela, il faut élargir la capacité d'intervention du FMI en cas de crise, en accordant par exemple des prêts aux pays en difficulté en devises nationales ou dans des paniers de devises, et pas seulement en dollars ce qui les expose aux aléas de change dans des périodes particulièrement tendues. Ou encore de permettre au FMI de devenir prêteur en dernier ressort, mais pour le compte international, mondial cette fois. En un mot, faire passer le rôle du FMI du rôle de pompier des incidents financiers à celui de garant des sorties de crise.

« Emballer le G20 »

Une première réunion des vingt principaux pays du monde, le G20, mêlant pays développés et émergents, s'est tenue à l'automne 2008 à Washington. Les pays du G20 s'y sont engagés sur quatre principes, sur lesquels il n'y a pas grand-chose à redire.

1. Une relance de l'économie mondiale par des mesures de relance budgétaires, mais aussi par une aide accrue du FMI aux pays fragiles.

2. Une amélioration de la régulation pour éviter une nouvelle crise tout en renforçant transparence et responsabilité.

3. L'ouverture de la gouvernance économique mondiale aux

pays émergents et en développement, autour du FMI et du FSF (Fonds de stabilité financière).

4. Le refus du protectionnisme.

La lucidité de la déclaration du G20 va jusqu'à reconnaître que les politiques et les régulateurs de certains pays n'ont pas apprécié les risques de manière adéquate et contribué au risque systémique. Le pragmatisme va jusqu'à définir pour chaque sujet des thèmes de travail à court terme (avril 2009) et à plus long terme.

Un travail sérieux et qui pourtant laisse sur sa faim. L'apprentissage de la rupture est toujours difficile. Disons qu'au cas particulier, il n'est pas encore acquis ! Si l'ensemble du programme ainsi défini est mis en œuvre, une réelle amélioration du fonctionnement de l'économie mondiale aura été réalisée. Tout cela va dans le bon sens.

Alors pourquoi ces commentaires qui vont d'une satisfaction non feinte, y compris pour les écueils évités comme « s'en tenir à des propos lénifiants et faire porter la responsabilité à d'autres », à des critiques virulentes sur une analyse « trop commode » ou encore des mesures « vaines mais populistes » ?

Elles sont finalement à l'aune de ce G20 : réussi car il a existé et a déterminé des pistes et un programme d'action, mais flou car rien d'opérationnel n'a été encore décidé ; indispensable réussite par son existence même et les consensus dégagés, mais totalement insuffisante par l'absence d'action réelle à court terme ou de réflexions vraiment nouvelles bouleversant les ordres établis ; novateur avec son programme de travail et par la force de l'affirmation d'une gouvernance mondiale à vingt faisant sa place aux pays émergents, mais convenu parce que les mesures envisagées sont toutes rationnelles et techniques sans souffle particulier.

Il y manque de l'audace. Peut-être faudra-t-il la présence d'Obama pour l'obtenir. Il y faut une direction, un sens, des valeurs dans lesquelles les citoyens du monde aient envie de se retrouver. C'est cela la rupture que l'on attend du G20. Celle de la vision, celle des valeurs. En fait, vous savez quoi ? Il y manque une vision sociale, une dimension sociale, cruellement absente de ces réflexions.

Et le social dans tout cela ?

N'oublions pas, en effet, les conséquences concrètes de la crise actuelle. Dans les pays développés, elle signifie perte de sa maison et mise à la rue, perte d'emploi ou baisse du pouvoir d'achat. Dans les pays émergents, chez les plus démunis, elle fait courir des risques de famine pour certains, de malnutrition pour beaucoup, au point que toute une génération est menacée de séquelles lourdes. Révolte et appauvrissement des classes moyennes dans les pays développés. Paupérisation des classes les plus pauvres dans les pays émergents. Tels sont les risques sociaux de cette crise.

En économie, on parle en général du grand nombre et peu des individus. Selon les estimations du directeur du Bureau international du travail (BIT), Juan Somavia, la tourmente financière actuelle pourrait créer 20 millions de nouveaux chômeurs dans le monde d'ici fin 2009. Le nombre de travailleurs pauvres sur la planète, qui vivent avec moins de 1 $ par jour, pourrait, lui, s'accroître de 40 millions, tandis que celui des personnes gagnant moins de 2 $ par jour augmenterait de 100 millions entre 2008 et 2009. Ces quelques chiffres, dramatiques, montrent bien que nous ne sommes pas seulement face à une crise de Wall Street, mais de Main Street, c'est-à-dire de la rue. Nous ne sommes pas dans une crise financière, mais devant une crise planétaire.

Relancer l'économie, mettre en place une régulation et une convergence mondiales, c'est indispensable. Mais pas suffisant.

Il va falloir bousculer plus fortement les règles du jeu pour donner un sens à la sortie de crise, pour définir et promouvoir des valeurs permettant de mettre la considération sociale à sa vraie place, la première.

CHAPITRE 9

Pour reconstruire, inventer un capitalisme bien tempéré : éthique, responsabilité, bon sens

« Le marché ne peut exister…
qu'à condition de s'appuyer sur une morale. »
VACLAV HAVEL

Qui a dit : « Le produit dérivé ? Je ne comprends pas ce que c'est. Quand je m'occupais de banques, on ne me parlait ni de produits dérivés ni de produits structurés. Ces appellations posent problème puisque personne ne comprend ce que cela veut dire. Ceux qui vendent des produits dont ils ne connaissent pas les risques sont irresponsables.

Personnellement, je suis fait pour faire des affaires normales sans produits sophistiqués. Quand je ne comprends pas, je ne prends pas. Les banquiers ne sont pas là pour faire des coups mais pour fournir l'argent nécessaire à l'économie. Les jeunes qui ont donné des leçons se sont déconsidérés par leur activisme forcené. Bon, je reconnais que je suis très traditionnel, mais en attendant je subis les conséquences de la bêtise des autres » ?

L'auteur de cette interview publiée par le magazine *Challenges* l'an dernier s'appelle Antoine Bernheim. Antoine, c'est mon mentor, celui qui, lorsque j'étais chez Lazard, m'a tout appris du métier de banquier d'affaires et de conseil aux entreprises. À plus de 80 ans, c'est à la fois l'un des hommes d'affaires qui ont le mieux réussi en Europe et un faiseur d'entrepreneurs rois. C'est grâce à lui que Vincent Bolloré, Bernard Arnault, et quelques autres, ont développé leur groupe et bâti leur fortune. Ils lui doivent beaucoup. Aujourd'hui, il dirige encore l'une des premières compagnies d'assurances en Europe, Generali. Et, sous sa gestion, Generali ne ressemble en rien à AIG : il ne s'est fait prendre ni dans les affaires de subprimes ni dans ces produits diaboliques, les CDS, qui ont causé la perte de la première compagnie d'assurances du monde. Même s'ils sont parfois excessifs, les propos d'Antoine Bernheim ont une vertu : ils nous donnent une vraie vision, faite de simplicité et d'évidences absolues et décisives. Pour nous retrouver la tête en l'air et remettre debout le capitalisme financier, le bon sens redevient une valeur cardinale. Il nous impose de faire la distinction entre les besoins de l'économie réelle, les moyens nécessaires pour la couverture des risques, et les effets de la spéculation. Il s'agit de supprimer le côté virtuel et jeu vidéo du capitalisme financier pour revenir à la raison. Une seule voie pour y parvenir : changer les règles du jeu.

Changer les règles du jeu, c'est surtout modifier l'équilibre entre des données purement individuelles, comme l'éthique et la responsabilité, et des données collectives telles que la régulation, le contrôle et la sanction. Pour y parvenir, le fléau de la balance doit être le bon sens.

Refonder une éthique individuelle du capitalisme

Je parle bien d'éthique et pas de morale. Par définition, le capitalisme est, en effet, amoral parce que c'est un pur système économique d'allocation des ressources, sans jugement ni émotion. En outre, derrière la notion de morale, de morale collective, se profilent toujours deux risques de dérives : d'une part, le populisme, d'autre part, le moralisme dans sa version « Comité de salut public ». Dans l'un et l'autre cas, la montée des extrêmes devient un danger réel. Pour toutes ces raisons, je préfère la notion d'éthique qui englobe toutes les dispositions dictant la conduite d'un individu.

Pourquoi faut-il refonder l'éthique individuelle du capitalisme ? Tout simplement parce qu'il y a eu un dévoiement général. Dévoiement individuel d'abord avec ces traders qui gagnent 5 millions d'euros mais qui peuvent en faire perdre 500 millions sans ciller. Dévoiement des institutions, ensuite, notamment aux États-Unis, avec des organisations et des entreprises para-étatiques, comme Freddie Mac et Fannie Mae en matière immobilière, qui, sous la pression des politiques, se sont éloignées petit à petit de leur mission de base. En France et en Europe, des banques comme Dexia, très tournées vers les collectivités locales, des banques allemandes ou encore des sociétés mutualistes ont joué les apprentis sorciers. Ces institutions avaient d'autres missions et d'autres objectifs que la spéculation.

Ces comportements dévoyés, individuels ou institutionnels, rappellent à la fois *Les Aventuriers de l'Arche perdue* et Pangloss, le personnage de Voltaire dans *Candide*. Les aventuriers de l'Arche perdue, ce sont ces traders qui revendiquent des primes et des bonus colossaux, et ont l'impression d'être à l'avant-garde de la création d'un nouveau monde fondé sur une nouvelle croissance. Au-delà de l'avidité, tous ont cru, peu ou prou, qu'ils étaient en train de révolutionner le fonctionnement de l'économie. D'où ces attitudes choquantes et ces propos insensés : « Oui, j'ai gagné 100 millions de dollars l'an dernier et je vous emmerde. Il faudrait, d'ailleurs, que tout le monde puisse le faire. » Mais leur optimisme permanent fait aussi songer au personnage de Pangloss. Tous les intervenants bancaires étaient dopés par un système fondé sur ce principe : « Pile je gagne, face tu perds. » Une vraie martingale de casino ! Traders et financiers s'enrichissaient sur l'argent des autres, sans risquer leur propre fortune. Mais pour monter leurs opérations, ils ont mis en place un système pervers à partir d'une spirale folle. Ils ont joué sur la plus grande échelle possible pour augmenter au maximum, grâce à l'effet de levier, leurs rémunérations et leurs bonus. La loi, en quelque sorte, du « toujours plus de profit pour moi », avec son revers, le « toujours plus de risques pour tous les autres ». Si l'investissement repose, au départ, sur un crédit pourri, insolvable, les pertes sont forcément pour les prêteurs, c'est-à-dire la société, les déposants, bref tous ceux qui ont mutualisé leurs pertes. Et lorsqu'un investisseur n'est pas soumis à une réglementation qui l'oblige à jouer son propre capital, il vit dans le meilleur des mondes possibles. C'est la philosophie de Pangloss, le précepteur toujours optimiste de Candide : je ne peux que gagner.

Un tel dévoiement est d'autant plus choquant que les ordres de grandeur sur lesquels il porte sont inimaginables pour le commun des mortels. Par ailleurs, ces comportements peuvent ruiner, par contrecoup, les autres acteurs. Tous les éléments sont réunis pour déclencher une véritable révolte, en particulier des classes moyennes.

Par la modification de la réglementation et des rémunérations, il faut donc réinstaurer, de gré ou de force, l'éthique individuelle du capitalisme et le sens de la responsabilité. Car il y a bien un lien entre éthique et responsabilité. La question de la confiance est au cœur des problèmes financiers. L'opacité de l'avenir est telle que les banquiers et la totalité des intervenants financiers sont concernés par cette problématique. Ces acteurs possèdent la clé du crédit et son nom est confiance. Cela doit les obliger à se conduire en personnes responsables. Dans l'échange financier, si j'ai face à moi des irresponsables, je ne peux pas avoir confiance. Autrement dit, l'incertitude du futur n'excuse pas la responsabilité, elle l'exige. L'une des tâches essentielles qui attend non seulement les gouvernements mais les organisations financières sera, en se servant de la pression des citoyens, d'obliger notre système capitaliste à retrouver cette éthique individuelle de la responsabilité.

Faut-il, pour y parvenir, des décisions publiques ? Je crois qu'il est prudent d'avoir des *guidelines*, des garde-fous, et de prévoir un certain nombre de sanctions. Mais la stratégie du bouc émissaire n'a jamais suffi à créer une éthique. Cette question est avant tout individuelle. Elle commence par l'éducation. Aucune disposition contraignante ne remplacera jamais le sens de la responsabilité individuelle. Elle s'apprend de ses parents, à l'école ou à l'université. Elle se forge au fond de soi. Consciences, réveillez-vous ! Mais les systèmes de rémunération doivent, eux, en tout état de cause, empêcher les débordements les plus évidents. Lier la rémunération au résultat final et non à l'acte initial et plafonner les rémunérations font partie de cet arsenal qui doit « encadrer » les consciences et les esprits de responsabilité défaillants. L éthique individuelle doit être « aidée » lorsqu il le faut !

Le bon capitalisme est un capitalisme régulé

Sur le terrain de la régulation, aussi, le changement des règles du jeu devra être significatif. Le débat sur l'équilibre entre la règle et le droit d'être malin, c'est-à-dire de s'affranchir de la règle, n'est pas nouveau. On se souvient, par exemple, du débat qui, à la fin des années trente, avait secoué les États-Unis. Roosevelt considérait que l'évasion fiscale était assimilable à une fraude et qu'elle méritait sanction. En revanche, une bonne partie de la population américaine, dont les financiers, estimait que l'impôt n'était pas un acte volontaire et qu'il était donc légitime d'utiliser les failles du droit pour en payer le moins possible. Ce débat revient dans l'actualité avec les hedge funds aujourd'hui : il oppose le droit qui régule tout, sans laisser le moindre espace, et le droit d'être malin, perçu comme un élément constitutif de la liberté dans le capitalisme et de la supériorité des marchés.

Il est inutile de rouvrir cette discussion sur une base morale. Il convient, en fait, d'ajouter à l'éthique individuelle la notion de responsabilité collective. La trop grande faiblesse des régulations a suscité des excès coupables qui exposent le monde entier à un risque considérable de dépression durable et profonde. Il serait vain, dans ce débat, de recourir à la morale ou de disserter sur l'idéologie du libéralisme. Face à l'ampleur des excès, la mise en place de garde-fous est la seule réponse possible, pragmatique, de bon sens. On ne peut se reposer sur la seule responsabilité d'acteurs financiers dont certains n'ont de cesse d'essayer d'être plus malins que les textes de loi ou les règlements et de déjouer les contraintes pour gonfler leurs profits. Cette contradiction entre l'intérêt individuel et la responsabilité collective incite à renforcer la régulation du capitalisme, afin, d'abord, d'éviter la possibilité que certains puissent ne monter que des opérations gagnant/gagnant, comme on l'a trop vu ces dernières années ; de limiter, ensuite, l'importance de l'économie virtuelle par rapport à l'économie réelle. Dans un monde globalisé, lorsque le capitalisme a une faiblesse, l'effondrement d'un de ses pans coûte de plus en plus cher à l'ensemble de l'économie réelle.

Un bon capitalisme est, donc, un capitalisme régulé. Concrètement, voici les conséquences de cette formule.

En premier lieu, tout le monde doit connaître les risques du système. Il ne doit plus y avoir un *shadow banking system*, un système financier de l'ombre. Les fameux CDS, qui ont conduit à la ruine d'AIG, n'étaient ni enregistrés ni régulés. D'où cette règle simple de bon sens : tout nouveau produit doit être enregistré.

Ensuite, le risque doit être traçable, soit par la suppression du secret bancaire, soit par le devoir d'information, soit par la cessation des relations fiscales avec les paradis fiscaux. La transparence est un impératif : plus de trous noirs !

Troisième volet de cette régulation : celui qui émet un produit à haut degré de risque doit garder une partie du risque. Il faut sortir de la théorie du moustique qui consiste à se rémunérer tout en transférant son risque vers d'autres. Toute banque ou institution financière qui construit un produit à risque doit en garder une fraction dans son propre bilan, par exemple 10 ou 15 %. C'est le poids de la prise de responsabilité, pour éviter la défausse facile.

Enfin, la régulation doit être globale pour se situer au même niveau que le capitalisme. Il faut sortir de ce piège dialectique qui oppose le capitalisme global à des régulations nationales, voire, dans un certain nombre de cas, comme aux États-Unis, à des régulations locales. FMI et Banque mondiale, avec des moyens renforcés, ont un rôle moteur à jouer dans cette régulation mondiale.

Ces quatre règles de bon sens peuvent changer les règles du jeu du capitalisme.

L'État, passager de la pluie

L'intervention et la coordination des États ont été absolument indispensables pour empêcher que nous sombrions dans une crise économique planétaire pire encore que celle déjà dévastatrice que nous connaissons. Sauveurs à court terme, irremplaçables pour traverser la tempête, les États ne doivent pas, pour autant, se lancer dans une nationalisation de nos économies. La nécessité de leurs interventions ne signifie pas, d'ailleurs, qu'ils sont à l'abri d'erreurs. Ils doivent impérativement les éviter en sachant se retirer et revenir en arrière après une intervention absolument nécessaire.

Première illustration : l'Histoire de l'État actionnaire et de son interventionnisme dans l'économie n'est pas faite que de bonnes décisions. Lorsque l'on dresse le bilan des nationalisations réalisées en France sous François Mitterrand, il saute aux yeux que la plupart des entreprises concernées ont vu leurs moyens d'action et leur développement entravés par rapport à leurs concurrents privés. Mais plus encore que le rôle d'actionnaire pour lequel l'État n'a aucune prédestination, le danger vient de son interventionnisme dans la vie des affaires privées. Sur ce sujet, comment ne pas évoquer l'épisode décisif que j'ai connu à la fin de l'année 2001 et au début de 2002 alors que j'étais à la tête de Vivendi Universal ? Le groupe était au moment le plus critique de sa transformation. Il lui fallait, d'une part, assumer la stratégie et la vision de la convergence mises en œuvre dans le secteur des médias, d'autre part, se séparer de ses activités traditionnelles d'environnement. D'un champion national, nous devions en faire deux pour permettre à chacun un développement stratégique autonome. C'était aussi la seule voie pour financer cette vision alors audacieuse. C'est dans cette période très délicate qu'est survenu, à mauvais escient, l'interventionnisme politique. La campagne présidentielle française battait déjà son plein. Un premier candidat à cette course élyséenne, Jean-Marie Le Pen – à propos duquel j'ai dit un jour : « La seule limite que je reconnaisse personnellement à ma tolérance, c'est le Front national » –, intervient pour dire : « Nous ne pouvons pas accepter que le service de l'eau en France puisse être confié d'une manière ou d'une autre à des intérêts étrangers, et horreur parmi les horreurs, à des intérêts allemands. Il faut empêcher la séparation des métiers de l'environnement du groupe Vivendi Universal. » En quelque sorte, le leader du Front national admettait que les équipes françaises de VU, dotées d'un grand savoir-faire, puissent traiter des problèmes d'environnement dans des centaines de pays à travers le monde, mais refusait que des intérêts non français s'intéressent à l'entreprise. Paradoxe guère étonnant chez ce personnage. Plus surprenante fut ensuite l'attitude des autres candidats à l'élection présidentielle, en particulier du président sortant et futur élu, Jacques Chirac. Tous se sont explicitement prononcés contre cette séparation et sont intervenus pour l'empêcher. À ma grande surprise, un certain nombre de mes administrateurs, proches du chef de l'État, ont manifesté leur hostilité à cette opération. Face à cette division née de mauvaises raisons à l'intérieur du conseil d'administration, j'ai dû renoncer à une décision pourtant nécessaire. Après mon départ de VU, d'ailleurs, elle fut mise en œuvre, mais la cession de l'eau se fit à un prix beaucoup plus faible, au détriment donc des intérêts du groupe. Inutile de dire aussi que le gel de ce mouvement, à un moment très sensible, a beaucoup contribué aux difficultés que Vivendi Universal a rencontrées à cette époque. Quelles qu'aient pu être mes propres erreurs, cet interventionnisme politique a énormément pesé sur le destin de VU. Mêler durablement l'État aux décisions privées est malsain, parfois même catastrophique.

Deuxième illustration. Si l'État n'est pas exempt d'erreurs comme actionnaire lorsqu'il s'intéresse aux affaires du monde privé, il n'en est pas non plus exempt dans l'édification et la formation des règles. Les normes comptables mises en place après la faillite d'Enron à la fin de l'année 2001 en sont un bon exemple. Sous la pression des Américains, on décida de les faire reposer sur ce fameux *marked-to-market*, obligeant en permanence à valoriser un certain nombre d'actifs à leur valeur instantanée de marché, quelle que soit la décision de l'entreprise de les garder dans la durée. Cette règle a, comme on l'a vu, une conséquence procyclique. Lorsque tout va bien, elle permet de dégager des profits et incite à aller plus loin encore. Lorsque tout va mal, elle conduit à enregistrer des pertes artificielles par rapport à la durée dans laquelle s'inscrit la stratégie de l'entreprise. Pertes qui, elles-mêmes, provoquent une nouvelle dépréciation sur les marchés. Il y a donc à la fois une accélération dans la formation des bulles et accélération dans leur éclatement. Ces normes ont créé, j'insiste, un véritable cercle vicieux.

Troisième illustration des erreurs ou des défauts de l'État. Par définition, le but de l'acteur politique est d'être élu. Ses décisions, au-delà de la recherche de l'intérêt général, ont donc forcément une touche « court-termiste ». La perspective électorale n'est pas toujours le meilleur garant du moyen terme.

Aussi, ne faut-il pas être grand clerc pour déjà prédire que, dans les années à venir, arrivera un moment où l'intervention de l'État cessera d'être encensée pour être à nouveau critiquée.

Un État qui peut devenir un mauvais actionnaire ; un État qui édicte des règles n'allant pas toujours dans le meilleur sens ; un État, enfin, si exsangue au vu de ses déficits budgétaires, commerciaux, sociaux, qu'il aura du mal à accomplir ses nouvelles missions. Il est donc essentiel dans le changement actuel des règles du jeu que l'État, acteur de passage, prévoie, dès à présent, de pouvoir revenir en arrière et se retirer.

Je ne nie pas que cette recommandation soulève un problème majeur mais il faut être très attentif à cette question et veiller au bon équilibre du balancier étatique. Il est évident que les gouvernements américain et britannique ne se sont pas résolus à entrer dans le capital de banques privées en opérant un tournant idéologique. Seuls le pragmatisme et les urgences de l'heure les ont guidés. Ils ont agi plutôt à reculons, en se pinçant le nez, après avoir envisagé toutes les autres solutions. Mais, au final, ils ont considéré qu'il n'y avait pas d'autre manière pour résoudre le problème de la solvabilité des banques et de la liquidité d'un marché interbancaire asséché. Ces États ont agi avant tout pour sauver ces établissements de la faillite et ils ont clamé haut et fort qu'ils s'en retireraient dès qu'ils le pourraient. Sans le moindre doute, *Le Capital* n'est pas devenu, du jour au lendemain, le livre de chevet de Gordon Brown ! Mais l'expérience mène à la prudence. Lorsque l'on voit la tentation de l'État d'intervenir dans la désignation des dirigeants, dans les modalités de leurs rémunérations, dans la stratégie des entreprises, force est de dire que ce risque existe toujours. Même si nous sommes loin des nationalisations de François Mitterrand ou des privatisations de Margaret Thatcher qui répondaient à des logiques purement idéologiques, espérons que la raison triomphe. Souhaitons une attitude comparable à celle des Américains qui, après avoir nationalisé leurs voies ferrées en 1917, les ont rendues au privé en 1920, ou proche de la position du gouvernement suédois au début des années quatre-vingt-dix, qui est intervenu dans le capital des banques pour recéder ses participations quelques années plus tard. Enfonçons donc le clou : dans un capitalisme régulé, l'État ne peut être, pour les entreprises, qu'un passager de la pluie. Il doit refermer son parapluie après la tempête.

Comment organiser ce retrait de l'État : par la vente des participations prises lorsque l'économie sera remise sur les rails. Mais il faudra aussi, par exemple, revenir sur le formidable confort que représentent, pour les banques, les garanties mises en place. Comment démonter ces garanties ? En élevant progressivement leur coût jusqu'à ce que celui-ci dépasse le « prix de marché » que les banques pourront trouver par elles-mêmes lorsque le dégel interbancaire se sera opéré. Tout naturellement, les banques s'en éloigneront alors. La fermeture du parapluie est possible. Elle est indispensable. Il faut y songer dès à présent.

Trouver les voies d'un capitalisme responsable

Pour les dénicher, il faut, là encore, changer les règles du jeu. Cependant, elles ne verront pas le jour de façon naturelle ou spontanée.

Premier objectif, donc : éviter, à tous les niveaux, les conflits d'intérêts qui sont le germe de l'irresponsabilité. La taille des institutions financières et leur capacité à exercer tous les métiers financiers à la fois ont plus servi leurs résultats que l'abaissement des coûts. Le développement des conflits d'intérêts internes a fini par pourrir le système. Il faut les « dés-intégrer » pour que les clients, lorsqu'ils sont pris au milieu, puissent mettre en jeu la responsabilité des institutions financières. C'est le sens d'une législation interdisant aux banques la « vente forcée "packagée" » que j'évoquais précédemment.

Deuxième objectif de ce capitalisme responsable : privilégier et renforcer les investissements de long terme. Je suis convaincu qu'après cette crise, cette évolution se fera assez naturellement. Chacun a pu constater, en effet, que les investisseurs à court terme sont exposés à des retraits massifs de capitaux dès que pointent les difficultés.

Troisième objectif : aller vers l'investissement responsable et l'investissement social. Que ce soit sur une toile de fond éthique, sociale ou économique (pour entrer, par exemple, dans une « économie verte »), il est urgent de s'interroger sur les critères d'investissement qui permettront de sortir de la seule logique spéculative. Quels que soient le véhicule et les acteurs de cet investissement responsable – fonds, fonds souverains, fondations d'universités, mais aussi entreprises –, il faudra, dans l'avenir, développer un lobbying éthique plutôt que favoriser un nationalisme étroit.

Revenir au bon sens

Trop oublié ces dernières années, le bon sens est le meilleur guide. Dans la transformation des règles du jeu, que l'on vient d'évoquer, qu'il s'agisse de refonder une éthique individuelle et de développer le sens de la responsabilité ; de constater que le bon capitalisme est un capitalisme régulé ou de se convaincre que l'État n'est qu'un passager de la pluie, le bon sens est la meilleure boussole pour ne pas se perdre en chemin.

Derrière ce bon sens, nécessaire au fonctionnement du capitalisme, il y a quelques idées simples.

D'abord, le « zéro risque » n'existe pas dans le capitalisme. La crise ne doit pas donner naissance à une telle peur du risque qu'on en viendrait à appliquer un principe de précaution castrateur. Il faut identifier le bon risque, celui de l'entrepreneur qui crée de la valeur concrète, par opposition au mauvais risque, le virtuel sans impact sur l'économie réelle.

Ensuite, il serait bon de revenir à une logique de base. Une banque est faite pour prêter de l'argent et financer l'activité économique, pour recevoir des dépôts et les utiliser afin d'aider les vrais investisseurs. Cette logique du dépôt et du prêt doit reprendre le dessus. Il faut en finir avec la loi du mistigri et la dissémination totale du risque.

Enfin, pour recréer la confiance, éliminer les excès passés, il faut revenir à des règles simples, compréhensibles par tous. Pour commercer, il faut posséder. Pour échanger, je dois posséder ce que j'échange. Pour vendre, je dois posséder ce que je vends. Cette règle doit être privilégiée dans l'utilisation des différents instruments financiers. Et pour certains pans du capitalisme financier, je suis partisan de généraliser et d'ériger en règles les dispositions prises temporairement et de façon limitative au plus fort de la crise boursière. Il faut interdire les ventes à découvert « nues » sur les marchés. On ne vend que ce que l'on possède. Et quant aux prétendues vertus de ces ventes – sanctions des mauvaises gestions d'entreprise ou aiguillon de leurs dirigeants –, il suffit de regarder le champ de ruines actuel : le désastre lié à ces ventes à découvert « nues » est sans commune mesure avec leurs bienfaits supposés. Tirons-en toutes les conséquences. Interdisons-les.

De la même manière, on assure ce qui existe. On doit pouvoir assurer la dette d'une entreprise mais pas créer des produits assurant dix fois le volume de cette dette.

La capacité de comprendre générera le vrai retour durable de la confiance. Des mesures fortes et claires doivent être prises sur cette base.

Pour un capitalisme bien tempéré

Ces règles simples peuvent encadrer la plupart de nos décisions. Faute de les suivre, la pertinence du marché lui-même sera de plus en plus souvent remise en question. L'entrepreneur a besoin de pouvoir prendre des risques, de trouver des moyens de financement, de s'inscrire dans la durée. Si le marché ne lui fournit pas ce cadre, quelle est sa justification ?

Jacques Lacan disait : « Le réel, c'est quand on se cogne. » Le capitalisme vient de se cogner brutalement et nous avons besoin de revenir au réel. Ce retour au réel, c'est l'invention d'un capitalisme bien tempéré, qui ne substitue pas le principe de précaution au risque, mais qui ne substitue pas non plus la spéculation à l'entrepreneur.

CHAPITRE 10

Pour reconstruire : placer l'entrepreneur au centre

« Quoi que tu rêves d'entreprendre, commence-le.
L'audace a du génie, du pouvoir, de la magie. »

JOHANN WOLFGANG VON GOETHE

Attention, démolition ! L'entrepreneur ballotté

Patron d'une entreprise cotée est aujourd'hui un métier bien difficile. S'il n'y avait que le business… Mais avec le développement des marchés, les exigences de communication financière incessantes, les analystes ou agences aux opinions changeantes, les crises de marché qui se succèdent, le stress est toujours au rendez-vous. Et lorsqu'on y ajoute le jeu sauvage de la spéculation, les ventes à découvert, l'inquiétude est quotidienne, l'œil rivé sur les écrans de Bourse. On se sent ballotté, redoutant l'attaque des prédateurs. Cela ne ressemble guère au capitalisme tempéré !

Attention, travaux de démolition en cours ! Depuis 2002, je ne peux plus passer devant un panneau de chantier sans un certain pincement au cœur. L'angoisse de Dick Fuld au moment de quitter Lehman Brothers, l'anxiété qu'éprouvent, aujourd'hui, des dizaines et des dizaines de patrons, je les ai connues. Dans la nuit du 30 juin au 1er juillet 2002, comme tant d'autres patrons de sociétés de technologies, de médias ou de télécoms au cours de l'été 2002 ou des mois suivants, j'ai été contraint au départ: « Je quitte pour que Vivendi Universal reste. » En Allemagne, ce fut Thomas Middelhoff, qui dirigeait Bertelsman ; aux États-Unis, Steve Case, le fondateur d'AOL, et bien d'autres encore. La révolte vous saisit dans ces moments-là contre le sentiment difficilement supportable qu'une autre histoire eût été possible. J'ai déjà décrit quelles avaient pu être les erreurs, et mes propres erreurs, ma vision, les interférences politiques, mais je voudrais rappeler aussi que Vivendi Universal, en 2001-2002, a été l'un des jouets du capitalisme financier. Ce qui nous ramène avec force à la situation d'aujourd'hui.

J'ai l'impression que ce que j'ai vécu, avec d'autres, à cette époque-là, était une forme de répétition générale de la crise qui vient d'éclater et qui nous plonge dans une profonde récession. La négation de l'entrepreneur. L'entrepreneur cible, pas l'entrepreneur développeur. Répétition, d'abord, de la montée de la bulle avec cet épisode très caractéristique que fut la création de Vizzavi. Ce portail Internet que nous avions décidé de créer, à partir de rien, avec Vodafone était une anticipation de la convergence: je pensais que l'écran du téléphone mobile était un *hub* naturel pour accueillir des services de toute nature: de la téléphonie, bien sûr, mais aussi de l'information, de la musique, etc. Nous avions la conviction que le consommateur y recourrait si nous étions capables de lui offrir un bon service d'accès et un bon centre d'aiguillage.

Avec Chris Gent, le patron de Vodafone, nous avions passé plusieurs jours à nous interroger sur l'opportunité de ce lancement. Il s'agissait ni plus ni moins de dépenser jusqu'à 500 millions d'euros sur deux ans. C'était une décision industrielle difficile car le risque couru était élevé. Mais, après tout, la définition de l'industriel n'est-elle pas celle-ci : essayer d'imaginer un produit qui n'existe pas encore, le développer et le diffuser. Nous avons pris ce risque mais la suite fut un moment de folie financière. Le lendemain de notre annonce, alors que la première ligne du programme Vizzavi n'était pas encore écrite, les analystes financiers publiaient des notes indiquant que cette initiative « valait » 20 milliards d'euros ! Le cours de l'action VU monta dans les semaines qui suivirent de plusieurs dizaines de points. Un emballement typique d'une montée de bulle. Vous vous y sentez tout aussi ballotté que lors de son explosion. Vous assistez à un spectacle irréel qui n'est pas le vôtre, mais dont vous êtes la marionnette.

Puis vient l'explosion de la bulle. Au cours du premier semestre 2002, avec mon équipe, nous avons tout connu. Le comportement erratique des agences de notation qui, d'un seul coup, ont peur d'avoir raté quelque chose d'important, ne sont pas sûres de comprendre, mais se couvrent en changeant les règles du jeu. Ce sentiment étouffant d'évoluer sur un terrain de foot et de voir, brutalement, la ligne de touche bouger de dix mètres dans votre direction. Les rumeurs qui démarrent de Londres au petit matin. Les spéculateurs qui vendent le titre à découvert à l'ouverture du marché, en déversent des tombereaux et déclenchent un désastre boursier. Sentiment de totale impuissance face à cette déferlante que vous ne pouvez ni maîtriser ni contrôler.

Autre ingrédient de cette implosion : le marché ne vous écoute plus et devient virtuel dans ses réactions. Quand la spéculation triomphe, il ne s'intéresse plus qu'aux écarts du titre et non plus à la valeur réelle de l'entreprise. On dit que le marché a toujours raison, certes, mais il n'a pas raison tous les jours. Aujourd'hui, je reste convaincu que l'infaillibilité du marché a vécu et que ces comportements irrationnels accélérés par la spéculation sont incontrôlables. Combien d'entreprises se sont retrouvées confrontées à cette mécanique infernale ? Même quand il n'y a pas de vrais problèmes, les réactions du marché et le comportement des spéculateurs finissent par en créer. Combien de patrons ont aujourd'hui l'impression d'être des fétus de paille sur un océan déchaîné, au mépris du travail de leurs équipes ? On a envie que ça cesse.

Il faut dire aussi que les médias contribuent largement à accélérer ou à démultiplier les impacts du marché quand il s'emballe et dérape. Aux difficultés de l'entreprise, ils ajoutent alors une dimension terrible : le lynchage personnel. Cette dimension, outre son caractère insupportable, contribue à amplifier la spéculation. S'attaquer à quelqu'un, quel qu'il soit, pour le stigmatiser fait vendre du papier. Une émulation se crée entre les différents médias qui veulent, eux aussi, tirer leur épingle du jeu et alimentent la curée jour après jour. Cette course à « l'info », bonne ou mauvaise, vérifiée ou pas, donne naissance à une bulle médiatique qui contribue à l'éclatement de la bulle du marché. Je n'entends pas, pour autant, faire le procès des médias : lorsqu'un message n'est pas compris, c'est qu'il y a une faute de l'émetteur. Mais objectivement, les médias participent à l'amplification de ces phénomènes.

Que dire de plus aujourd'hui sinon que ce phénomène est encore accentué par l'envahissement d'Internet dans notre vie, par le volume et le poids des informations qui y circulent, par la référence constante que chacun d'entre nous y fait. Résultat, au travers d'Internet, une information erronée ou une rumeur se développe encore plus facilement et plus vite que dans un support écrit, audio ou télévisuel.

Dans la descente aux enfers que j'ai connue, une petite voix me disait : « Une autre histoire est possible, une autre histoire aurait été possible, ce n'est pas la réalité du groupe. » Cela n'enlève rien au sentiment de gâchis et à la formidable frustration que j'ai éprouvés lorsque j'ai vu cette vision entrepreneuriale foulée aux pieds. Même si cela ne vous exonère pas de vos erreurs, vous êtes, en tant qu'entrepreneur, une victime collatérale de mécanismes spéculatifs qui vous dépassent. Car les moyens de lutte sont inégaux.

À l'époque, j'avais repéré un fonds, lié à une grande compagnie d'assurances française, qui se livrait avec quelques fonds anglo-saxons alliés à des opérations spéculatives pures et dures contre Vivendi Universal. Je me demandais quoi faire face à ces manœuvres. Fournir des preuves ? C'est quasiment impossible. L'adage « Pas vu, pas pris » fonctionne remarquablement bien dans le monde du capitalisme financier. La seule réaction, donc, c'est la rage de l'impuissance. Depuis 2002, j'ai conseillé bien des présidents de groupes, mais aussi de PME. La traversée d'un épisode aussi aigu que celui que j'ai connu contribue certainement à mieux comprendre les questions qu'ils se posent et les angoisses qui les habitent en tant qu'entrepreneurs et accentue l'envie de voir les métiers, les résultats sur le terrain reprendre le dessus.

Dès 2001-2002, les ingrédients de la crise actuelle – l'excès, la spéculation virtuelle, l'appât du gain – étaient tous présents. Nous aurions dû y prêter plus attention car les comportements de crise font bien peu de cas de l'entrepreneur.

Qu'est-ce qu'un entrepreneur ? À mes yeux, c'est celui qui projette une vision et réussit à la faire vivre. Il est conscient du réel mais, en même temps, il est capable de faire exister un produit qui n'existe pas encore et qui, parfois, va bouleverser la société. Il rend vrai quelque chose qui ne l'est pas encore. C'est dans cet équilibre réussi, virtuel-réel, que se niche la force de l'entrepreneur. Il doit avoir la capacité de maîtriser toutes les contingences de la réalité quotidienne et de jongler avec l'intuition et le risque. Ces entrepreneurs, symboles du retour au réel, sont, dans leur ensemble, victimes de la crise ; victimes de l'effondrement de leur cours lorsqu'ils sont cotés sans rapport direct avec la réalité de leur activité et de leurs résultats ; victimes de la raréfaction de l'accès au crédit qui mine bien souvent leurs projets d'investissements ou de développement ; victimes de la récession enclenchée par les excès financiers…

Il faut revenir à une idée simple que nous avons perdue de vue. Dans toute économie, et pas seulement dans l'économie capitaliste, la richesse est créée par les entrepreneurs et ceux qui contribuent à sa diffusion. La galerie de portraits d'entrepreneurs est infinie mais il n'est pas inutile d'en faire une rapide visite parce qu'elle est rafraîchissante, parce qu'elle nous ramène aux vraies valeurs.

Portraits d'entrepreneurs en dix valeurs

On pourrait trouver une multitude de valeurs caractérisant les entrepreneurs, voici les dix que je retiens.

Un : le sens du risque. Risque et entrepreneur sont inévitablement liés. Un bateau qui reste au port n'est pas en danger. Pour trouver sa voie, il faut être capable d'affronter des vagues. Le risque assumé est la contrepartie naturelle, obligatoire, de la création de valeur. L'acharnement, le travail, le talent sont importants, mais le risque est une donnée inhérente à la notion d'entrepreneur. L'entrepreneur doit être capable de cantonner, maîtriser, gérer ses risques et son implantation dans le réel, sans se laisser égarer par certains développements du monde financier qui voudraient lui faire croire qu'on peut s'enrichir sans risque. Le risque existe, il est le contraire du principe de précaution qui, poussé à l'extrême, gèle toute initiative. Un entrepreneur symbolisant ce sens du risque ? Je répondrai : tous.

Deux : la vision et le sens du produit. Pas d'entrepreneur sans vision. À l'image, par exemple, d'un Steve Jobs, capable à un moment donné d'être un formidable inventeur avec Apple et le développement de ses ordinateurs Macintosh, de s'éloigner et de revenir, alors que son entreprise patine un peu, avec à nouveau une intuition pour le développement de ses produits dans le cadre de la convergence. C'est le lancement d'iTunes pour le téléchargement de la musique, le développement ensuite de l'iPod, de l'iTouch puis de l'iPhone.

Trois : le talent créatif. Diane von Furstenberg l'incarne parfaitement. Pétrie de sa vision sur la responsabilisation et le pouvoir des femmes dans la société, elle met ses qualités, son talent et sa sensibilité au service de la création.

Quatre : l'innovation. Alors que l'entreprise Ford connaît de très grandes difficultés, gardons tout de même en mémoire l'image d'Henry Ford et de la Ford T. Ils illustrent l'utilisation de techniques nouvelles au service d'un produit révolutionnaire, la voiture, qui bouleverse les modes de vie. Rappelons ce que disait Henry Ford : « Les deux choses les plus importantes qui ne figurent pas dans le bilan de l'entreprise s'appellent sa réputation et ses hommes. »

Cinq : la détermination, voire l'acharnement. Sans ces deux qualités, la réussite entrepreneuriale est rarement au rendez-vous. C'est ainsi que François Pinault a construit son groupe pierre à pierre, contre vents et marées. Si l'on s'en tient au caractère breton pour témoigner de cette opiniâtreté, citons aussi Patrick Le Lay ou Vincent Bolloré.

Six : l'opportunisme et les pieds sur terre. Dans ce mot « opportunisme », souvent utilisé de façon péjorative, je vois un élément positif : le véritable entrepreneur est aussi celui qui sent qu'une opportunité se présente et qui la saisit. Jean-Luc Lagardère était ainsi. Lorsque l'on regarde comment s'est constitué son groupe, on est frappé par cette capacité à sauter sur les bonnes affaires tout en gardant les pieds sur terre.

Sept : la durée et l'art de l'anticipation. Le véritable entrepreneur ne raisonne pas trimestre par trimestre comme les marchés financiers. Il investit pour tirer des profits dans le futur. Patient, il prépare pendant six mois, un an, deux ans, cinq ans, un nouveau produit et sa campagne de lancement pour l'exploiter pendant cinq, dix ou vingt ans. L'entrepreneur ne s'épanouit que dans la durée. C'est là l'une des failles les plus profondes par rapport au marché. Lorsque Christophe de Margerie, à la tête du groupe Total, anticipe la fin de la rente pétrolière et de la rente gazière et décide de positionner son groupe dans les énergies renouvelables et le nucléaire, il fait un pari à vingt ou trente ans, largement au-delà du temps où il conservera la présidence du groupe. Et il a raison.

Huit : le sens du profit. Il est légitime. Et il est préférable que tout entrepreneur l'ait.

Neuf : l'intégrité. C'est le corollaire nécessaire du profit. Même si Warren Buffet n'est pas entrepreneur, mais investisseur, je voudrais rappeler l'une de ses phrases : « Il y a trois qualités essentielles qui sont l'intégrité, l'intelligence et l'énergie. Mais il ne faut pas oublier que si vous n'avez pas la première, les deux autres vous tueront. »

Dix : la générosité. L'entrepreneur doit être capable de rendre ce qu'il reçoit, et qui est souvent considérable. C'est, à mes yeux, une dimension croissante dans le profil de l'entrepreneur idéal, et une dimension bienvenue. Car, si l'on veut se projeter dans l'après-crise, une question centrale s'impose : que voulons-nous faire de notre petite planète ? Sous cet angle, la générosité est essentielle. Bill Gates, avec sa fondation tournée vers l'éducation ou la lutte contre un certain nombre de fléaux et de maladies, notamment dans les pays en voie de développement, nous donne l'exemple du chemin à prendre. C'est aussi le cas de Bono, chanteur du groupe irlandais U2, entrepreneur à sa manière avec sa fondation DATA (Debt, AIDS, Trade, Africa) et sa campagne *Drop the Debt* destinées à faciliter le développement du continent africain en l'allégeant du poids étouffant de sa dette vis-à-vis des pays développés.

Ces dix qualités sont, aujourd'hui, indispensables pour la création d'une valeur réelle et non virtuelle. Les personnages que j'ai retenus sont, pour la plupart, des grands patrons européens ou américains. Mais il ne faut pas oublier qu'il existe de plus en plus d'entrepreneurs à travers le monde. Tout comme il n'est pas nécessaire d'être grand patron pour entreprendre. Il existe d'innombrables talents dans les PME, de nouveaux acteurs dans de nouveaux métiers ou des représentants de familles se transmettant l'entreprise de génération en génération. La liste est, heureusement, presque infinie.

Depuis que j'ai quitté Vivendi Universal, je dois avouer que je trouve passionnantes et rafraîchissantes, et plus encore depuis le début de cette crise, les rencontres avec les vrais entrepreneurs. J'adore les écouter raconter leurs aventures. Elles constituent une formidable mosaïque de l'optimisme. De la même manière, il n'y a pas, pour moi, de plus grand plaisir, aujourd'hui, que de voir un jeune décidant de se lancer dans l'aventure de l'entreprise. Il vous présente son projet et ajoute parfois : « Merci de m'avoir donné l'envie. » Cette envie d'entreprendre est, il est vrai, essentielle, vitale même.

Tous ces entrepreneurs ont un point commun : le courage. Ils créent de la valeur parce qu'ils ne se défaussent pas du risque sur d'autres, même si chacun d'entre eux essaie d'appliquer cette fameuse phrase de Kipling : « Il faut prendre un maximum de risques avec un maximum de précautions. » Concrètement, l'entrepreneur prend le risque et l'assume. Il en supporte les conséquences, positives ou négatives, et il n'a jamais le réflexe, qui a conduit à l'implosion du capitalisme financier, de prendre un risque sans en être responsable. Cette défausse est la première cause de la dérive du capitalisme financier. En deçà de l'éthique du capitalisme, de l'effort, du mérite, de la responsabilité, il y a la prise de risque, vertu cardinale de l'entrepreneur.

Ne pas jeter l'entrepreneur avec l'eau du bain de sang financier

Beaucoup de ce qui a été entrepris par les États face à la crise actuelle l'a été dans l'urgence. Dans les mois qui viennent, beaucoup sera fait, sans aucun doute, pour corriger les excès du secteur financier, réguler, organiser une meilleure concertation au niveau international, suivre, contrôler, sanctionner, limiter les éventuels dérapages. Disons-le clairement : ce ne sera pas suffisant. Il va falloir veiller, également, à ne pas étouffer le reste de l'économie. Au-delà de l'analyse immédiate de la crise, d'autres mesures vont s'imposer aux États. Je ne parle pas, là, des plans de relance destinés à l'ensemble du secteur industriel. Je ne vise pas non plus l'obligation faite à l'État d'être « un simple passager de la pluie ». Je pense à des décisions plus radicales pour changer les attitudes vis-à-vis des entrepreneurs.

Il faut d'abord être conscient que l'entrepreneur ne peut pas vivre dans la dépendance des mécanismes d'intermédiation ou de médiation. L'institution d'un médiateur du crédit en France, en la personne de René Ricol, est une bonne disposition de crise. Pour autant, ce ne peut être qu'une disposition transitoire. Prenons garde, vieux réflexe français, de ne pas institutionnaliser cette fonction. Par ce biais, s'incrusterait un tiers entre l'entreprise et la banque, ce qui n'est ni naturel, ni sain, ni utile.

D'autres mesures, fondées sur de bonnes intentions, sont toutes dans l'art de l'exécution. Il est utile, au milieu de la crise, de demander à la Caisse des dépôts et au Fonds souverain d'investissement (FSI) français de faire des investissements en capital dans des PME qui en ont besoin pour les protéger des prises de contrôle à des prix bradés ou pour renforcer leur capital. Mais elles ne peuvent avoir qu'un caractère transitoire et doivent reposer sur une sélection rigoureuse, industrielle et non politique. La qualité de l'équipe d'investissement du Fonds, autour de Patricia Barbizet, est le meilleur atout du Fonds.

Le bon sens devrait également inspirer trois mesures supplémentaires favorisant le tissu de nos PME en profondeur.

Les PME, on l'a vu, ont pu être victimes de placements dans des produits financiers pourris. Pour la plupart d'entre elles, les PME ne peuvent pas en supporter le poids et les conséquences. Une simple mesure d'immunisation pourrait concerner ce qu'on appelle l'affacturage, élément de gestion et de financement important des PME. L'État pourrait offrir une garantie des créances non éligibles à l'affacturage pour en permettre la monétisation normale. Cette décision serait aussi importante pour notre économie que la garantie des dépôts des particuliers.

Pour faire marcher l'économie dans de bonnes conditions, l'État doit aussi devenir un payeur exemplaire. Une disposition simple, mais qui demanderait un effort réel à l'État, aurait des conséquences bénéfiques évidentes pour l'ensemble des entrepreneurs de notre pays : l'État pourrait s'engager à payer à 30 jours, là où, bien souvent, il ne le fait qu'à 75, 90 jours, voire pire encore. La Grande-Bretagne a déjà donné l'exemple en adoptant cette mesure. Dans la trésorerie de nombre de PME ou de groupes cela ferait la différence.

Dans toutes les procédures collectives, l'État est un créancier privilégié. Où se situe la logique économique qui donne la priorité à l'État par rapport aux entreprises toujours plus fragiles que lui ? Si on veut vraiment aider les entrepreneurs du monde réel à résoudre la crise, il faut en finir avec ce privilège de l'État.

Immuniser les entreprises contre les produits toxiques, faire de l'État un client exemplaire dans ses modalités de paiement et un créancier de droit commun : ces trois idées simples mais fortes auraient un impact réel, immédiat, sur la vie de nombre de nos entreprises et de nos PME.

Mettre la finance au service de l'industrie

Et pour élargir la réflexion, la finance doit cesser de se développer uniquement pour elle-même, en vase clos, et aider, de nouveau, au développement de l'économie réelle. Ce postulat offre quelques lignes directrices pour l'avenir. Ainsi, tout ce qui sert et contribue effectivement à la couverture d'un risque est acceptable. Tout ce qui n'est que spéculation dans le vide ne l'est pas.

Les banques doivent, donc, revenir à un modèle économique simple : prêter à partir des dépôts est leur mission originelle. Une banque est faite pour permettre les actes de commerce en mettant à disposition les financements nécessaires grâce aux dépôts qui lui sont confiés. Il est évident que des millions de PME n'ont pas besoin de produits sophistiqués mais de crédits disponibles à des taux raisonnables. Le retour à ce modèle économique entraînera-t-il une contraction du secteur financier ? Sans aucun doute. Le développement autonome du secteur financier virtuel est en effet en contradiction avec le développement équilibré de l'ensemble de l'économie.

Le métier que j'exerce aujourd'hui, conseil en stratégie ou conseil en fusion-acquisition pour les entreprises, doit, lui aussi, évoluer. Il sera plus compliqué, plus long, plus difficile, plus motivant dès lors que l'objectif de ces changements sera de réellement créer plus de valeur ajoutée. La période où des armées d'analystes préparaient des documents de cent ou cent cinquante pages pour présenter une entreprise, s'appuyant souvent sur des modèles mathématiques extrêmement sophistiqués, et les expédiaient à travers le monde pour vendre cette entreprise au plus offrant est terminée et bien terminée. Notre métier doit évoluer vers une logique beaucoup plus industrielle, la plus indépendante possible de l'aspect financier. Après la crise, le mode de financement de ces opérations va changer. On fera beaucoup plus appel au crédit traditionnel, le crédit « senior » des banques les plus proches, des banques de « relation » de l'entreprise. Lorsqu'un établissement bancaire suit une entreprise dans ses prises de risque depuis vingt ans, il est tout de même mieux à même de la soutenir qu'un jongleur de la finance soucieux du seul gain instantané.

Le retour à la logique industrielle signifie que la proportion d'opérations purement industrielles va, et doit, considérablement augmenter. Ces dix dernières années, la multiplication des fonds et d'une finance débridée, grâce à des leviers extrêmement élevés et des produits sophistiqués reportant les coûts d'acquisition dans le futur, a conduit à des transactions à des prix qui dépassaient la « rationalité pieds dans la glaise » de l'entrepreneur. Cette période-là est finie et c'est tant mieux.

Cela veut dire, d'ailleurs, que l'une des formes privilégiées de notre métier sera d'imaginer des échanges d'actifs entre industriels pour que chacun puisse capitaliser sur ses forces et renforcer sa stratégie sans passer par la case banque. Lorsqu'on procède à de tels échanges, le mode de financement n'est plus la première priorité. Combien de secteurs industriels peuvent encore être optimisés par des stratégies d'échanges d'actifs astucieuses ? Il est, certes, plus difficile d'imaginer un échange d'actifs entre deux groupes que de bâtir un modèle financier purement théorique, mais, sans aucun doute, c'est beaucoup plus efficace sur le plan industriel. En tout état de cause, c'est là que se situera, demain, la valeur ajoutée de mon métier. En quelque sorte, retour au « troc ». Lorsque l'argent fait défaut, le troc est insensible à la crise, il est *crisis proof*, à l'épreuve de la crise.

Que cela conduise à désintégrer certaines structures bancaires qui, à force de faire tous les métiers, vivent en conflits d'intérêts permanents, c'est certain. Nous allons assister à la fois à une concentration par métier et à une désintégration des différents outils utilisés jusque-là. Sans me livrer à un plaidoyer *pro domo*, je crois que les équipes légères capables d'apporter une dimension industrielle stratégique, et pas seulement financière, et partageant les angoisses de l'entrepreneur au moment de la prise de risque et du mouvement, ont un bel avenir devant elles.

Enfin, les pratiques du secteur financier et les rapports de l'entrepreneur au marché vont changer. Nombre d'entrepreneurs, petits ou grands d'ailleurs, sont en droit de se demander si le marché a toujours été à la hauteur de leurs attentes, compte tenu des contraintes qu'il leur a imposées et des risques qu'il leur a fait prendre. L'objet du marché est de fournir des moyens de développement à l'entreprise, pas de la mettre sous tension en permanence, parfois pour de mauvaises raisons. La référence du marché doit redevenir la valeur à moyen terme de l'entreprise et cesser d'être la spéculation ou le court terme. De ce point de vue, je suis convaincu que le métier de *private equity,* s'il se régénère, a un très grand avenir devant lui. Le *private equity*, ce sont ces investisseurs en capital qui, au lieu d'intervenir sur les marchés en achetant des actions cotées, sont capables, lorsqu'une entreprise n'est pas cotée ou veut se retirer de la cote, d'y prendre une participation significative, minoritaire ou majoritaire, de 20 ou 60 % mais pas de 0,5 %.

Ils s'engagent, également, sur la durée, pendant trois, quatre ou cinq ans, pour permettre à l'entreprise de développer sa stratégie en accord avec ses actionnaires. À terme, bien sûr, ce partenaire qu'est le fonds de *private equity* voudra réaliser une plus-value par la cession de ses actions à d'autres intervenants ou d'autres actionnaires. Mais, dans l'intervalle, il aura assuré un rôle essentiel, fourni les besoins en capital de l'entreprise et assisté l'entrepreneur dans la définition et le développement de sa stratégie. Le fonds de *private equity*, n'ayant qu'un petit nombre de participations, peut jouer un rôle de conseil actif, à la différence des fonds ou des investisseurs très dispersés qui n'offrent aucune valeur ajoutée. L'entrepreneur a besoin d'un vrai dialogue, qui n'est pas toujours facile et peut susciter de vrais débats, voire de réelles divergences. Mais ce n'est possible qu'avec un tout petit nombre d'actionnaires identifiés et non pas en face d'un marché dont on ne sait qui le représente et quelles sont ses motivations.

Pour toutes ces raisons, je suis convaincu que la crise va ralentir le nombre d'entreprises qui considéreront que leur but ultime est de s'introduire en Bourse. En revanche, le nombre d'entreprises qui feront le choix de se retirer de la Bourse et du marché pour être moins dépendantes du court terme et de la spéculation va croître fortement dans les années à venir. Les investisseurs en capital devront, du coup, changer de comportement, accepter un rendement moindre de leurs investissements, mais ils limiteront aussi leurs propres risques. L'avenir est donc à un *private equity*, un investissement en capital, non agressif, ou moins agressif que par le passé, plus industriel. Pour prendre des exemples concrets, l'avenir est à des fonds comme Eurazeo, privilégiant l'approche industrielle et le long terme aux côtés des dirigeants, ou encore Permira ou Apax, beaucoup plus qu'à des KKR ou des Blackstone, archétypes des fonds américains agressifs.

Ces quelques pistes montrent, à la fois, qu'il y a un avenir pour un métier de la finance pratiqué autrement et que certains des acteurs actuels (les banques qui émettent des prêts avec des dépôts en face, les acteurs de fusion-acquisition capables d'apporter une valeur ajoutée industrielle forte, les investisseurs en capital suivant une logique d'accompagnement raisonnable) ont encore de beaux jours devant eux. La finance, en revenant au réel, doit aussi se remettre au service de l'industrie, et plus seulement d'elle-même.

L'entrepreneur héraut du risque et de la valeur

De ballotté qu'il est aujourd'hui, l'entrepreneur, avec ses qualités propres, doit redevenir le point d'ancrage de nos économies. Nul doute, le retour au réel exige de remettre l'entrepreneur au centre du capitalisme. Mais en luttant contre les dérives du principe de précaution qui guide de plus en plus les actes politiques. Je ne le redirai jamais assez : l'entrepreneur ne peut vivre et ne peut créer de la valeur qu'en prenant des risques. L'ampleur de la crise et sa dimension diabolique ne doivent pas amener les États à nier la nécessité du risque d'entreprise, sauf à condamner à mort le capitalisme.

CHAPITRE 11

Le droit de savoir

> « Il y a deux cas dans lesquels un homme ne devrait pas spéculer en Bourse : quand il n'en a pas les moyens et quand il les a. »
>
> MARK TWAIN

Il y a beaucoup d'agitation cet après-midi d'août 1987 au ministère des Finances, alors installé rue de Rivoli dans l'aile Richelieu du musée du Louvre. La journée est belle et chaude et les conseillers d'Édouard Balladur, ministre d'État, se pressent dans les couloirs dans l'attente d'une visiteuse dont aucun ne veut rater la venue. Tous sont impatients de voir Catherine Deneuve qui a accepté de prêter son image et sa voix pour la campagne de privatisation de la compagnie bancaire Suez. L'objectif est, évidemment, de vendre un maximum d'actions Suez au grand public et d'attirer le plus grand nombre de Français sur cette opération. La campagne imaginée par les publicitaires tourne autour du thème « les stratèges de l'argent » et Catherine Deneuve doit y vanter les mérites de Suez en disant « Achetez Suez, pensez-y ».

Le ministre des Finances, en fait, n'a pas aimé le projet et l'a rejeté. Les équipes de privatisation et de Suez, que préside un ancien gouverneur de la Banque de France, Renaud de La Genière, ainsi que les publicitaires du groupe Havas, que contrôle aujourd'hui Vincent Bolloré, se sont mobilisées en vain pour sauver cette campagne. Faute d'avoir réussi à convaincre le ministre d'État, ils jouent donc leur dernière cartouche. Catherine Deneuve vient donc vendre, elle-même, « sa » publicité à Édouard Balladur. L'entretien en tête à tête durera une heure et demie et restera privé, forcément agréable et courtois, raffiné, à l'image d'Édouard Balladur et de Catherine Deneuve. Toujours est-il qu'à son issue, le charme de l'actrice a exercé son pouvoir sur le ministre. Il donne son accord, mais l'histoire ne s'arrête pas là.

Sur la recommandation de Catherine Deneuve, plusieurs millions de Français deviennent actionnaires de Suez. La privatisation devient juridiquement définitive le 19 octobre 1987. Or, ce jour-là, aux États-Unis, débute le krach des Bourses mondiales. Certes, il est sans commune mesure avec la crise dans laquelle nous sommes entrés en 2008 mais il est si violent, tout de même, qu'il va marquer la décennie quatre-vingt-dix. Je m'en souviens comme si c'était hier car, avec Xavier Blandin, mon collègue au cabinet de Balladur, j'étais en charge de la privatisation de Suez, et, ce soir-là, je participais à un dîner de l'Association française des banques. Au lieu d'écouter les discours, les invités avaient l'oreille rivée à leur portable – pas encore de Bluetooth et encore moins de BlackBerry à l'époque – et se faisaient communiquer les chiffres de cette baisse inattendue, inhabituelle, massive, traduction du krach qui était en train de s'installer à Wall Street. Inévitablement, la première question qui surgit alors fut : que fait-on pour les nouveaux actionnaires de Suez ? De retour au ministère des Finances après le dîner, j'y retrouvai d'autres conseillers et nous passâmes la nuit à consulter des juristes et à nous concerter avec les autorités boursières américaines et européennes. La conclusion fut que nous ne pouvions pas revenir en arrière. Le 20 octobre au matin, des systèmes de protection pour éviter un krach encore plus important furent mis en place ; la Caisse des dépôts fut sollicitée pour intervenir sur les marchés, mais rien ne fut fait pour stopper la privatisation de Suez qui était devenue juridiquement définitive. L'action dut être cotée. Naturellement, le début de panique qui éclata ce jour-là provoqua une baisse de l'action en dessous de son cours d'introduction. La chute se poursuivit dans les semaines et les mois qui suivirent pour atteindre plusieurs dizaines de points par rapport au cours d'origine. Les millions de Français qui avaient suivi les conseils de Catherine Deneuve virent fondre leur investissement boursier. Or, dans le cadre des privatisations, ce sont souvent des familles modestes, des jeunes, des étudiants, qui placent leurs économies. Tous furent frappés de plein fouet. Le processus de privatisation fut évidemment aussitôt mis en veilleuse et ne redémarra que timidement au début de l'année 1988 avec Matra. Des années seront aussi nécessaires pour regagner la confiance de cet actionnariat populaire français et pour le convaincre de revenir en masse sur le marché des actions.

En vérité, face à un krach boursier et une crise, il n'y a que deux attitudes possibles.

Celle, exceptionnelle, d'un Warren Buffett qui profite de la situation pour prendre des risques et investir de manière massive. Ne disait-il pas, d'ailleurs, à l'automne 2008 : « En regardant le marché aujourd'hui, je suis comme un obsédé sexuel qui rentre soudainement dans un harem. Je ne sais plus vers quelle opportunité me tourner. »

Celle, plus fréquente, des petits porteurs qui, par manque de confiance, ont tendance à vendre quand les marchés baissent. Un petit épargnant a besoin d'être rassuré par l'évolution de la conjoncture avant de prendre la décision d'investir ses économies. En fait, les petits porteurs agissent souvent contre leur intérêt. Ils achètent beaucoup plus et trop cher quand la Bourse est au plus haut et beaucoup moins quand c'est au plus bas et que se présentent des opportunités. Les conséquences de ces choix erronés sont lourdes car c'est leur épargne pour la retraite ou l'achat d'une maison qui est en jeu. Aussi est-il difficile, voire impossible, d'évoquer la crise sans précédent que nous traversons, sans en évaluer l'impact sur le comportement de chacun d'entre nous. Bref, que faire de son épargne dans une telle période ? Comment restaurer la confiance ? Qu'est-ce qui va changer ? On pourrait, certes, se réjouir de la montée des ventes de coffres-forts, l'un des rares secteurs à effectivement profiter de la crise. Ce serait dérisoire. D'autant que cette crise va durer et le monde changer. Pour protéger l'épargne, il faut donc mettre en œuvre de nouvelles stratégies empreintes de prudence, jusqu'à ce que les règles du marché aient suffisamment évolué.

Stratégie de l'épargne pendant et après la crise

Les professions libérales, les artisans et les commerçants sont les premiers touchés par la tempête. Les travailleurs indépendants sont souvent obligés de souscrire des assurances capitalisées pour pallier la faiblesse de leurs droits à la retraite. 80 % des professions libérales ont une épargne longue, contre moins de la moitié de l'ensemble des ménages.

Parmi les victimes, c'est moins surprenant, figurent aussi les grands patrimoines. 70 % des personnes possédant plus de 500 000 € ont un portefeuille d'actions. Le pourcentage tombe à moins de 1 sur 4 en deçà de ce seuil.

Troisième catégorie de victimes : les quinquagénaires. C'est entre 50 ans et 60 ans, en effet, que le patrimoine est le plus élevé. On prépare sa retraite, on épargne et on se pose alors cette question lancinante : mon patrimoine baisse, aurai-je assez de temps pour le reconstituer avant de m'arrêter de travailler ?

Quatrième catégorie la plus touchée : les cadres. Toutes les actions mises en œuvre depuis le général de Gaulle en matière d'épargne d'entreprise font qu'un cadre sur deux est concerné par un Plan d'épargne entreprise (PEE). Et la moitié de ces placements sont en actions.

Face à cette situation, quels conseils peut-on risquer ? Le coffre-fort, l'argent sous le matelas ou le bas de laine entre les draps dans l'armoire à linge ? Tout cela est évidemment d'un autre temps. Le Fonds de garantie des dépôts, créé en France il y a dix ans, donne aujourd'hui l'assurance à chaque déposant d'être couvert à hauteur de 70 000 € par compte bancaire. Les multiples déclarations des différents États montrent que cette garantie des dépôts sera assurée de telle sorte que les particuliers ne perdent pas le moindre euro. Nicolas Sarkozy l'a déclaré sous une forme assez solennelle : « Je n'accepterai pas qu'un seul déposant perde un seul euro, parce qu'un établissement financier se révélerait dans l'incapacité de faire face à ses engagements. »

Cette sécurité minimale n'évacue pas, néanmoins, une autre question : comment investir, désormais, son patrimoine de manière efficace ? Pour les actions, une règle de bon sens s'impose qu'il ne faut cesser de répéter : il faut toujours éviter de vendre trop tard. Comme on disait dans ma région d'origine, le Dauphiné, il ne faut jamais essayer de rattraper le couteau qui tombe.

À l'orée de 2009, mon objectif n'est pas de donner des conseils boursiers, ce qui n'est pas mon métier, mais de partager un certain nombre de constats ou de réflexions de bon sens. On peut estimer, même si la crise va se poursuivre et atteindre de nouveaux bas, même si l'intégralité des pertes n'a pas encore été enregistrée, qu'une grande partie de la purge qui devait avoir lieu a eu lieu. Bien sûr les baisses sont encore possibles mais beaucoup de cotations sont aujourd'hui irrationnelles. Suivre un mouvement de ventes à ce stade de la crise n'est sans doute pas une nécessité impérieuse, ni une bonne stratégie. En sens inverse, même si de « bonnes affaires » sont possibles en Bourse, les hoquets seront encore forts. On ne peut que déconseiller d'investir sur le marché boursier en plein milieu d'une crise si on n'est pas sûr d'avoir trois ou cinq ans devant soi. Prudence absolue donc.

Au-delà du conseil de prudence, il faut se rappeler que, dans une crise aussi profonde qu'inédite, le bon sens est la seule règle fiable. Cela signifie, en l'occurrence, deux choses : d'abord, ne pas investir dans des marchés comme celui des matières premières qui, pour l'essentiel, sont spéculatifs et virtuels ; s'abstenir, ensuite, d'investir sur ce que l'on ne comprend pas ou dans un produit si sophistiqué qu'on n'est pas sûr d'en connaître les tenants et les aboutissants. En période de crise, ou de sortie de crise, les conseils de prudence en matière d'épargne sont aussi importants que les conseils d'investissement. Ils s'imposent d'autant plus que la crise que nous traversons est aussi une crise de traçabilité. Aujourd'hui, il ne faut pas seulement savoir quoi faire, il faut savoir tout court. Savoir ce que l'on vous vend. Savoir, que l'on soit un particulier ou une entreprise, le contenu des produits que l'on vous propose, d'où ils viennent, comment ils sont faits, quels risques ils recouvrent.

Le droit de savoir

La confiance ne reviendra pas tant qu'on ne pourra pas tracer les différents produits financiers et leurs risques. Alors que tout se diffuse à la vitesse inouïe d'Internet, nos sociétés ont une fragilité intrinsèque : une rumeur y devient information de façon instantanée et un risque à un bout du monde se retrouve à l'autre bout de manière tout aussi instantanée. Quant aux inquiétudes, elles se propagent sur la toile en ignorant les frontières et obéissent, elles aussi, aux lois de l'immédiateté. Du coup, tous les phénomènes s'accélèrent pour créer une société de la peur. Nous vivons avec la tempête financière ce que nous avons vécu dans le domaine sanitaire avec la vache folle et la grippe aviaire. Une seule manière existe pour combattre ces angoisses : identifier le risque et garantir aux citoyens-consommateurs qu'il ne les frappera pas à leur insu.

Revenons sur ces deux exemples de peur que furent le Sras, provoqué par le manque d'hygiène dans les marchés d'animaux en Chine, et la vache folle, venue de manière moins exotique de la campagne anglaise. Dans les deux cas, il y eut risque d'épidémie, de maladie et de mort. Une première réaction d'angoisse conduisit à des renoncements : pour éviter le Sras, je ne voyage plus dans un certain nombre de pays ; pour ne pas attraper la maladie de Creutzfeldt-Jakob, transmise par la vache folle, je ne mange plus de bœuf. Réactions démesurées mais, d'une certaine façon, nous avons alors assisté à l'émergence d'un principe de précaution personnel face à un danger identifié. Dans les deux cas, le risque a pu être contenu, la panique combattue et la peur surmontée dans des délais raisonnablement brefs parce que les autorités nationales et internationales ont repéré le risque et cantonné sa diffusion. Qu'il s'agisse d'un bœuf ou d'un être humain, on a suivi la menace à la trace.

Cette capacité d'encadrer le risque et d'en maîtriser la dispersion a été décisive dans le retour à la confiance. La psychologie est toujours capitale dans les crises. En l'occurrence, dans ces affaires sanitaires, les autorités ont réussi à faire naître le raisonnement suivant : « Je peux prendre le risque de remanger du bœuf, parce que les mécanismes mis en place me garantissent qu'une tranche de bœuf anglais n'arrivera pas dans mon assiette sans que je le sache, sans que j'en aie été informé. »

Il n'y a aucune raison, aujourd'hui, de traiter différemment les risques et les conséquences de la crise financière. Un produit financier soulève les mêmes problèmes qu'une tranche de bœuf anglais ou un poulet chinois. C'est un élément essentiel du financement et du développement de nos économies. Ne parle-t-on pas, d'ailleurs, de la santé de nos économies ou de notre épargne !

Je suis convaincu que l'une des solutions pour restaurer la confiance est, comme en matière alimentaire, la distribution de labels aux produits financiers. Comment restaurer la confiance vraie lorsque le consommateur ou l'entrepreneur sait que des produits monétaires « dynamiques » peuvent contenir des subprimes ou même « du Madoff » ? Comment avoir confiance si, à l'insu du client, des produits d'assurance-vie peuvent contenir des produits optionnels ou dérivés. Quand on voit que Madoff a non seulement escroqué des fondations, de riches investisseurs, des banques et des institutions, mais que ces dernières ont mis ces fonds dans des produits très banals comme des SICAV qui perdent alors une partie de leur valeur, on comprend que des centaines de milliers d'épargnants vont être touchés par le scandale Madoff, dans le monde entier, à l'aveugle en quelque sorte. Oui, décidément, la labellisation des produits financiers devient essentielle. De même que « je » veux savoir si « j' »achète « sans arômes artificiels ou colorants », « je » dois savoir si « mon » produit financier est « sans dérivés ». Pour décider en toute connaissance de cause. Pour ne pas avoir de sueurs froides permanentes. La garantie de l'État, c'est bien ! La traçabilité, c'est encore mieux !

Développer des labels

Évidemment, cette labellisation ne peut pas venir des agences de notation qui ont failli. Un certain nombre d'institutions financières peuvent se dresser pour dire au marché et aux investisseurs : nous avons décidé de nous dispenser de toute notation car le système est en faillite, désormais nous assurerons nous-mêmes une information plus complète du marché. Il va falloir, cependant, inventer un label, frappé du sceau de l'indépendance, qui décrive les produits mis sur le marché et les risques qu'ils contiennent. Aujourd'hui, très peu d'investisseurs particuliers ou institutionnels ont vraiment les moyens de comprendre ce qu'il y a à l'intérieur des placements financiers les plus complexes alors qu'ils font l'objet d'une diffusion de masse sur les marchés.

Quelle institution pourrait délivrer un label crédible ? Ce ne peut être qu'un organisme professionnel indépendant, non rémunéré par les émetteurs de produits, et qui ne soit pas juge et partie comme le sont les agences de notation. Il faut organiser cette initiative. On pourrait, également, imaginer que ces labels soient donnés à tous les nouveaux produits, par les Banques centrales de chaque pays car, pour les citoyens, elles constituent une référence et une garantie ultime d'indépendance et de professionnalisme. Ce processus peut sembler lourd, mais un enregistrement des multiples produits aux sigles bizarres (CDO, CDS, etc.) qui ont vu le jour ces dernières années, aurait évité les dérives et la construction d'une économie virtuelle qui nous saute à présent à la figure. Au-delà de l'intervention des États, enregistrement et labels indépendants sont donc une mesure essentielle pour restaurer une confiance durable.

La deuxième mesure est liée à la traçabilité proprement dite des produits financiers. Les deux tiers des produits financiers dits « toxiques » passent par les trous noirs des paradis fiscaux. C'est inacceptable. Au-delà des mesures de rétorsion qu'il faut prendre pour faire évoluer ces paradis fiscaux, une disposition simple s'impose : l'interdiction de commercialiser auprès de particuliers, d'entreprises ou même de fonds de retraite et de caisses d'assurance, tout produit dont l'origine, les déambulations et le « repackaging » d'un pays à l'autre ne sont pas clairement identifiés. C'est, en somme, contraindre les paradis fiscaux à informer pour pouvoir commercer. On peut se battre des années durant contre le secret bancaire ou pour la renégociation d'une convention fiscale mais, si on coupe la commercialisation des produits ne répondant pas à des normes d'information, on est presque certain de faire rendre gorge aux paradis fiscaux. L'identification des risques est une clé essentielle pour nettoyer les trous noirs de la finance mondiale.

La traçabilité exige, enfin, le renforcement des conditions d'entrée dans les fonds les plus spéculatifs. On a vu s'allonger, ces dernières années, la liste des investisseurs intéressés par les fonds spéculatifs. Or la plupart d'entre eux n'avaient pas conscience des risques qu'ils couraient.

Cette batterie de mesures me semble à l'échelle de l'enjeu. Comment ne pas réagir quand on voit que l'Agirc, chargée en France de gérer et de financer les retraites auxquelles cotisent les cadres, perd 700 millions d'euros après avoir investi dans des produits financiers sophistiqués et spéculatifs ? Une telle bévue compromet les retraites que l'Agirc est chargée de financer ! La triple nécessité d'informer, de labelliser et d'identifier est la condition *sine qua non* de la confiance. Cette approche est d'autant plus importante que le rétablissement durable de la confiance déterminera l'avenir de notre économie et, donc, de nos enfants. Ils sont aussi la clé et une préoccupation constante pour le retour à la confiance.

Quelles conséquences pour nos enfants ?

Depuis quelques mois, une forte angoisse gagne les plus jeunes et les questions se multiplient : « Va-t-on devenir pauvres ?

Allons-nous perdre notre travail ? Pourrons-nous garder notre maison ? » Des inquiétudes alimentées, il est vrai, par un fait : à l'automne dernier, lorsque la crise s'est emballée, le marché du premier emploi s'est effondré. De septembre à décembre 2008, les offres pour les jeunes diplômés de l'enseignement supérieur ont baissé en France de 40 %. Moins de choix, donc, des refus à répétition et le retour d'un leitmotiv lancinant et désespérant qu'on croyait disparu : « Nous avons gelé les emplois pour cette année, nous verrons ce qui se passera dans le courant 2009… »

Alors, pour les rassurer, que faut-il apprendre à nos jeunes dans cette crise ? Comment élever nos enfants ? Comment orienter leur éducation ? Nous devons avant tout les conduire à s'intéresser aux événements actuels. L'Histoire des décennies à venir se joue, en effet, dès maintenant. La compréhension du monde en train de se détruire et de se recréer est impérative pour savoir ce que sera la vie demain. Il faut, donc, arracher nos enfants à leurs jeux vidéo favoris et au travail scolaire classique pour les aider à cultiver leur ouverture d'esprit, à développer leur intérêt pour le monde extérieur et à améliorer leur compréhension des mécanismes économiques et politiques. Ce travail sur soi-même est vital pour se projeter avec plus d'assurance dans l'avenir.

Un danger guette les plus jeunes : ils risquent de s'identifier aux avatars des jeux vidéo et de basculer dans le virtuel. Que ce soit sur *World of Warcraft*, sur *Second life*, ou bien d'autres sites encore, tous ou presque se créent un avatar qui leur permet de voler de succès en succès puisque les échecs sont instantanément effacés. Ils se créent ainsi leur propre bulle, dans laquelle la réussite est aisée et les échecs sans conséquence. Cette bulle, en outre, les isole du monde réel. Il est essentiel d'enrayer cette dérive. Concrètement : en contrôlant le nombre d'heures que passent les enfants devant un écran d'ordinateur ;

en développant chez eux le sens du risque et la perception de l'échec pour découvrir la notion de dépassement individuel ; en leur donnant, également, le sens de l'équipe pour qu'ils apprennent la tolérance, le respect, l'acceptation des différences et le dépassement par la performance collective. Tout cela s'apprend, s'observe dans la vie quotidienne en général… et dans le sport en particulier.

Sens du risque, sens de l'équipe et, dernier élément du triptyque éducatif, sens du concret. Avoir les pieds sur terre, cela ne s'apprend pas ! Pour y parvenir, il faut observer autour de soi ses parents, ses amis. Il faut, aussi, multiplier les contacts avec le monde extérieur, notamment par des stages en entreprise dès l'école ou la fin du lycée. Même limité à deux ou trois semaines par an, cet apprentissage devrait être renforcé car c'est une fenêtre sur le réel indispensable aujourd'hui.

Ces quelques recommandations, très simples, me semblent utiles. Il nous faut à tout prix éviter que les jeunes d'aujourd'hui se transforment en une génération d'avatars.

Par sa profondeur, cette crise aura, naturellement, des conséquences sur les filières éducatives, à commencer par les filières financières. Parce qu'elles ont dispensé une formation hypermodélisée, elles sont, aujourd'hui, violemment mises en cause par la crise. S'il ne faut pas jeter le bébé avec l'eau du bain, force est de reconnaître que la plus grande des compétences en matière de modélisation ne remplace pas la capacité d'analyse de ces modèles, la perspicacité sur la vraisemblance de leurs hypothèses, la compréhension de leurs conséquences, l'obligation d'embrasser tous les scénarios qu'ils impliquent, y compris les plus invraisemblables. L'hypermodélisation a fabriqué des Frankenstein de la finance, fascinés par ce qu'ils ont créé, incapables d'en mesurer et d'en maîtriser les conséquences désastreuses. Il convient, maintenant, pour corriger le tir, de pousser les formations de la finance vers l'analyse et, plus simplement, vers la maîtrise des outils. D'une manière générale, dans les années 2009 et 2010, nous assisterons à un nombre considérable de départs et de licenciements dans ces métiers. Le redémarrage de l'emploi dans ce secteur se fera doucement et les offres seront infiniment plus limitées. Ces formations « finance », devenues des formations phares et des formations « tendance », vont décliner, tout simplement parce qu'il va falloir trouver un emploi. Objectivement, un jeune qui décroche le bac aujourd'hui devra y réfléchir à deux fois avant de s'orienter vers une formation trop exclusivement financière. Nul doute qu'un certain rééquilibrage entre les formations commerciales et d'ingénieurs se produira.

Les filières d'ingénieurs devraient retrouver toutes leurs lettres de noblesse, notamment dans celles s'appuyant sur les nouvelles technologies et les technologies vertes.

Par ailleurs, dans des marchés qui ne seront plus « autoportés » par la croissance ou l'exubérance financière, les filières de marketing et de communication resteront extrêmement prisées et importantes.

Et puis, trois conseils « transversaux ».

Tout d'abord : il va falloir regarder vers les pays émergents. Malgré les soubresauts et les aléas qui les frappent, leur poids économique, politique, sociétal, va se renforcer dans les décennies qui viennent. Quelles que soient les incertitudes qui pèsent sur leur développement, la Chine, l'Inde, le Brésil, la Russie sans doute, compteront plus demain qu'aujourd'hui. Les formations économiques, en sciences politiques ou centrées sur les affaires, doivent d'ores et déjà intégrer le rôle futur de ces pays. Cela passe par l'enseignement des langues bien sûr, tout en allant bien au-delà : c'est une culture des pays émergents qu'il faut faire naître.

Une conviction, ensuite : la crise va provoquer forcément un changement de valeurs. Le goût du gain existera toujours, mais, ces dernières décennies, il était devenu une tentation permanente et même une valeur en soi, voire « la » seule valeur de référence. Il suffit pour s'en convaincre de songer au comportement des traders. Ces temps-là sont révolus sauf à sombrer corps et âmes. De la crise sortira certainement une autre valeur : le développement durable et responsable. Ce qui n'est qu'amorcé, aujourd'hui, dans les entreprises, va devenir petit à petit une valeur professionnelle centrale.

Enfin, pour préparer au mieux l'avenir, les jeunes devront mettre l'accent sur l'éthique. Ni angélisme ni effet de mode dans cette affirmation mais une nécessité vitale. L'instantanéité de l'information rend indispensable la réactivité contre les comportements non éthiques. Il faut dresser des pare-feu contre les virus de la désinformation et réagir en temps réel. Par ailleurs, pour sortir de la crise, les États et les citoyens doivent consentir des efforts exceptionnels et accepter les arbitrages qui sont pris pour sauver ceux-là mêmes qui ont failli. L'exigence éthique, comme contrepartie des efforts des contribuables, sera violente, soutenue et durable.

Les formations qui seront délivrées à nos enfants, quelles que soient leurs orientations, ne devront rien négliger de ces trois dimensions : pays émergents, développement durable, éthique. Ils auront besoin de ce viatique pour devenir des entrepreneurs.

Qui dit entrepreneur dit aussi flexibilité car il y a plusieurs métiers dans une vie professionnelle tout comme il y a, de plus en plus souvent, plusieurs vies dans une vie dans le domaine personnel. La longévité, la multiplication des opportunités, la multitude des choix d'orientation font que chacun de nous n'a plus une vie devant lui mais des vies. La flexibilité est donc une qualité cardinale pour demain. Si je m'oriente dans un sens et que je me heurte à un mur, je dois être suffisamment flexible pour changer de chemin, de métier, de projet ou d'idée.

Le corollaire de la flexibilité, c'est l'audace. Il faut apprendre à la développer. Je pense souvent à cette phrase de René Char, extraite de *Rougeur des Matinaux*, dont j'ai fait ma propre devise : « Impose ta chance. Serre ton bonheur et va vers ton risque. À te regarder, ils s'habitueront. »

Fort du sens de l'entreprise, animé par l'audace, on peut prendre des risques. Sans avoir peur des ruptures. Sans être gelé par la peur du mouvement. Là encore, je pense à la vie économique mais aussi à la vie professionnelle et à la vie personnelle. J'en suis convaincu : il y a des vies dans la vie.

Il faudrait un livre en soi pour développer ces quelques pistes pour nos enfants. La crise les jette au milieu de la plus éprouvante des épreuves traversées par notre planète depuis la fin de la Seconde Guerre mondiale. Il nous faut les aider à comprendre, les aider à voir ce qui va changer. Il nous faut les convaincre que plus rien ne sera comme avant et leur donner l'envie de se battre et leur ouvrir des pistes. Il nous faut leur permettre de vaincre leurs peurs et leurs angoisses, leur prouver qu'ils ont de formidables cartes à jouer qui ne sont pas des avatars. Il nous faut leur dire que l'avenir est entre leurs mains et leur rappeler cette vérité : « Mon enfant, tu ES demain. »

Kierkegaard disait : « On a peur de quelque chose de défini, de nommable, d'identifiable. Par contre, on est angoissé ou paniqué par rien, rien d'identifiable en tout cas. » Nulle formule ne caractérise le mieux les réactions actuelles d'angoisse et de panique, notamment des jeunes, face à la crise. La vie plus chère, la difficulté de trouver ou de garder un emploi, la maison, les traites, les privations possibles, la gestion et la sauvegarde de son épargne, tout devient angoisse et fantasme parce que plus personne ne comprend la crise et n'en mesure les conséquences. Quand la rationalité disparaît, l'angoisse se propage. La panique s'ajoute à l'angoisse parce que tout le monde prend conscience que nous vivions dans un monde financier sans loi ni règle, bref que la machine était devenue si folle qu'il ne sera pas facile de l'arrêter. Il est donc essentiel de nommer ce qui peut être nommé et d'expliquer sans relâche ce qui peut être expliqué. Pour vaincre la peur, dominer l'angoisse et endiguer la panique, il faut donner des faits et n'avoir de cesse d'expliquer. C'est la seule manière de rationaliser les événements et de calmer les esprits. C'est pourquoi répondre aux questions évoquées dans ce chapitre est une obligation.

Pour savoir et savoir quoi faire concrètement ? Parce que comprendre ne suffit pas, si « je » n'en vois pas les implications personnelles. Parce que comprendre ne suffit pas, si « je » n'ai pas confiance en ce qui est fait pour m'informer et éviter que cela ne recommence.

Une fois prises en compte ces implications pour la vie personnelle de chacun, reste à appréhender les voies de sortie par le haut de la crise, les évolutions de notre société. Rien ne sera plus comme avant. Pour nous, pour nos enfants, il faut savoir ce qui va changer. Développer une vision de ce monde que nous avons envie de voir émerger de la crise.

CHAPITRE 12

Plus rien ne sera comme avant

> « Les hommes n'acceptent le changement que dans la nécessité et ils ne voient la nécessité que dans la crise. »
>
> JEAN MONNET

Will, l'architecte, c'est Jude Law. Il traverse une période difficile avec sa compagne Liv, interprétée par Robin Wright Penn, la femme de Sean Penn. Il vient d'installer son cabinet à King's Cross, un quartier de Londres en réhabilitation. Luxueux, ses bureaux font l'objet de cambriolages à répétition. Excédé, Will suit l'un des jeunes voleurs jusque chez lui et découvre sa mère, une réfugiée bosniaque, Amira, jouée par Juliette Binoche.

Au début, il cherche simplement à s'attirer la sympathie de cette femme. Puis, pour en savoir plus, il plonge petit à petit dans une autre culture et dans un univers différent du sien où la loi est la survie économique. Sorti en salle en 2007, *Par effraction*, d'Anthony Mingella, qui avait déjà réalisé *Le Patient anglais*, est un voyage de l'autre côté du miroir, une effraction, en effet, qui ouvre la porte d'un autre monde, tout aussi humain mais fondé sur d'autres valeurs. L'effraction, c'est aussi un choc, le viol d'un monde qui s'effondre et d'un autre qui se reconstruit. Après l'effraction, plus rien ne sera comme avant.

J'évoque ce film parce que, au fond, il n'est pas de siècle qui n'ait démarré sans une effraction. C'est le XIXe siècle avec Napoléon, marqué par l'arrogance mais aussi par des contributions originales, notamment tous ces codes qui ont jeté les fondations de notre société. C'est le XXe siècle, avec la Première Guerre mondiale puis la grande dépression de 1929. C'est ce XXIe siècle dans lequel la crise s'est invitée par effraction, avec une brutalité inattendue. Elle nous déstabilise, nous ébranle mais, surtout, elle nous emmène vers un monde nouveau, des cultures différentes et nous impose un changement radical. Après cette effraction, soyons-en certains, plus rien ne sera comme avant. Revue de détail de ces bouleversements.

La fin de la marque America Inc.

Nous vivons un Tchernobyl économique, global et non local, dont l'une des conclusions sera la fin de la domination de la marque qui régnait jusque-là sans partage sur notre monde : America Inc. Marque triomphante sur le plan politique, économique, culturel, depuis l'élection de Reagan au début des années quatre-vingt, marque aujourd'hui en perdition avec le terrible bilan des années Bush. Ce président s'en va après avoir provoqué en Irak une guerre aux conséquences très lourdes dont il dit pourtant, à présent, qu'il n'était pas préparé à l'affronter ! Terrible aveu. Par ses déclarations et les objectifs politiques qu'il poursuivait, il n'est pas étranger non plus au déclenchement de la crise des subprimes. Dramatique inconséquence. George W. Bush restera le président de la chute de la marque America Inc. décrite de manière fort juste par le philosophe et économiste Francis Fukuyama. Quelles étaient les valeurs de marketing de cette marque ? D'abord, une certaine vision du capitalisme, applicable aux États-Unis évidemment, mais au reste du monde également. Les secrets de la croissance y étaient une faible imposition, une régulation minimale et un gouvernement aux pouvoirs réduits. Ensuite, l'Amérique, championne de la démocratie libérale dans le monde, devait ouvrir la voie à un ordre international plus prospère et plus libre. On ne discutera pas ici de la manière dont ce deuxième objectif a été détourné, gâché et foulé aux pieds par le célèbre agenda de la liberté cher à Bush. Il a conduit à la guerre en Irak. Et cette rhétorique sur la démocratie a été un moyen de perpétuer et de justifier l'hégémonie américaine.

Mais revenons aux données économiques. L'effondrement de Wall Street, à la fin de l'année 2008, signe la fin de la période Reagan et d'une longue histoire. À partir du New Deal et des années trente, les États-Unis n'ont fait qu'étendre leur empire. Dans les années soixante-dix, cependant, ils ont étouffé sous leur bureaucratie et ont commencé à connaître de graves dysfonctionnements. La révolution Reagan, suivie de la révolution Thatcher en Europe, s'est employée à combattre ces dérives en s'appuyant sur la flexibilité de l'embauche et du licenciement et la réduction des impôts comme panacée. Ainsi furent jetées les bases de trois décennies de croissance. Au plan international, la révolution Reagan se résume dans le consensus dit de Washington : Washington et les institutions internationales placées sous son influence, FMI et Banques mondiales, ont dirigé la planète dans une optique purement néo-libérale. C'est sur cette ligne-là, notamment, que les pays émergents ont été incités à ouvrir leur économie. Malgré les perturbateurs populistes du style Hugo Chavez, cette idéologie a régné jusqu'aux années 2000 et, objectivement, elle a permis à certains pays, comme la Chine et l'Inde, de devenir les puissances économiques qu'elles sont aujourd'hui. Mais, dans le même temps, deux des concepts sacro-saints de l'America Inc. ont connu de graves défaillances.

Selon le premier de ces dogmes, les baisses d'impôts s'autofinancent. D'après le second, les marchés financiers sont capables de s'autoréguler. Ces principes ont, de fait, cessé d'être crédibles. Lorsque l'on évoque la baisse des impôts, on en revient très vite à la célèbre phrase d'Arthur Laffer, économiste cher à Ronald Reagan : « Trop d'impôt tue l'impôt. » Arthur Laffer vit toujours aux États-Unis. Il a longtemps résidé en Californie dans une immense propriété où il élevait des tortues, symboles de longévité ! Cet économiste a fait rêver de nombreux contribuables avec sa formule « magique », au point que certains ont songé à lui élever des statues ! Mais, au fil des ans, l'autofinancement supposé des baisses d'impôts a mal tourné et accouché d'une réalité différente. Les pays développés, et en tout premier lieu les États-Unis, ont été incapables d'autofinancer leurs baisses d'impôts et leur croissance. Ils ont alors choisi de se tourner vers les pays émergents pour payer leurs déficits. La globalisation a ainsi masqué les failles de ce principe des néo-libéraux purs et durs.

Le deuxième dogme, la dérégulation financière, était devenu parole d'évangile, aussi bien pour les Républicains que pour les Démocrates, ces quinze dernières années aux États-Unis. Lui aussi a démontré ses insuffisances. La crise a fait éclater au grand jour l'échec patent de la dérégulation et ses excès. Ils ont donné naissance à ce flot de nouveaux produits financiers qui sont au cœur de la crise actuelle.

D'où vient la faiblesse de ce sacro-saint principe de la dérégulation financière ? Dans certains domaines, il a permis de laisser libre cours à l'imagination et produit des effets réellement bénéfiques. C'est le cas, par exemple, du high tech dans la Silicon Valley ou du secteur des biotechnologies : la liberté offerte à la recherche, la spontanéité, l'innovation ont débouché sur de nouvelles pistes de développement et de nouveaux produits qui s'appuient *in fine* sur le réel, alors que l'innovation financière s'est construite sur le virtuel. Or la finance ne peut être fondée que sur la confiance. Et la confiance ne peut s'épanouir que dans la transparence des risques pris par les institutions financières avec, rappelons-le, l'argent des autres. Cette crise montre que la faillite d'une institution financière fait un nombre considérable de victimes collatérales. Lorsqu'une entreprise coule, c'est elle, ses employés et ses sous-traitants qui sont touchés. Lorsqu'une institution financière de la taille de Lehman Brothers sombre, les conséquences sont multiples, semblables à une onde de choc dont les limites seraient inconnues. Ainsi a-t-on découvert, deux mois et demi après le 15 septembre, que la très rassurante Banque postale (LBP) détenait des obligations émises par Lehman Brothers et était atteinte à hauteur de 60 millions d'euros. Même les plus prudents ont donc été frappés ! Cette défaillance fondamentale de la dérégulation financière justifie le retour à plus de régulation et à un plus grand contrôle des États.

L'effondrement des deux piliers sur lesquels reposait la domination de la marque America Inc. entraînera, forcément, la fin de l'hégémonie des États-Unis telle qu'elle s'exerçait jusque-là. Il est certain que Washington n'aura plus les mêmes marges de manœuvre pour façonner l'économie globale. Cela ne signifie pas pour autant que l'influence américaine disparaîtra. Ici ou là, elle sera sans doute restaurée. Les États-Unis ont toujours fait preuve dans les crises qu'ils ont traversées, dans les années trente ou dans les années soixante-dix, de leur résilience et de leur adaptabilité.

Il n'est pas certain, d'ailleurs, que les modèles chinois et russe s'en sortent beaucoup mieux que le modèle américain.

Avec ses énormes réserves financières, Pékin joue gros, à la fois à l'intérieur et à l'extérieur. Le Kremlin, lui, a un jeu avant tout risqué. En choisissant de se placer en retrait de la scène économique mondiale tout en pariant sur sa rente énergétique, la Russie court le risque de perdre sur les deux tableaux : elle peut se retrouver isolée et voir les revenus de sa rente baisser. Quelles que soient les interrogations que l'on peut avoir sur la pertinence de la stratégie chinoise ou russe aujourd'hui, il est évident, néanmoins, que ces deux marques, tout comme la marque Europe, deviendront des concurrentes beaucoup plus directes d'America Inc.

D'une certaine façon, les Américains vont se retrouver confrontés à un phénomène que leurs entrepreneurs connaissent bien : le meilleur produit, désormais, gagnera. S'appellera-t-il États-Unis, Chine, Russie ou Europe ? La réponse n'est pas encore écrite. Une chose est cependant acquise : dans les années qui viennent, cette compétition ne sera pas soumise aux dogmes de l'autofinancement des baisses fiscales et de la dérégulation. La capacité de chacun des modèles à éviter les crises et leurs excès et leur inscription dans la durée, aux antipodes du court-termisme qui régnait jusqu'alors, seront déterminantes. Avec la fin de la marque America Inc., la planète va sortir de sa dépendance vis-à-vis des États-Unis et voir apparaître de multiples acteurs. La primauté du court terme touche à sa fin et la recherche d'une vision plus longue s'imposera. Ce véritable changement de paradigme ne sera pas sans conséquences.

Un vrai monde multipolaire

L'évolution vers un monde multipolaire est un phénomène inédit pour la planète depuis le XVIe siècle. Il serait sain d'encourager ce mouvement à présent naturel. Pour que le monde entre enfin dans un développement harmonieux, il faut en finir avec une situation choquante : ces dernières années, les pays les plus pauvres, ou en voie de développement, ont financé la croissance des pays les plus riches, sans pouvoir même donner de la voix dans les décisions internationales. Un rééquilibrage du pouvoir et des rapports de force de la planète s'impose au moment où la marque America Inc. fléchit. Cela nécessite un changement de gouvernance et de régulation mondiale. Il est impératif de bousculer l'équilibre des institutions de régulation dans lequel nous sommes engoncés depuis des décennies. Qu'il s'agisse des rapports de force et du mode de fonctionnement de la Banque mondiale et du FMI ou de l'organisation des sommets internationaux, tout doit être revu. Très clairement, le G20 ouvert aux pays émergents doit se substituer au G8. Mais, à l'intérieur de ce monde multipolaire, une question est aussi posée aux Européens : sont-ils capables de saisir cette occasion pour imposer leur leadership sur la vision économique de la croissance ?

Cette crise a renforcé l'Europe, l'Europe élargie à l'Angleterre qui en fait, désormais, pleinement partie. C'est un atout majeur pour l'Union dans l'équilibre futur des rapports de force mondiaux. Il est vital de continuer à renforcer cette collaboration étroite, cette « association de fait » avec l'Angleterre. Évidemment, cela ne suffira pas. Pour qu'émerge vraiment un leadership européen, la gouvernance de l'Europe doit s'affirmer au-delà des questions institutionnelles. La crise, de ce point de vue, a servi de modèle. La rapidité des réactions d'un certain nombre de leaders européens, les initiatives qu'ils ont prises et leur capacité à entraîner, de bon ou de mauvais gré, les 27 pays de l'Union ont surpris. Mais il reste à confirmer cette tendance sans laquelle le leadership européen demeurera balbutiant. Dans le monde multipolaire, la gouvernance de l'Europe se démontrera dans les faits, pas dans l'exécution du traité de

Lisbonne dont plus personne, d'ailleurs, ne parle depuis le début de la crise. L'Europe peut se faire sans Lisbonne, elle vient de le prouver. Et sa monnaie, l'euro, est un atout formidable. Hongrie, Pologne, Danemark, Islande l'ont compris et cherchent déjà à la rejoindre !

Dernier élément sur lequel l'Europe doit s'appuyer : le dialogue Nord-Sud, entre pays développés et pays émergents. Il est capital que ces échanges soient de bien meilleure qualité que ceux organisés par la démocratie américaine depuis des décennies. Des initiatives telles que l'Union pour la Méditerranée ouvrent des pistes intéressantes. Dans la construction de ce nouveau monde multipolaire, la place des pays émergents sera forcément renforcée. Même si ces États peuvent avoir des stratégies contradictoires ou diverses, l'Europe, sous certaines conditions, a une vraie carte de leadership à jouer avec eux. L'Europe a toujours eu une grande capacité à comprendre et à intégrer la diversité des cultures. C'est un atout clé pour devenir le capitaine de cette équipe multipolaire qu'il nous faut construire pour la gouvernance mondiale.

L'État plus impliqué, mais pas forcément plus d'État

L'après-crise passe par plus d'État. L'implication des États dans la sortie de crise a été telle qu'une vérité oubliée s'est, de nouveau, imposée : les États sont absolument nécessaires pour réguler les crises potentielles dans l'économie mondiale. L'époque du chacun pour soi dans son domaine d'excellence est sans doute révolue. À condition, toutefois, que les États soient capables de s'adapter à la situation de l'économie en développant, comme ils l'ont fait à la fin de l'année 2008, des interventions transnationales, mise en réseau et coopération. Si cette interconnexion entre les États ne devait être qu'un feu de paille lié à la crise, le rôle du politique retomberait de lui-même. Face à des crises planétaires, les institutions financières, qui constituent l'avant-garde de l'innovation et l'interconnexion, ne peuvent apporter que des réponses mondiales et globales. Le système politique doit se porter à ce niveau-là. Il faut des États plus impliqués dans la régulation, dans la prévention des crises, mais également des États qui acceptent de renoncer à une partie de leur pouvoir au profit d'une interconnexion entre eux.

Ce n'est pas le moindre des paradoxes et des challenges qui s'offrent dès à présent à nos hommes politiques : il leur faut concevoir un État plus engagé, mais ne pas aller forcément vers plus d'État. On l'a constaté, l'État n'est pas nécessairement l'investisseur le plus perspicace et l'actionnaire le plus pertinent. Par ailleurs, il ne doit pas se substituer aux citoyens. Il faut, donc, dès maintenant, préparer son retrait des terrains où il a dû s'avancer pour endiguer la crise. Après avoir réagi, à juste titre, de manière extrêmement large, il doit veiller à ne pas s'enliser dans des tâches qui ne sont pas les siennes par temps calme et revenir à l'essentiel. Il ne peut être, je le redis, qu'« un passager de la pluie ».

Le libéralisme pur et dur n'est, peut-être, qu'une philosophie des beaux jours. Il fonctionne à la condition que n'éclatent pas des crises ou des conflits retentissants. Fondé sur la théorie de l'optimisme et du « toujours plus », il contribue, par là même, à la formation de bulles. Les néo-libéraux affirmaient que le trop d'État et le trop de politique étaient à l'origine de ces difficultés mondiales que sont le chômage et la pauvreté. La démonstration vient d'être brutalement faite que l'insuffisance d'État et de régulation est aussi à l'origine de la formation des bulles et de leur éclatement. Pour les éviter, les États sont incontournables mais d'autres valeurs sont indispensables qui exigent une prise en compte des citoyens.

La prise de pouvoir des communautés

Le XXIe siècle est un monde hypercomplexe et hyperconnecté, en même temps qu'un monde de l'instantanéité. L'une des conséquences de cette évolution est le développement de deux phénomènes qu'on connaît bien sur Internet mais qu'on avait sous-estimés au début des années 2000 : la viralité, le phénomène de propagation, et la création de communautés. Ces données nouvelles dicteront de plus en plus les réactions et les comportements des citoyens à l'intérieur de la globalisation. À la fin des années quatre-vingt-dix, lorsque, avec d'autres, j'ai tracé la vision de la convergence et de ses applications dans nos économies, nous avons certainement sous-estimé cet aspect viral et communautaire si caractéristique de l'économie du monde d'Internet. La convergence permet un marketing de plus en plus ciblé et de plus en plus efficace. C'est parfait, en apparence, mais n'oublions pas le revers de cette médaille : un contrôle renforcé de l'action des entreprises et de chacun d'entre nous et des États de plus en plus réactifs, décisifs, rapides. D'une certaine façon, l'élection de Barack Obama a été facilitée par le succès viral de sa campagne sur Internet. C'est même ce qui caractérise cette élection par rapport à toutes celles qui l'ont précédée.

J'ai la conviction, durable, que les États devront être extrêmement attentifs aux réactions transfrontalières et transculturelles alimentées par la formation de communautés sur Internet. Des mouvements d'opinion partent de plus en plus de réactions individuelles et se développent de façon extraordinairement rapide. Nul ne peut plus ignorer ces changements qui conduiront à réinventer un certain nombre de ressorts de la démocratie. La prise de pouvoir des communautés, par-delà les clivages nationaux, va même modifier la notion de valeur.

Adapter la notion de valeur à ce mouvement

Les changements post-crise vont nous amener à mettre l'accent sur la création de valeur, et non plus sur son déplacement. Ces dix dernières années, les marchés et les politiques d'entreprise se sont beaucoup appuyés sur les délocalisations, la sous-traitance plus ou moins lointaine, le déplacement des lieux de fabrication. Au niveau mondial, ce remue-ménage a déplacé de la valeur sans vraiment en créer. L'évolution vers un monde multipolaire et l'explosion des barrières transnationales, au travers des réseaux communautaires, vont nous ramener au réel et au basique en remettant l'accent sur cette création de valeur. De la même manière, la croissance cessera de dépendre exclusivement de la surconsommation à crédit pour redevenir responsable et durable.

Concrètement, cela veut dire, par exemple, la fin de la fiction d'une rentabilité continue et indéfinie de 15 % par an. Rien ne permet de justifier cet objectif dans la durée. On peut, certes, recourir à des artifices comptables mais ça n'a qu'un temps.

Pour un New Deal vert

Se concentrer sur la vraie création de valeur, accepter l'idée que face à la récession profonde dans laquelle nous sommes tombés, il faut des politiques de relance dans les différents pays, c'est bien. Encore faut-il essayer de donner du sens et une portée positive à ces initiatives, à ces sommes astronomiques soudain dégagées. Essayons de les dégager au bénéfice de la planète ! Au-delà des mécanismes keynésiens historiques, séculaires, notre devoir est d'imaginer les voies d'un New Deal pour la planète, prenant en compte la multipolarité, un nouvel équilibre et la nécessité du retour au réel. Ce New Deal doit nous toucher tous, de l'individu à l'entreprise, aux États.

Nous n'allons pas reproduire Bretton Woods ou Roosevelt. À nous d'inventer ce New Deal du nouveau siècle. Et profitons des sommes astronomiques engagées par les États pour les concentrer sur ce New Deal. Pour moi, ce New Deal du XXIe siècle doit s'attaquer à notre défi le plus important : la protection de la planète et son développement durable. C'est le New Deal vert qu'il nous faut construire.

Prenons, dans le domaine de l'entreprise, un seul exemple des mouvements engagés. Wal-Mart, la grande entreprise de distribution américaine que nous avons déjà évoquée, a continué à gagner des parts de marché en 2008 et son cours de Bourse a réalisé la meilleure performance sur le Dow Jones, la Bourse de New York. Cela n'aurait qu'un intérêt modéré si cela ne s'inscrivait pas dans une démarche « verte », écologique, réelle, profonde, et qui commence à être ressentie par les clients. De ce point de vue, Wal-Mart est en avance sur toutes nos entreprises européennes. Comme le dit son patron Lee Scott : « Le leadership, ce n'est pas regarder par-dessus son épaule et vivre dans le passé en s'autocongratulant des succès enregistrés. Le leadership, c'est regarder devant, l'horizon, et façonner le futur. » Son objectif : que Wal-Mart devienne un meilleur citoyen du monde. Action : Wal-Mart a passé des contrats avec tous ses fournisseurs pour diminuer de 25 % en trois ans la consommation d'énergie des produits les plus gourmands, à commencer par les sèche-cheveux ! Et alors direz-vous ? De la pub, guère plus… Ce n'est déjà pas si mal si ça va dans le bon sens. Mais, grâce à cette seule action, les économies d'énergie générées représentent de quoi fournir l'électricité à 3 millions de maisons par an, ou encore d'économiser 10 millions de barils de pétrole ! Impressionnant. De la même manière, Wal-Mart a promis d'éliminer de ses ventes tout appareil à air conditionné ne respectant pas le label le plus exigeant, *Energy Star*, qui va bien au-delà de la stricte application de la loi. Ils exigent aussi des chartes qualité de leurs fournisseurs en matière sociale et environnementale.

Les magasins Wal-Mart eux-mêmes mettent en place les dernières innovations pour économiser l'énergie en matière solaire, d'éclairage, de conservation de l'eau. Un accord a même été passé avec l'Association nationale des gouverneurs pour laquelle les équipes de Wal-Mart réalisent des audits et des recommandations pour économiser argent et énergie dans les bâtiments publics, notamment dans les *Capitols* où siègent les administrations de chaque État. Imagine-t-on Carrefour passer un accord avec l'Association des présidents de région et de conseil général pour économiser l'énergie dans les – souvent fastueux – hôtels des régions et des départements !

Bien entendu, les considérations commerciales et d'image ne sont pas absentes de la démarche de Wal-Mart. Mais il va nous falloir apprendre à positiver. Il n'y a pas les bonnes démarches vertes engagées par les ONG, ou les associations à but non lucratif, et les mauvaises venant d'entreprises capitalistes. Il y a juste un mouvement de fond, un tsunami vert à créer, générer, encourager partout, chez chacun. Et, bien sûr, pas seulement au niveau de l'entreprise, mais aussi des États. La réponse à la crise est une opportunité formidable, à commencer par le contenu des actions de relance.

Selon moi, ce New Deal doit se traduire, à travers ces plans, par l'affirmation d'une priorité absolue donnée aux valeurs vertes et écologiques, au bon sens du terme. Ce que nous devons demander, exiger du nouveau président Barack Obama pour les États-Unis, comme de tous les autres dirigeants du monde, c'est qu'ils soient au « *rendez-vous* » de la préservation de la planète. Il nous faut intégrer l'ensemble des défis du XXIe siècle : sécurité alimentaire, lutte contre la pauvreté, lutte contre le changement climatique, développement durable, tout ce qui forme le contenu vrai de l'écologie, la préservation harmonieuse de la Terre.

Une coordination internationale pour une relance massive ayant un vrai sens, c'est possible et nécessaire. La récession actuelle se traduit par une diminution des prix de l'énergie. Au cours de l'année 2008, la chute du prix du baril de pétrole nous a offert un faux sentiment de confort et a brouillé les perspectives sur la rareté et le prix des ressources en énergie classique. Cette évolution trompeuse peut aussi contribuer à décaler encore un peu plus les investissements dans les énergies nouvelles et renouvelables ou dans l'énergie nucléaire. Or, si l'on souhaite que l'énergie solaire et l'énergie éolienne représentent une fraction significative de la consommation d'énergie sur notre planète, il faut consentir, dès aujourd'hui, des investissements lourds, faire des arbitrages en leur faveur, leur permettre d'être compétitives dès leur démarrage, ne serait-ce qu'au travers d'avantages fiscaux. Il serait dramatique qu'une baisse des prix de l'énergie fossile aboutisse à une démobilisation sur le front pourtant capital des énergies renouvelables ou de l'énergie nucléaire. Le nécessaire New Deal vert pour la planète exige de privilégier, à l'intérieur des mesures de relance, les programmes d'investissement et d'infrastructures, les aides à la technologie des énergies renouvelables et l'approfondissement des dispositions fiscales favorables à leur développement et à leur utilisation. Quels que soient les aléas des prix de l'énergie, nous avons terriblement besoin, à un horizon de vingt ans, de beaucoup plus de renouvelables et de nucléaire.

Quels que soient ces aléas, nous avons également besoin d'une politique mondiale de l'énergie renouvelée et consciente, qui passe par un dialogue beaucoup plus intense entre producteurs et consommateurs, et une mobilisation beaucoup plus forte des politiques autour de l'énergie. Là encore, le G20 y a toute sa place.

Une relance qui aurait du sens, aussi bien aux États-Unis qu'en Europe, impliquerait, par exemple, d'aider et de sauver le secteur automobile mais en choisissant délibérément de privilégier les voitures propres et les véhicules hybrides. Battons-nous pour que le soutien aux voitures propres ne soit pas un codicille dans le plan de relance français, mais une ligne directrice, principale, des actions de relance du secteur. Réservons-leur les aides promises.

On manquera l'objectif en ne regardant l'aide à l'industrie automobile que comme une aide à l'emploi – diablement utile – pour une industrie en sursis. Profitons-en pour accélérer formidablement la mise au point et la diffusion des voitures propres. Le contribuable mondial va sauver l'industrie automobile, au moins que ce soit pour le bien de la planète.

Si la crise devient un levier pour accélérer ces mutations-là, elle cessera d'être un drame pour apparaître comme une chance extraordinaire d'effectuer un grand pas vers un monde nouveau. Il nous faut, à la fois, éviter tout retour en arrière dans les actions de préservation de la planète et favoriser le développement des énergies nouvelles pour en faire un objectif assumé et privilégié. En période de relance, les lobbies traditionnels se mobilisent pour récupérer une partie de la manne distribuée par les États. Alors, pour une fois, faisons en sorte que la concertation internationale ne soit pas aveugle et aille à l'essentiel en luttant contre le changement climatique de notre planète. Lançons ce slogan : « Pour un New Deal vert ! » Il faut que la détermination verte soit lisible, soit la colonne vertébrale des relances et pas simplement une priorité parmi beaucoup d'autres. Le message politique et l'action politique, pour nous aider à sortir de la crise actuelle par le haut, doivent gagner en simplicité et en force !

J'ajouterai, d'ailleurs, que cette économie verte est, sans

doute, l'une des plus vertueuses en matière de création d'emplois. Toutes les analyses récentes montrent que le rapport entre l'investissement et la quantité de travail créée est très favorable aux technologies propres. Et la France, dans ce secteur, est à la traîne. Comment expliquer, par exemple, que l'Allemagne dispose dans le secteur solaire de 260 000 emplois contre quelques milliers seulement en France ? D'une manière générale, les technologies renouvelables sont plus intensives en emplois que le secteur de l'énergie traditionnelle ou d'autres secteurs industriels.

Enfin, dernier élément dans ce plaidoyer pour un New Deal vert, les technologies renouvelables peuvent faire l'objet de transferts massifs afin de soutenir les pays en développement. Je pense notamment à l'énergie solaire photovoltaïque. Elle aurait un impact important sur les pays d'Afrique, aussi bien en termes de développement économique que d'indépendance énergétique.

Au-delà de l'énergie, des énergies et de l'environnement, ce New Deal vert devra également renforcer les actions destinées à accélérer, dans le monde entier, le développement des technologies numériques, bases de nouveaux services efficaces, avec un *business model* économique renouvelé, source de croissance et de comblement progressif des inégalités actuelles sur la planète.

Tels sont les éléments constitutifs de ce New Deal vert qui redonnera du sens à nos actions et remettra, comme l'Histoire nous l'a toujours appris à la sortie des crises, « l'homme au centre ».

L'Histoire a toujours mis l'homme au centre

Balzac écrivait dans *La Maison du Chat-qui-pelote* : « Dans les grandes crises, le cœur se brise ou se bronze. » Les grandes crises, ce sont les guerres, les invasions, les épidémies, les bouleversements idéologiques et, aujourd'hui, le grand chambardement économique que nous traversons. Quand on étudie, historiquement, les réponses politiques qui ont été apportées à ces moments dramatiques de rupture, force est de constater que les pouvoirs en place ont été soit dépassés par les événements, soit inopérants, soit inexistants, et, le plus souvent, balayés. En revanche, les réponses à ces crises ont toujours eu des conséquences et suscité des réactions.

Les grandes invasions, les épidémies de peste au XIVe siècle, la Réforme, la Révolution française, les guerres du XXe siècle, ont donné naissance à des mondes radicalement nouveaux : la fin de l'Empire romain et la naissance des États-nations, la disparition du monde féodal et la Renaissance, la naissance du baroque, la République et la démocratie. Dans chacun de ces tournants de l'Histoire, le monde nouveau qui a jailli était poussé par une très grande créativité et une extraordinaire liberté. Liberté de vivre, liberté de pensée, liberté de créer plaçant l'homme au centre. Ces grandes crises lavent la pensée, les structures politiques, sociales, économiques, et permettent de recomposer l'ordre du monde d'un point de vue totalement nouveau. La règle est toujours la même dans ces mutations : elles sont portées par les vents de la nouveauté, de la liberté et de l'humanité parce que l'homme y est au centre.

Aller plus loin

Dans le retour au réel que je prône pour sortir de cette crise, dans cette quête du bon sens sans perdre le goût du risque, que faire, cependant, pour replacer l'homme au centre de notre société ? Comment apprendre à vivre avec la rumeur, les peurs instantanées propagées à la vitesse de la lumière ? Comment, dans ce tourbillonnement, préserver notre enthousiasme et nos envies ? Comment garder les pieds sur terre alors que nous sommes plongés dans le monde virtuel de la convergence ? Comment se persuader que le capitalisme ne mourra pas, mais qu'il est encore plus important de rester nous-mêmes, porteurs de nos valeurs de tolérance et d'humanisme ? Derrière ces questions, il y a des clés qui vont au-delà de toutes les mesures prises ou évoquées dans ce livre.

Pour conclure, en voici quelques-unes.

Ne pas se reposer sur l'État mais adapter la gouvernance à l'interconnexion de notre monde, cela veut dire mettre en place une vraie gouvernance mondiale dépassant les égoïsmes nationaux.

Ne pas se reposer sur l'État et préparer dès à présent son retrait. Régulation, oui, mais l'État n'est ni omniscient ni omnipotent.

Ne pas s'en tenir à la réforme des bonus ou des rémunérations des dirigeants, mais redéfinir l'éthique que nous voulons voir prévaloir et enseigner à nos enfants.

Ne pas s'enfermer dans un frileux principe de précaution, mais restaurer le sens du risque en respectant le bon sens. C'est la vocation même de l'entrepreneur.

Ne pas s'arrêter à la nécessaire relance de nos économies, mais lui donner un vrai sens pour la planète et ses enjeux.

Ne pas s'arrêter au miracle de l'Internet, à son instantanéité, à sa connaissance encyclopédique, mais dominer le monde virtuel, ne jamais oublier qu'on gagne virtuellement mais qu'on paie dans la vraie vie. Le Net a été une très grande innovation, mais sa domination sur nos activités financières, la sophistication qu'il a encouragée, l'instantanéité qu'il a imposée ont provoqué une catastrophe. Il faut, désormais, renverser la tendance, faire rendre à Internet de vrais services, y donner une place aux communautés et exercer à son endroit notre esprit critique. Il s'agit de dominer le virtuel pour le mettre au service du réel.

Ne pas s'arrêter de vivre mais s'impliquer. La crise est aussi le fruit de l'isolement, celui du trader notamment. L'indifférence est une plaie et une faute. Nous mesurons où nous a conduits l'indifférence aux risques pris et à leurs conséquences lointaines. Au-delà des mesures et des réactions immédiates, l'avenir dépend de notre capacité à surmonter les peurs et les angoisses créées par la crise.

Autrement dit, il nous faut maintenant dominer le virtuel et ne pas en devenir l'esclave. Nous devons imaginer une planète consciente des enjeux et des équilibres liés à sa diversité. Il nous revient de retrouver un humanisme, impliqué, actif, enthousiaste et de remettre l'homme au centre de nos préoccupations et de nos décisions.

Au-delà des mesures techniques, politiques, économiques, même si elles sont inventives et les meilleures qui soient, seul ce volontarisme acharné nous arrachera à notre destin, nous permettra de recréer un capitalisme d'entrepreneurs et de vivre avec une vision longue des enjeux de la planète. Nos enfants ne nous pardonneraient pas d'avoir baissé les bras et d'avoir renoncé à relever ce défi-là.

ÉPILOGUE

Et maintenant ?

« Le courage, c'est d'aller à l'idéal et de comprendre le réel. »

JEAN JAURÈS

Les Français ont peur. Peur devant l'ampleur de la crise, inédite depuis un siècle. Ils sont incrédules tant devant les dégâts causés que face aux immenses moyens développés pour réagir. Ils sont inquiets de la récession qui s'accentue et se demandent à quoi sert tout l'argent déployé. Ils sont traumatisés par les pertes d'un trader fou ou celles d'un escroc qui dilapide 50 milliards. Ils ne comprennent pas. Ils ont perdu confiance. Et, sans cette confiance, pas de sortie de crise ! Que faire ?

Angoisse ou optimisme ?

Mon regard sur la crise se nourrit de sentiments contradictoires qui vont de l'angoisse à l'optimisme en passant par l'impatience.

L'angoisse de celui qui constate que, depuis vingt ans, nous avons été sourds et aveugles devant les dérives du capitalisme financier et leurs conséquences. Nous avons laissé se développer un monstre virtuel dont l'implosion aurait pu anéantir toute l'économie réelle, c'est-à-dire l'entreprise de beaucoup et l'emploi de chacun.

L'impatience de celui qui observe que le monde entier a été mis à contribution et que toutes les idées possibles et imaginables ont été évoquées sans que cet énorme dispositif « ne morde encore ». La crise se poursuit et la récession se creuse. La destruction de valeur et la perte de confiance ont été si massives que la purge sera longue, très longue. Or, tant qu'elle ne sera pas terminée, il n'y aura pas de véritable retour de la croissance. Le pire n'est pas encore derrière nous. 2009 va rester une année extrêmement difficile, avec soubresauts et rechutes. Certaines banques elles-mêmes auront du mal à se refinancer. Le « crédit crunch » (la pénurie du crédit) va durer et alimenter la récession. La plus grande vigilance est de mise. D'énormes moyens seront nécessaires ainsi que de nouvelles mesures de relance, plus coûteuses encore.

L'optimisme enfin, malgré tout dirais-je, mesuré mais déterminé – il me colle viscéralement au corps – de celui qui sent, qui voit et qui croit que « oui, on va s'en sortir » mais dans un monde radicalement différent. D'une certaine manière, pour l'heure, seul le plus « facile » a été fait : les États ont plutôt bien réagi en mobilisant les immenses ressources nécessaires pour enrayer le désastre. Ainsi ont-ils évité le pire. C'est bien. Ce n'est pas suffisant, néanmoins, pour (re)construire le meilleur. Cette tâche-là, ambitieuse, ne revient pas aux seuls États, elle incombe à chacun d'entre nous. Bougeons-nous, mobilisons-nous.

Quelles pistes ?

Les mesures d'urgence finiront par produire des effets. Lentement, car nous sommes passés tout près du KO et du chaos. Mais cela ne suffit pas.

Il faut aller plus loin et définir ce qui doit guider nos futures décisions collectives et individuelles. Il n'y a pas de contre-exemple dans l'Histoire : de chaque grande crise séculaire – et celle dans laquelle nous sommes plongés en est une – est toujours sorti un nouveau monde. À nous d'en dessiner les contours et de lui donner du sens. En ce qui me concerne, je vois cinq pistes qu'il nous faut privilégier.

1. Inventer un New Deal vert pour donner du sens à la relance

Les plans de relance engagés dans tous les pays du monde constituent un immense catalogue. Les États sont brouillons et deviennent illisibles à force de vouloir trop bien faire, en « trop bons élèves ». À vouloir tout faire, pour répondre à tout, on finit par donner l'image de la confusion. Une colonne vertébrale, pourtant, s'impose : l'avenir de la planète. Nous devons le préserver grâce à un véritable développement durable, respectueux des cultures, tourné vers la protection de notre environnement, les énergies renouvelables et la lutte contre les émissions polluantes, vers les nouvelles technologies, notamment numériques – technologies propres par excellence – qui vont continuer d'augmenter la productivité mondiale de l'économie, créer de nouveaux services et de la valeur ajoutée. C'est ce triptyque Environnement-Énergie-Numérique qu'il faut délibérément favoriser et qui doit constituer la base de ce New Deal vert.

Si, envers et contre les lobbies qui se bousculent au portillon des États, l'essentiel des sommes pharamineuses consacrées à la relance était investi dans la voiture propre, aussi bien pour son développement que pour en favoriser l'achat ; la recherche sur les technologies de dépollution et le financement des investissements pour les mettre en place ; le développement massif des énergies nouvelles, tant au travers de nouvelles infrastructures que par les aides fiscales pour favoriser leur adoption par chacun dès que possible ; le développement du numérique ; nous ferions coup double : nous stopperions la crise en réexaminant notre modèle de croissance économique et nous changerions le destin de la planète. Il faut revoir et reprendre nos plans de relance à cette aune-là, avec une vraie, totale, priorité. Nous ne retrouverons pas de sitôt des sommes disponibles aussi colossales pour agir. Faisons-en quelque chose. Pour nous, pour nos enfants ! Comme au judo, il faut renverser la prise de la crise pour en faire une chance. C'est le New Deal vert ! Saurons-nous le faire ?

2. Trouver un sens et un équilibre à la gouvernance mondiale

Face à une économie et à un capitalisme qui resteront globalisés, nous ne pouvons pas nous contenter d'une gouvernance mondiale émiettée, éparpillée, tirée à hue et à dia par des intérêts nationalistes étroits. Pour éviter que le capitalisme global connaisse de nouveaux excès, nous devons aller sur son terrain et mettre en place une régulation et une gouvernance mondiales avec un FMI aux moyens comme aux missions renforcés et une priorité donnée au G20 qui rassemble pays développés et pays émergents. Il faut leur déléguer certaines décisions aujourd'hui nationales. Le FMI doit être l'arbitre et la force d'harmonisation des régulations et de leur mise en œuvre. Il doit être le prêteur de dernier ressort en cas de crise. Le G20 doit devenir le lieu des décisions et de la coordination mondiale en abandonnant les formations trop étroites ou faisant la part trop belle aux seuls pays développés. Il faudra renoncer à certaines prérogatives nationales. N'ayons pas peur d'adapter cette gouvernance à l'état du monde ! Les plans de relance actuels ne seront pas suffisants. Il en faudra, sans doute, d'autres. Forçons producteurs et consommateurs, riches et émergents, à dialoguer au sein du G20 pour fixer, en surmontant les nationalismes, des priorités claires, fortes et cohérentes aux relances à venir.

J'ai toujours prôné la diversité. Dans la musique, la globalisation c'est à la fois les succès planétaires de Bono avec U2 et l'expression de chaque culture, arabe pour les uns, indienne pour les autres, bretonne pour certains, etc. Mondialisation et racines ne sont pas contradictoires. Chacune se nourrit de l'autre et s'appuie sur l'autre pour se développer. C'est ce monde multipolaire, représentatif de la multiplicité des cultures, expression de la variété de nos racines, qu'il faut faire émerger face à la globalisation. Bousculons pour cela les nationalismes et les positions acquises. L'Europe qui a toujours été une terre d'accueil, qui a appris la diversité culturelle et placé la tolérance au centre de ses valeurs, peut prendre le leadership de ce nouveau monde. Saurons-nous le faire ?

3. Dominer la convergence pour ne pas en devenir esclave

Ayant été l'un des tout premiers à annoncer le monde de la convergence, je peux, légitimement, mettre en garde aujourd'hui contre ses excès. La convergence est formidablement pratique : elle offre tout, partout, sur-le-champ. Ne nous en privons pas ! C'est, également, un formidable moyen d'expression : d'une part, le développement de communautés multiples offre à chacun la chance d'agir en fonction de ses passions, d'autre part, la viralité permet de créer mouvements, succès, contestations, sans se préoccuper des barrières et des frontières. Ce triomphe de l'individu sur des instances de représentativité et des intermédiaires dans lesquels il se reconnaît rarement, ne le laissons pas passer ! Mais, attention, danger ! La convergence favorise aussi le développement sans fin du virtuel aux dépens du réel.

Elle se transforme alors en un jeu dangereux susceptible de provoquer des dommages massifs dans l'économie. Contrôlons et régulons son utilisation en circuit fermé par la finance, en forçant les obligations de déclaration et d'information.

Encadrons aussi cette convergence, apprenons à nous en servir pour que nos enfants en prennent tout le bénéfice de connaissance, de recherche, d'expression mais ne se réfugient pas dans le confort de jeux de rôle ou de sites qui leur offrent des succès et des échecs tellement plus faciles à assumer que dans la vraie vie. Tout commence donc par un effort considérable dans l'éducation. Saurons-nous le faire ?

4. Taper du poing sur la table pour favoriser l'émergence d'un capitalisme bien tempéré

L'appât du gain ne disparaîtra pas avec la crise. La recherche de la martingale pour garder le profit par-devers soi et refiler le risque au voisin ne cessera jamais. Il n'y a pas de miracle à attendre de la nature humaine. Il faut mettre des « stops » clairs là où ils sont indispensables. Quelques actions coup-de-poing s'imposent. Pour éliminer enfin les paradis fiscaux en les étouffant par la dénonciation des conventions fiscales et l'interdiction pour eux d'accéder à toute forme d'aide mise en place. Pour réguler les fonds spéculatifs et les contraindre à la transparence par des obligations d'enregistrement et d'information sur leurs actions. Pour réformer de fond en comble les agences de notation. Pour limiter les produits comme les comportements « toxiques », outre l'obligation d'enregistrer tout nouveau produit, il faut instaurer une « labellisation » indépendante au profit du consommateur, une interdiction des ventes à découvert « nues » et alourdir considérablement les sanctions contre les rumeurs.

Mais, au-delà, le capitalisme bien tempéré exige d'instiller de nouveaux comportements. Ils se développeront plus par viralité naturelle que par la loi ou le règlement ! Aussi faut-il développer l'esprit critique. Redisons-le : les arbres ne montent pas au ciel et il est inutile d'attendre le douzième coup de minuit pour dénoncer la formation des prochaines bulles qui ne manqueront pas de naître. Martelons-le : à l'échelle de la planète, la délocalisation, c'est du transfert de valeur d'un endroit à l'autre, pas de la création de valeur. Enfonçons ce clou : les rémunérations des patrons salariés doivent avoir des limites et être liées au résultat de leur action dans la durée. Le capitalisme bien tempéré aura un visage humain et social. Cette éthique nouvelle ne peut *in fine* être qu'individuelle, au-delà des règles et régulations. Chacun doit tout mettre en œuvre pour le réaliser. Saurons-nous le faire ?

5. Remettre l'entrepreneur au centre

Le capitalisme vient de « déconner grave », comme diraient mes enfants. Chaque fois que l'on commet une erreur fatale, il faut revenir à l'essentiel. Qui est ceci en économie : c'est l'entreprise qui crée de la valeur. L'entrepreneur a une dimension sociale naturelle, fruit de son expérience, de sa formation, de son travail en équipe. L'entrepreneur a, en outre, le sens du risque. Il serait regrettable, après cette crise, que la peur de nouveaux dérapages ne conduise les politiques, les États et les régulateurs à ériger le principe de précaution en diktat castrateur du sens du risque. Cette notion du risque d'entrepreneur, il faut la réintroduire là où elle a disparu à tort. Une banque qui crée un produit à risque doit être contrainte d'en garder une partie dans son bilan. Un gestionnaire de fonds qui contrôle plusieurs projets ou investissements doit être obligé de remettre à risque une partie de ses gains en capital sur les autres projets, etc. Oui à la régulation, à la condition de ne jamais oublier que la valeur naît du risque.

Oui à l'État impliqué, mais pas à plus d'État. Impliqué dans la mise en place des mesures d'urgence, de régulation et de gouvernance internationale. Impliqué en défendant l'intérêt des contribuables qui financent la recapitalisation des banques ; en se comportant de façon exemplaire avec les PME : payer à trente jours, immuniser contre les produits toxiques, etc. Mais pas plus d'État et préparer dès à présent le retrait du « passager de la pluie » !

L'entrepreneur, enfin, c'est le retour du bon sens comme valeur déterminante. Nul ne pouvant se vanter d'avoir déjà connu une telle crise et, donc, avancer son expérience pour professer des leçons, le bon sens redevient, heureusement, notre boussole. Pour restaurer la confiance, il faut s'en inspirer : on ne vend pas ce que l'on n'a pas ; une assurance couvre un risque réel et ne doit pas se transformer en pari mutuel ; on informe sur ce que l'on vend, etc. Tirons-en les conséquences en limitant sur ces bases le capitalisme financier virtuel si dangereux pour l'économie réelle. Le bon sens de l'entrepreneur doit être replacé au centre de l'économie. Saurons-nous le faire ?

Cette crise massive aurait pu nous plonger dans l'horreur économique pour des décennies. Des moyens inimaginables ont permis d'en repousser le spectre. Il n'en demeure pas moins que les prochaines années vont être rudes pour la croissance et l'emploi. N'en doutons pas, cependant, nous nous en sortirons. Mais, pour que demain soit mieux qu'hier et aujourd'hui, nous devons encore créer et faire adhérer à de nouvelles valeurs qui passent par la croissance durable et verte ; une gouvernance mondiale respectueuse de la diversité ; le meilleur de la convergence ; un capitalisme bien tempéré construit autour de la prise de risque et du bon sens de l'entrepreneur. Ce projet d'avenir passionnant exige de la volonté, de l'enthousiasme, des acteurs engagés, un humanisme profond et généreux. Il est loin d'être écrit, car sa rédaction sera plus compliquée que la signature de chèques astronomiques ! Pour relever ce défi et trouver un épilogue à cette crise, nous aurons besoin de leaders actifs et visionnaires, capables de redonner confiance, mais aussi d'une somme énorme d'enthousiasmes individuels.

Les jeunes qui traversent la récession avec angoisse, recherchent leur premier emploi ou sont en tout début de carrière, doivent regarder cette épreuve comme une formidable opportunité pour repenser des schémas obsolètes et tracer les contours de la société de demain. Ils ont un rôle central à jouer car ils portent en eux les valeurs de demain et de formidables réserves d'enthousiasme ! Mais le bon sens se forge dans l'expérience. Le dialogue avec ceux qui ont déjà tracé leur route au milieu des tempêtes leur sera donc indispensable.

Pour tous, l'heure a sonné de construire un nouvel avenir et il n'y a plus de temps à perdre pour se mettre au travail. Laisser passer la crise qui a failli nous « tuer » pour recommencer « comme avant » et attendre la suivante serait une erreur fatale. Bougeons-nous, mobilisons-nous !

Qu'on le veuille ou non, nous sommes encore et toujours des Gaulois. Si, dans ce village d'irréductibles qu'est la France, nous avons toujours peur que le ciel nous tombe sur la tête – et avec cette crise sans précédent, il nous est passé tout près! –, nous savons toujours, aussi, trouver l'énergie de la reconquête et les chemins du plaisir partagé. Une France épanouie, moderne, entrepreneuriale, généreuse, bien dans sa peau, bien dans un monde de diversité, peut sortir de la crise. Sachons tout de suite saisir cette chance.

Remerciements

Merci à Christel, partenaire de chaque instant de ma vie. Son soutien gai, présent, attentif, généreux, imaginatif, amoureux dès avant la première ligne de ce livre, a été décisif. Pour une éternité d'aujourd'hui.

Merci à Denis Jeambar, président des Éditions du Seuil. Son implication va bien au-delà de celle de l'éditeur. Elle est le fruit d'une amitié et d'un respect professionnels qui ont créé l'envie de cette aventure. Merci à son équipe, à Catherine, Brigitte et Jean-Édouard.

Merci à toute l'équipe de Messier et Associés, tout spécialement Thomas, Gregory(s), Vincent et Alain. Parisiens ou new-yorkais, ils se sont investis dans la recherche d'anecdotes, d'analyses pour comprendre et agir. Passionnés, ils sauront forger l'après-crise.

Merci aux anciens de Vivendi Universal qui, nombreux, se sont manifestés par leurs projets, leur enthousiasme ou leur amitié depuis six ans. Un merci tout spécial pour le livre à Catherine Gros et à Christophe Coffrant.

Merci aussi à mes enfants adorés, présents tous les jours dans ma vie et au premier rang. Hérauts de l'avenir, ils inspirent cet optimisme, cette vision pour demain… qui leur appartient !

Table

Introduction. « Poussez-vous de là ! » 9

1. Les arbres ne montent pas jusqu'au ciel 27
2. De Catherine à Jean, voyage au cœur d'un subprime. 53
3. Itinéraire d'une implosion annoncée du capitalisme 81
4. De Kerviel à Sarkozy, les figures emblématiques de la crise 111
5. Le retour triomphant du politique 141
6. Pourquoi tout cet argent ? Et va-t-on s'en sortir ? 165
7. Pour en sortir : tuer les assassins ? 195
8. Pour en sortir : assumer la globalisation 221
9. Pour reconstruire, inventer un capitalisme bien tempéré : éthique, responsabilité, bon sens 251
10. Pour reconstruire : placer l'entrepreneur au centre 267
11. Le droit de savoir 283
12. Plus rien ne sera comme avant 299

Épilogue. Et maintenant ? 319

Remerciements 329

RÉALISATION : PAO ÉDITIONS DU SEUIL
IMPRESSION : CPI FIRMIN-DIDOT AU MESNIL-SUR-L'ESTRÉE (EURE)
DÉPÔT LÉGAL : JANVIER 2009. N° 99492 (93475)
IMPRIMÉ EN FRANCE